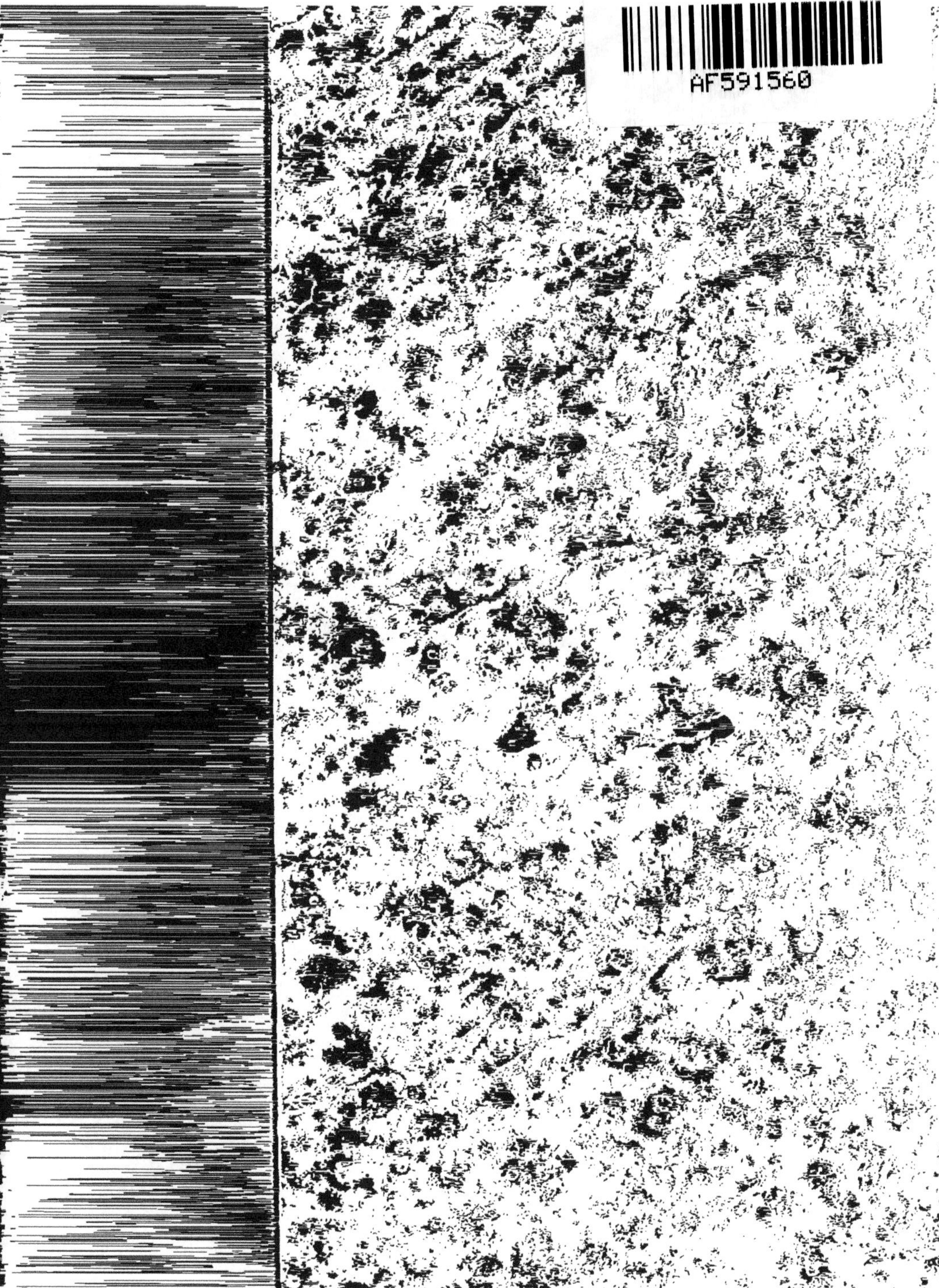

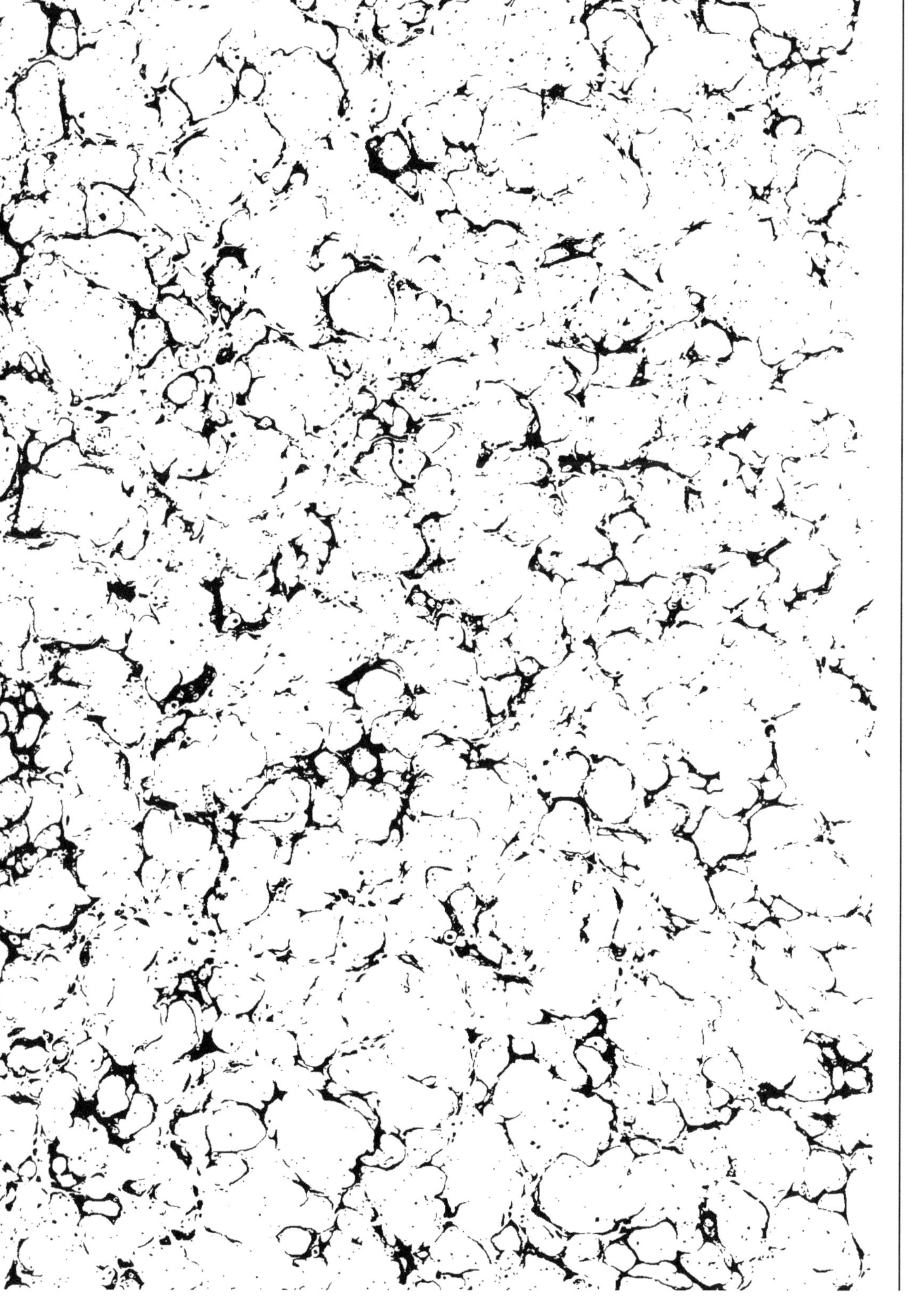

COLLECTION

COMPLÈTE

DES MÉMOIRES

RELATIFS

A L'HISTOIRE DE FRANCE.

Bayard, première Partie.

LEBEL, IMPRIMEUR DU ROI, A VERSAILLES.

COLLECTION

COMPLÈTE

DES MÉMOIRES

RELATIFS

A L'HISTOIRE DE FRANCE,

DEPUIS LE RÈGNE DE PHILIPPE-AUGUSTE, JUSQU'AU COMMENCEMENT DU DIX-SEPTIÈME SIÈCLE;

AVEC DES NOTICES SUR CHAQUE AUTEUR, ET DES OBSERVATIONS SUR CHAQUE OUVRAGE,

PAR M. PETITOT.

TOME XV.

PARIS,

FOUCAULT, LIBRAIRE, RUE DES NOYERS, N.° 37.

1820.

LA TRESJOYEUSE, PLAISANTE ET RECREATIVE

HISTOIRE,

COMPOSÉE PAR LE LOYAL SERVITEUR,

DES FAIZ,

GESTES, TRIUMPHES ET PROUESSES,

DU BON CHEVALIER SANS PAOUR

ET SANS REPROUCHE,

LE GENTIL SEIGNEUR DE BAYART.

MEMOIRES

MIS EN ESCRIPT

PAR ROBERT DE LA MARCK,

SEIGNEUR DE FLEURANGES ET DE SEDAN,

MARECHAL DE FRANCE,

DIT

LE JEUNE ADVANTUREUX.

AVERTISSEMENT

SUR LES MÉMOIRES DE BAYARD,

ET

SUR CEUX DE FLEURANGES.

Les Mémoires de Bayard sont une histoire particulière, composée par le secrétaire de ce guerrier célèbre : ils entrent dans les détails les plus minutieux de sa vie privée, et ne renferment, sur les grands événemens de cette époque, que les notions indispensables pour mettre dans leur jour les belles actions de celui auquel ils sont consacrés. Les Mémoires de Fleuranges, rédigés par lui dans une prison, offrent des vues plus générales; mais on aperçoit que l'auteur, privé de matériaux, n'écrit que ses souvenirs; ce qui donne lieu à quelques erreurs et à plusieurs omissions.

Afin de compléter et de lier ces deux ouvrages, nous avons cru convenable d'y joindre un Tableau du règne de Louis XII, qui leur sert d'introduction. On y trouvera les événemens publics placés à leurs dates, et les développemens dont on peut avoir besoin pour bien comprendre des récits qui supposent dans les lecteurs quelque connoissance positive des caractères et de la politique des souverains de ce temps. Ce morceau a offert plusieurs difficultés. Les relations diplomatiques de la France avec les puissances de l'Italie, le roi d'Espagne et l'Empereur, sont souvent couvertes d'un voile que les historiens modernes n'ont essayé de lever qu'en prodiguant les conjectures. Nous n'avons pas eu cette prétention, qui auroit fort abrégé notre travail, et nous nous sommes bornés à puiser dans les auteurs contemporains les explications qui nous ont paru les plus naturelles. Pour ce qui concerne la vie privée et l'administration intérieure de Louis XII, nous n'avons eu qu'à suivre les intéressantes histoires de Seyssel et de Saint-Gelais, écrivains distingués de cette époque; et, afin qu'on ne trouvât pas romanesques des détails très-vrais, nous avons fréquemment cité les textes de ces auteurs, dans lesquels l'énergie se trouve jointe à la plus touchante naïveté.

Les Mémoires de Bayard et de Fleuranges n'appartiennent pas seulement au règne de Louis XII : ils retracent un grand nombre de particularités des neuf premières années du règne suivant. Dans notre travail sur ces deux ouvrages, nous avons eu pour objet principal le règne de Louis XII, et nous avons réservé pour les Mémoires de Martin et Guillaume du Bellay tous les développemens qui ont rapport au règne de François Ier.

TABLEAU
DU RÈGNE DE LOUIS XII.

Lorsque Louis XII parvint au trône, à l'âge de trente-six ans, on put présumer qu'un prince, éprouvé long-temps par le malheur, gouverneroit ses peuples avec bonté, et que son expérience le préserveroit des piéges dans lesquels son jeune prédécesseur étoit tombé. Ces espérances furent en partie réalisées : jamais les Français ne se trouvèrent plus libres et plus heureux que sous ce règne. Mais des désastres, qu'on doit moins attribuer à l'imprévoyance du monarque qu'à la situation singulière où se trouvoit alors le midi de l'Europe, empêchèrent cet excellent prince d'exécuter tous les projets qu'il avoit formés.

On a vu, dans le Tableau du règne de Charles VIII, qu'à l'époque de sa mort la France jouissoit en apparence d'une profonde tranquillité, et que la paix avec les puissances étrangères sembloit assurée : mais les ressentimens qu'avoit excités l'expédition de Naples étoient loin d'être calmés, et l'anarchie qui régnoit en Italie faisoit prévoir de nouvelles révolutions. Maximilien, dont la puissance ne se trouvoit presque pas augmentée par la dignité impériale; Ferdinand, roi d'Espagne, qui avoit donné sa fille à l'archiduc Philippe, fils unique de Maximilien; le pape Alexandre VI, dont l'ambition étoit démesurée, et Ludovic

Sforce, qui n'étoit devenu duc de Milan que par les plus lâches trahisons, se disputoient ce malheureux pays, tandis que Louis XII croyoit avoir les droits les plus légitimes sur le Milanais et sur le royaume de Naples. Comme héritier de la maison d'Anjou, il ne doutoit pas que ce dernier Etat ne lui appartînt; et, comme petit-fils de Valentine, il rappeloit qu'en 1447 les Sforce avoient injustement usurpé le patrimoine des Visconti.

Les premiers momens de son règne furent consacrés aux devoirs qu'exigeoit sa nouvelle position, et l'on put juger dès-lors sur quels principes il gouverneroit. Il étoit à Blois, dans une espèce de disgrâce, lorsque, dans la soirée du 7 avril, un courrier lui apporta la nouvelle de la mort subite de Charles VIII. Le lendemain, du Bouchage, le plus ancien des ministres, vint lui présenter les hommages de la Cour, qui redoutoit ses ressentimens. Louis XII étoit avec Georges d'Amboise, archevêque de Rouen, son plus fidèle ami ; et l'accueil qu'ils firent au serviteur de Louis XI et de madame de Beaujeu le rassura entièrement. Le Roi partit aussitôt pour Amboise, où il vit la Cour accablée du coup qui venoit de frapper un jeune monarque, sur lequel on fondoit, depuis quelque temps, les plus belles espérances. Il partagea la douleur générale; et, les larmes aux yeux, il jeta de l'eau bénite sur le corps de Charles VIII, dont il parut oublier les injustices involontaires, pour se rappeler seulement que c'étoit à lui qu'il avoit dû autrefois sa liberté.

Les sentimens qu'il avoit eus pour la Reine, et que cette princesse avoit semblé partager, rendirent très-pénible leur première entrevue. Il la trouva livrée au plus affreux désespoir, refusant de prendre aucune nourriture, et vêtue de noir, quoique l'usage de France fût que les reines portassent le deuil en blanc. Ils ne purent d'abord se dire que quelques paroles entrecoupées de sanglots. Enfin les divers mouvemens qui se succédoient dans le cœur de la princesse lui ayant laissé un peu de calme, « le bon prince, dit un « auteur du temps, la réconforta le mieux qu'il put, « en s'offrant à elle, ainsi que l'on peut présumer, de « la meilleure sorte possible (1). » Après que les premiers momens du deuil furent passés, la Reine ne crut pas que la décence lui permît de rester à la cour d'un prince dont elle avoit été aimée. Elle partit pour la Bretagne, assembla les états dans la ville de Rennes, et sembla faire trève à ses chagrins, en s'occupant uniquement du bonheur de ses sujets.

Louis XII, animé des mêmes sentimens, fit faire de magnifiques funérailles à son prédécesseur, et, contre l'usage, il voulut les payer de ses propres fonds. Louis de La Trémouille, qui avoit autrefois combattu contre lui avec acharnement, et dont il avoit été le prisonnier, à la bataille de Saint-Aubin, fut chargé par lui de conduire le deuil. Ce seigneur se croyoit perdu sans ressource, lorsqu'il fut rassuré par ce beau mot qui a été tant de fois répété : « Un roi de France ne venge « pas les injures d'un duc d'Orléans. Si La Trémouille, « ajouta Louis XII, a bien servi son maître contre « moi, il me servira de même contre ceux qui seroient « tentés de troubler l'Etat. » Le parlement de Paris qui, en 1485, avoit, par l'organe du premier président de La Vacquerie, rejeté avec fermeté les réclama-

(1) Histoire d'un gentilhomme du comte d'Angoulême.

tions du prince contre les abus de pouvoir de madame de Beaujeu, ne montroit pas moins d'inquiétude sur la conduite que le duc d'Orléans, devenu roi, alloit tenir à son égard. Une circonstance, indifférente dans un tout autre temps, redoubla ses craintes.

Quoique, depuis les derniers états de Tours, les offices de judicature fussent considérés comme inamovibles, cependant, suivant un ancien usage, les provisions des juges devoient être renouvelées à chaque changement de souverain. La liste des membres du parlement de Paris fut donc mise sous les yeux du Roi. On remarqua qu'il l'examinoit avec soin, et qu'il plaçoit une croix à côté des noms de ceux qui lui avoient été le plus opposés. L'effroi fut général, et ceux qui s'intéressoient aux magistrats qu'on croyoit disgraciés, ne purent cacher leurs inquiétudes. Louis XII les rassura par des paroles où la charité la plus sublime se trouve unie aux principes de la meilleure politique. « En apposant, dit-il, à ces noms le signe de notre « rédemption, j'ai cru avoir annoncé assez clairement « que tout étoit pardonné. Jésus-Christ n'est-il pas « mort pour eux comme pour moi? »

Madame de Beaujeu, qui avoit autrefois montré contre lui une haine implacable, et qui lui avoit fait supporter une captivité de trois ans, éprouva ses bontés, comme les personnes dont elle s'étoit servie pour le persécuter. Elle se trouvoit alors en proie à de tristes pressentimens sur ce qu'elle avoit de plus cher. Le duché de Bourbonnais et le comté d'Auvergne, que Louis XI avoit donnés à elle et à son époux, devoient revenir à la Couronne, à défaut d'hoirs mâles. Ils n'avoient qu'une fille, nommée Suzanne, qui épousa depuis le fameux connétable de Bourbon; et cette jeune princesse étoit menacée de se voir dépouillée des biens de sa famille. Louis XII, ne considérant que les services rendus à la France par son ennemie, assura, par des lettres-patentes, à Suzanne les apanages de ses parens. Madame de Beaujeu, vivement touchée des bontés du Roi, se retira dans le château de Chantelle, où elle vécut encore plusieurs années (1), tenant une cour brillante, ne se mêlant point des affaires de l'Etat, et n'exerçant son goût pour la domination que sur ses filles d'honneur, dont elle exigeoit la conduite la plus régulière. Conservant jusqu'à un âge avancé toute la vigueur de son caractère, elle se plaisoit à écrire des lettres où l'on remarquoit la tournure précise et piquante de celles de Louis XI. Quoique très-sévère dans ses mœurs, elle paroissoit douter de la vertu des femmes : « Guère y en a-t-il, disoit-elle, qui, « ou jeunes ou en âge, n'aient entré en tentation, les « unes moins, les autres plus. » Peut-être se souvenoit-elle du penchant qu'elle avoit eu pour Louis XII, et dont elle ne s'étoit guérie qu'en le persécutant à outrance.

Cet oubli des injures, dont le Roi donnoit un si noble exemple, excitoit l'admiration d'une Cour où il avoit compté tant d'ennemis, et lui concilioit d'autant plus le respect et l'amour de ses sujets, que ses bienfaits n'étoient arrachés ni à la crainte, ni à la foiblesse. « On dict, observe Saint-Gelais, que les hon-« neurs changent les mœurs, et elevent le cœur des « hommes; mais cela n'a point eu lieu en notre prince, « car, s'il a été gracieux estant duc, encores l'est-il au-

(1) Elle mourut en 1522, âgée de soixante ans.

« tant ou plus estant roy, car il n'est aulcun qui de « gracieuseté et douceur le passe envers les humbles, « ni qui soit plus hault et tant à craindre des rebelles. »

Après avoir prévenu par sa clémence tous les troubles qui pouvoient s'élever au commencement de son règne, Louis XII forma un ministère, dont il donna la direction à Georges d'Amboise, pour lequel il demanda le chapeau de cardinal. L'amiral de Graville et le maréchal de Gié furent chargés de la guerre. Les sceaux furent conservés au chancelier Guy de Rochefort, qui avoit succédé l'année précédente à Robert Briçonnet dans cette première charge de la magistrature. Du Bouchage et Robertet continuèrent d'administrer les finances; et Etienne Poucher, évêque de Paris, fut admis au conseil pour s'occuper spécialement des affaires étrangères. Philippe de Comines, si maltraité sous le dernier règne, se flatta quelques momens de rentrer dans les affaires. Le Roi admiroit ses talens, mais son caractère lui inspiroit de la défiance. Il l'accueillit froidement; et Comines, renonçant pour toujours à l'ambition, se retira dans ses terres, où il charma ses loisirs en composant les deux derniers livres de ses Mémoires.

L'élévation de d'Amboise n'excita point l'envie. On connoissoit ses talens, sa modération; et l'on savoit que lui seul avoit la confiance entière de son maître. On se rappeloit avec attendrissement tout ce qu'il avoit autrefois souffert pour le Roi, et les preuves de dévouement qu'il lui avoit données dans les situations les plus désespérées. « Puisque les biens et honneurs « estoient advenus au seigneur duc d'Orléans, dit un « contemporain, raison et équité vouloient qu'il fut

« recognoissant, car qui a eu sa part du mal doit par- « ticiper au bien. »

Lorsque tous ces arrangemens furent terminés, Louis alla se faire sacrer à Rheims [27 mai], et l'on remarqua qu'il prit au moment de son couronnement les titres de duc de Milan et de roi de Naples. Cette prétention sur des Etats dans lesquels il ne possédoit pas une seule place, loin de faire craindre les suites qu'elle pourroit avoir, remplit d'enthousiasme tous les seigneurs qui assistèrent à la cérémonie.

Jusqu'alors la royauté n'avoit offert à Louis XII que les occasions de satisfaire ses inclinations généreuses. Une résolution, qu'il ne regarda peut-être comme un devoir que parce qu'elle s'accordoit avec une passion qui n'étoit point éteinte, porta dans son ame une grande agitation, et le livra, pendant quelque temps, à des combats intérieurs, d'autant plus violens que son noble caractère répugnoit à tout ce qui pouvoit avoir l'apparence de l'injustice et de l'ingratitude. Il avoit épousé contre son gré, et n'étant âgé que de quatorze ans, Jeanne, seconde fille de Louis XI, princesse qui avoit des défauts dans la taille, mais dont le caractère étoit plein de douceur, de modestie et de bonté. Ce monarque la lui avoit donnée afin d'éteindre en lui la branche d'Orléans, et n'avoit pas même pris la peine de dissimuler cette intention. « Ils n'auront gueres à besogner, écrivoit-il à Dam- « martin, pour nourrir les enfans qui viendront de ce « mariage, toutefois se fera-t-il, quiconque en veuille « parler. Ceux qui iront au contraire ne seront jamais « asseurés de leur vie en mon royaume. » Louis XI, craignant qu'après sa mort le duc d'Orléans ne voulût faire annuller un mariage contracté par violence, ne négligea rien pour faire croire qu'il avoit été consommé. « C'est grant merveille, dit Saint-Ge-« lais, de ce qu'on faisoit audit duc, et les menaces « qu'on lui adressoit, s'il ne vivoit pas avec la dicte « dame Jeanne, comme avec une épouse. On ne le me-« naçoit de rien moins que de sa vie; et j'aurois grant « honte de réciter la façon comme en usoient ceux qui « estoient autour, tant hommes que femmes. »

Mais, si le duc d'Orléans avoit été forcé d'épouser une femme pour laquelle il n'avoit aucune inclination, il n'avoit pu manquer d'être sensible à ses vertus, et aux preuves de dévouement qu'elle lui avoit données pendant sa captivité. On a vu, dans le Tableau du règne de Charles VIII, les efforts qu'elle fit afin d'obtenir la liberté d'un époux, dont elle n'ignoroit pas les desseins, et qui avoit déjà fait, en Bretagne, des tentatives pour rompre leurs liens. Les attentions délicates du cœur le plus tendre, une étude continuelle à prévenir les goûts de celui qui ne lui montroit que de l'indifférence, une amitié qui n'avoit pas la chaleur de l'amour, mais que rien ne pouvoit rebuter, étoient pour Jeanne des titres qui sembloient devoir balancer, dans l'ame du prince, le souvenir de la contrainte qui lui avoit été imposée.

Cependant, lorsqu'il fut roi, les prières de son conseil le déterminèrent à réclamer, près de la cour de Rome, contre la validité de son mariage. Alexandre VI avoit été l'ennemi acharné de Charles VIII, mais le désir d'élever sa famille, par les secours de la France, le fit paroître disposé à remplir les intentions du monarque. Il nomma pour juges de ce grand procès le cardinal Philippe de Luxembourg, évêque du Mans, Louis d'Amboise, évêque d'Albi, frère du premier ministre, et Pierre, évêque de Ceuta. Il leur adjoignit plusieurs théologiens et plusieurs jurisconsultes, parmi lesquels se trouvoit Claude de Seyssel, écrivain distingué, qui fut depuis évêque de Marseille, et archevêque de Turin.

Les premiers motifs de nullité que présentèrent les conseillers du Roi portèrent sur la contrainte qu'avoit autrefois éprouvée le duc d'Orléans, sur ce que les époux étoient parens au quatrième degré, et sur ce qu'il y avoit entre eux affinité spirituelle, Louis XI ayant été parrain du prince. Ils observèrent qu'à l'égard des deux derniers empêchemens il n'avoit pas été obtenu de dispense du Pape. La Reine répondit avec dignité qu'étant fille d'un roi puissant, sa main n'avoit pu être dédaignée, et que la mère du duc d'Orléans avoit paru désirer fortement cette alliance. Quant aux deux autres articles, elle déclara qu'elle avoit ignoré à quel degré elle étoit parente du prince, et que son père, en la mariant, avoit dû savoir ce qu'il faisoit.

Ses adversaires, sentant que les motifs allégués pouvoient paroître frivoles, élevèrent des questions beaucoup plus délicates. Ils avancèrent que la Reine ne pouvoit avoir d'enfans, et soutinrent que le mariage n'avoit pas été consommé. Hors d'état de pouvoir répondre sur la première question, elle ne s'étendit que sur la seconde; et cette princesse infortunée fit valoir, comme des preuves d'amour de la part de son époux, les égards qu'il n'avoit pu refuser à ses vertus. Elle soutint avec modestie que le mariage avoit été consommé, et, répondant aux dénégations de Louis XII, elle observa que, si l'honnêteté ne lui permettoit pas de s'expliquer nettement sur cet article, sa conscience l'empêchoit d'en demeurer d'accord. Alors les juges, suivant les usages du temps, parlèrent de la faire visiter par des matrones. Elle déclara qu'elle mourroit plutôt que de se soumettre à cette humiliation. « Je sais bien, dit-elle, que je ne suis pas aussi « belle que bien d'autres femmes, mais je ne m'en « crois pas plus incapable d'avoir des enfans. »

Les juges, voyant que cette affaire traînoit en longueur et excitoit les murmures du peuple, prirent la résolution de la terminer, soit en obtenant de la Reine les aveux nécessaires, soit en la déterminant à souffrir une visite. On remarqua que cette chaste princesse ne perdoit le calme et le sang froid, qu'elle avoit toujours conservés dans une position si cruelle, que lorsqu'on lui parloit de cette honteuse épreuve. Enfin, sa fermeté lui donnant une attitude digne de son rang, elle demanda et obtint que le Roi lui-même fût soumis à un interrogatoire. Elle rappela, dans un mémoire écrit de sa main, ce qui s'étoit passé depuis qu'elle étoit mariée, exigea que son époux répondît à tous les articles de ce mémoire, et promit de se soumettre ensuite au jugement qui seroit rendu. Louis, s'étant expliqué de manière à lever les scrupules des juges, le mariage fut annullé le 22 décembre 1498. Dans cette pénible affaire, on voit deux personnes, également recommandables par leur franchise et par leur vertu, soutenir, devant un tribunal religieux, des faits entièrement opposés : soit qu'on penche pour l'une ou pour l'autre, on ne peut s'empêcher de plaindre celle qui obtint ce qu'elle désiroit, et d'admirer celle qui succomba (1).

Jeanne reçut avec tranquillité l'arrêt qui la privoit d'un époux et d'une couronne. Sa piété lui fit trouver des consolations qu'elle auroit en vain cherchées dans le monde. Le Roi, plein de respect pour ses vertus, lui avoit cédé, à titre de douaire, le Berry, ainsi que les domaines de Pontoise, de Châtillon-sur-Indre et de Château-Neuf-sur-Loire. Elle alla s'établir à Bourges, où, se réduisant au plus absolu nécessaire, n'étant vêtue que d'habits très-simples, elle distribua aux pauvres ses immenses richesses. En 1500, elle institua dans cette ville l'ordre des Annonciades, destiné à honorer les dix principales vertus de la sainte Vierge. Quatre ans après, elle mourut au milieu des sœurs, dont elle étoit chérie, pleurée des pauvres et d'un peuple dont elle faisoit le bonheur. Sa piété, sa modestie dans les grandeurs, et sa résignation dans l'infortune, la firent placer au rang des saintes. Il est probable que Louis XII, devenu possesseur de la femme qu'il avoit si long-temps aimée, mais livré sur le trône aux agitations de la politique et de la guerre, envia souvent, par la suite, le sort tranquille d'une épouse à qui la rupture d'un lien qu'elle chérissoit avoit fait trouver un port assuré contre tant de tempêtes.

César Borgia, fils d'Alexandre VI, fut le porteur de la bulle confirmative du jugement qui prononçoit la dissolution du mariage du Roi. Il étoit chargé, en même temps, de remettre le chapeau de cardinal à

(1) Si ce feut bien ou mal faict, dit le loyal serviteur, Dieu est tout seul qui le congnoit.

Georges d'Amboise. Louis XII ignoroit que ce prince, dégoûté de l'état ecclésiastique, auquel il avoit d'abord été destiné, étoit accusé d'avoir fait assassiner le duc de Candie, son frère aîné, et qu'unissant un grand courage au caractère le plus pervers, il étoit capable de toutes les perfidies et de tous les crimes. Borgia vint à Chinon, où le Roi s'étoit retiré pendant son procès, et où il avoit appelé, pour se distraire de ses chagrins, la comtesse d'Angoulême, Louise de Savoie, dont le fils étoit l'héritier présomptif de la Couronne. Après quelques délais, apportés par Borgia, la bulle fut publiée; et Louis, devenu libre, demanda la main d'Anne de Bretagne.

Cette Reine parut un moment incertaine sur le parti qu'elle devoit prendre. Elle déclara que, si elle avoit conservé les enfans nés de son premier mariage, elle auroit constamment repoussé l'idée de former de nouveaux liens. Les partisans du Roi lui firent observer que, si elle mouroit, la Bretagne retomberoit dans les horreurs de l'anarchie et de la guerre civile. D'autres motifs contribuèrent encore à la déterminer. « Considérant, dit Saint-Gelais, l'estat de celuy qui luy « faisoit parler de cette matiere, lequel elle cognoissoit de telles conditions que, à choisir, elle n'en eust « sçu souhaiter un plus accomply, tant en honneur, « valeur, beauté, bonté, que haulte seigneurie, et « tout plein d'aultres bonnes choses, de quoy elle le « recognoissoit tout remply, et davantage, ayant bonne « souvenance des grandes peines et dangers, en quoy « ledict seigneur s'estoit mis au temps de sa jeunesse, « pour garder et défendre le pays du feu duc son « pere et d'elle, et l'amour qu'il luy avoit toujours

« porté, après qu'elle eust eu avis de son conseil, « elle consentit à l'espouser (1). »

Le Roi partit pour Nantes, et le mariage eut lieu dans cette ville, le 8 janvier 1499. On remarqua que la Reine profita de l'amour de son nouvel époux pour obtenir, en faveur de son pays, des conditions beaucoup meilleures que celles qui avoient été stipulées dans son contrat de mariage avec Charles VIII. Il fut convenu qu'elle auroit la jouissance entière du revenu de la Bretagne, et qu'après sa mort son second enfant en seroit mis en possession; qu'aucune innovation ne seroit faite; que les charges et offices demeureroient inamovibles, et qu'en cas de vacance, par mort ou autrement, la Reine seule y nommeroit; que, pour les impôts, fouages et subsides, les Etats loyalement convoqués en feroient l'octroi; que le Roi ne pourroit appeler la noblesse hors de la province que du consentement de la Reine; et qu'enfin le monarque ne prendroit dans les actes relatifs à ce pays que le titre de duc de Bretagne.

Les deux époux, également aimés des peuples, avoient éprouvé de grands malheurs; et l'inclination qu'ils conservoient depuis si long-temps l'un pour l'autre avoit été traversée par tant d'obstacles, en apparence insurmontables, qu'on ne pouvoit les voir unis sans les chérir davantage. La Reine parut sur un tout autre pied que du temps de Charles VIII. Jouissant d'un revenu considérable, et remarquant que son époux, dans la crainte de fouler ses sujets, s'étoit prescrit une grande économie, elle se chargea d'acquitter les dettes de sa reconnoissance. Il n'y avoit pas

(1) Histoire de Louis XII, page 122.

en France un grand capitaine, et un homme distingué par ses services, à qui elle ne fît des pensions. Ne bornant point ses actes de bienfaisance à des libéralités qui ne lui coûtoient presque aucun soin, elle voulut présider elle-même à l'éducation des filles des principaux seigneurs du royaume : elle les appela près d'elle, se plut à en être entourée, leur donna l'exemple des vertus de leur sexe, et forma ainsi une Cour où la modestie ajoutoit de nouveaux charmes à la beauté. Cette Cour offroit autant de majesté que d'élégance : la Reine avoit une garde particulière, composée de Français et de Bretons : elle recevoit les ambassadeurs ; et, dans quelques circonstances, traitoit avec eux comme une princesse indépendante. Son goût pour les lettres la portoit à encourager les savans : elle recherchoit les beaux manuscrits ; et l'on conserve encore dans les bibliothèques, des livres de piété remplis de peintures charmantes, qui furent composés pour son usage.

Anne de Bretagne, avec toutes ces belles qualités, sembloit, au premier coup d'œil, avoir moins d'affabilité que son époux : mais cette dignité, qui convenoit à son sexe et à son rang, faisoit bientôt place aux manières les plus prévenantes et les plus aimables. Elle nous a été ainsi représentée par un contemporain. « A voir son port et sa gravité, il semble que tout « le monde soit rien et luy appartienne, et tellement « que, de prime face, on a crainte de parler à elle. « Mais quand on y a quelque affaire, et on a le moyen « de le luy dire, il n'en est aulcune si douce, tant hu- « maine, ne accointable ; et ceux qui y ont affaire, « quand ils se départent de sa présence, ils s'en vont

« tous réjouis, et consolés, et satisfaits, quelle que soit « la réponse qu'ils obtiennent. »

Tandis que la Reine adoptoit un genre de vie si convenable à sa position, Louis XII commençoit à réaliser ces projets de prospérité publique qu'il avoit autrefois formés dans sa prison. Non content d'avoir payé de ses fonds les funérailles de son prédécesseur, il refusa un don gratuit de trois cent mille livres, qu'il étoit d'usage d'offrir aux rois pour joyeux avénement. Il réduisit en outre les impôts d'un dixième, annonça qu'il les diminueroit chaque année, jusqu'à ce qu'ils ne s'élevassent plus qu'à la somme fixée par les derniers États de Tours, et déclara que le cahier de ces Etats seroit désormais la règle de sa conduite. Il s'occupa en même temps des réformes qu'il crut nécessaires dans l'armée et dans les tribunaux. Pour le premier objet, qui étoit le plus pressant, il forma une commission composée de maréchaux, de prévôts et de capitaines : pour le second, il appela près de lui les magistrats les plus éclairés du royaume.

Malgré les ordonnances de Charles VII, de Louis XI et de Charles VIII, il avoit été jusqu'alors impossible de discipliner l'armée. Soit qu'elle ne fût pas exactement payée, soit que les officiers partageassent l'avidité des soldats, cette armée tenoit presque toujours la campagne, comme en pays ennemi, traversoit le royaume à volonté, et vivoit aux dépens des habitans. « J'ay vu moi mesme, dit Saint-Gelais, estant des or- « donnances que, quand les gens d'armes arrivoient « en un village, bourgade ou ville champestre, les « habitans, hommes et femmes, s'enfuyoient en re- « tirant de leurs biens ce que ils pouvoient dans les

« églises, ou aultres lieux forts, tout ainsy que si « c'eussent été les Anglois, leurs anciens ennemis : « qui estoit chose piteuse à veoir. Un logement de gens « d'armes qui eussent séjourné ung jour et une nuit en « une paroisse y eussent porté plus de dommaige que « ne leur coustoit la taille d'une année. » Louis XII, aidé par les conseils des militaires les plus expérimentés, rendit une ordonnance sévère, dont la principale disposition fut que les troupes auroient désormais des garnisons fixes, et que leur subsistance y seroit assurée. Il la fit rigoureusement exécuter, et la punition exemplaire de quelques brigands ramena la sécurité dans les villes et dans les campagnes.

Il s'étoit aussi glissé de grands abus dans l'administration de la justice. Des hommes peu instruits, ou de mœurs douteuses, étoient admis légèrement au nombre des magistrats : les cours souveraines ajournoient indéfiniment les jugemens des procès, et les gens de loi profitoient de ces lenteurs, pour ruiner les plaideurs. D'un autre côté, les rois ne se faisoient pas scrupule, dans les causes qui regardoient leur domaine, d'user de leur influence sur les juges ; et, quand ils avoient des vengeances à exercer, ils livroient trop souvent à des commissions ceux qu'ils considéroient comme des ennemis ou comme des traitres.

Une ordonnance, qui contenoit cent soixante-deux articles, réprima bientôt ces abus. Les plus rigoureux examens furent imposés à ceux qui vouloient entrer dans la magistrature : on exigea des garanties certaines de leurs mœurs et de leur capacité : les procédures devinrent plus rapides, sans que les formes conservatrices des droits de tous fussent abrogées :

enfin, l'arbitraire fut entièrement banni des tribunaux, et les lois y régnèrent sans obstacle. Saint-Gelais et Seyssel, écrivains contemporains, donnent de grands détails sur cette importante réforme : « La « justice, dit le premier, ne fut oncques tenue en si « grande vigueur, qu'elle l'est du temps de ce regne : « tellement que le plus petit a justice contre le grand, « sans faveur aulcune : si le Roy estoit averti qu'il y « eust aulcun de ses juges favorable à l'une des parties, « il en feroit la punition, telle que ce seroit exemple « à tous aultres. » Il laissoit aux magistrats la plus grande indépendance, et ne cherchoit jamais, dans ses propres causes, à influer sur leurs suffrages. « Nostre « roy Louys, dit Seyssel, a tellement déféré à l'auto- « rité des cours souveraines et de sa justice, que jamais « n'est venu au contraire de ce qui a été jugé par « icelles, soit en ses propres causes ou de ses sujets : « ne jamais ne les a requis pour ses affaires, ne pour « aultres. Aussy jamais n'a-t-il faict faire, et moins « faict oultrage, n'oppression à personne quelconque. » Il avoit en horreur ces commissions, dont ses prédécesseurs s'étoient si souvent servis pour perdre les grands qui leur donnoient de l'ombrage. Assez fort pour les réprimer s'ils se révoltoient, il vouloit que la justice seule prononçât sur les torts qui leur étoient imputés. « Il n'a faict oncques, ajoute Saint-Gelais, « mourir homme par justice souldaine, en quelque « façon que ce soit, quelque délict qu'il eust per- « pétré, et fut-ce contre luy mesme; mais a voulu « que tous crimes fussent punis par les juges ordi- « naires, en ensuyvant l'ordre de droict et de raison, « sans en user aulcunement par volonté. »

Afin d'obtenir ces heureux résultats, Louis XII faisoit en sorte que les hommes de mérite fussent recherchés, quelque soin qu'ils prissent de se dérober aux regards ; et souvent un savant modeste se trouvoit, sans en avoir été averti, tiré de sa retraite pour occuper une grande charge : l'intrigue, la faveur, les sollicitations des femmes n'avoient aucune influence sur les choix. Bientôt les parlemens reprirent leur ancienne gloire ; et les jeunes gens, renonçant à la licence de leur âge, se livrèrent avec ardeur aux bonnes études, puisque c'étoit l'unique moyen de sortir de l'obscurité.

Le Roi s'étant trouvé, pendant plusieurs années, gouverneur de Normandie, sous le règne précédent, avoit remarqué les vices du tribunal suprême de cette province, qui portoit encore le nom d'*Echiquier*. Il le mit sur le même pied que les autres parlemens du royaume, et lui imposa les mêmes règles. La Provence, réunie définitivement à la France, sous le règne de Louis XI, possédoit un parlement, dont les usages différoient entièrement de ceux des autres cours souveraines. Ne croyant pas devoir le soumettre à une réforme trop prompte, il remédia lentement aux abus, évita par là les murmures d'un peuple à peine habitué à la domination française, et parvint, en moins de quatre ans, à faire désirer dans ce pays les changemens dont les autres provinces avoient senti les avantages.

En faisant d'utiles réformes dans l'armée et dans les tribunaux, le Roi n'avoit pas fermé les yeux sur les désordres qu'occasionnoient souvent les priviléges énormes de l'Université de Paris. Il supprima ceux qui étoient évidemment contraires au bon ordre. Mais ce corps, s'abusant sur son importance et sur sa force, fier de pouvoir, au premier ordre, mettre sur pied vingt-cinq mille étudians, presque tous d'un âge mûr, n'imita pas la soumission du parlement et des troupes. Il se mit en pleine révolte, ferma ses colléges, et interdit la prédication à tous les ecclésiastiques qui ne lui étoient pas dévoués [1]. Ses docteurs, en possession de toutes les chaires, se livrèrent à des déclamations contre la conduite du Roi: affectant, pour enflammer les esprits, de prendre le plus vif intérêt à sa première épouse, ils lui reprochèrent d'avoir violé les lois de l'Eglise, en rompant un mariage contracté de bonne foi par l'infortunée Jeanne, et en formant de nouveaux liens, sans avoir d'autre motif qu'une aveugle passion.

Louis étoit à Blois : sans s'inquiéter beaucoup de cette rumeur, il fit partir le chancelier, avec l'ordre d'examiner les griefs des mécontens. La présence du chef de la justice ne les intimida point; et, la nuit même de son arrivée, ils affichèrent à la porte de son hôtel un dessin représentant un cœur percé par deux poignards. Le Roi, instruit de cette audace, s'achemina vers Paris avec ses gardes, ne pressant point sa marche, afin de laisser aux rebelles le temps de se repentir. Ils lui envoyèrent une députation qui, le croyant foible parce qu'il étoit indulgent, osa réclamer de lui le rétablissement de tous les priviléges de l'Université. Il sourit en voyant leur hardiesse, et, sans paroître irrité, il les congédia en leur disant : « Saluez

(1) On ne pouvoit prêcher à Paris qu'avec l'autorisation de l'Université.

« de ma part ceux de voz confreres qui n'ont point « participé à la sédition ; quant aux autres, je ne m'en « soucie gueres : je les enverrai prêcher ailleurs. » Il poursuivit sa route, entra dans Paris, sans éprouver aucune résistance, et fit occuper par ses troupes le quartier de l'Université. Sa présence seule ayant suffi pour ramener le calme, les mécontens se soumirent aux réformes qu'il avoit prescrites. Un seul docteur se trouva excepté du pardon général : ce fut Standouk, principal du collége de Montaigu, esprit ardent et séditieux, qui avoit figuré à la tête de la révolte. Traduit devant le parlement, il fut condamné au bannissement perpétuel : mais Louis, ayant appris, peu de temps après, que cet homme si passionné étoit recommandable par quelques vertus ; qu'il avoit employé tout ce qu'il possédoit à faire fleurir le collége de Montaigu, et que cet établissement, privé de son chef, étoit menacé d'une ruine prochaine, ne tarda point à le rappeler, et n'eut pas depuis de serviteur plus fidèle.

Au milieu de ces réformes, qui n'avoient éprouvé d'obstacle que de la part de l'université de Paris, le Roi faisoit des préparatifs pour envahir le duché de Milan, qu'il regardoit comme son patrimoine. Ludovic, qui, quelque temps auparavant, avoit si lâchement trahi les Français, leur suscitoit partout des ennemis. Il négocioit avec l'empereur Maximilien, auquel il faisoit représenter que les articles stipulés en sa faveur par Charles VIII, dans le traité de Senlis, n'avoient pas été exécutés ; avec Ferdinand, roi d'Espagne, dont il excitoit les inquiétudes sur les projets de Louis XII, relativement au royaume de Naples ; et avec Henri VII, roi d'Angleterre, qu'il engageoit à faire une diversion en Picardie. Maximilien fit seul quelques hostilités ; mais, vaincu au premier choc par Jean de Foix, père du célèbre Gaston, il demanda la paix, et le traité de Senlis fut renouvelé. Louis, n'ayant d'abord en vue que la conquête du duché de Milan, tint avec ses deux autres rivaux, à peu près la même conduite que son prédécesseur. A l'égard de Ferdinand, il consentit à confirmer le traité de Barcelone, que l'Espagne avoit si indignement violé : quant à Henri VII, que la victoire de Fornoue avoit empêché, sous le règne précédent, de faire une invasion en Picardie, Louis obtint facilement de lui que le traité d'Etaples seroit maintenu. Ainsi, le roi de France n'avoit en apparence rien à craindre de ses voisins, pendant l'expédition qu'il méditoit. Pour achever d'aplanir les obstacles qui pouvoient s'opposer à ses desseins, il resserra les liens que les deux derniers rois avoient contractés avec les Suisses : il leur accorda deux mille livres de pension, indépendamment de la solde des troupes qu'il tireroit de leur pays : pour prix de cette libéralité, ils le reconnurent comme duc de Milan.

Depuis l'expédition de Charles VIII, il s'étoit fait en Italie de grands changemens. Toutes les puissances de ce pays s'étoient d'abord réunies pour chasser les Français ; mais à peine avoient-elles été délivrées de leur présence, que la confédération s'étoit rompue, et qu'elles s'étoient efforcées de se dépouiller réciproquement. Le jeune Ferdinand étoit mort quelque temps après avoir reconquis le royaume de Naples, et Frédéric, son oncle, lui avoit succédé.

Ce prince, sans cesse en défiance contre les Vénitiens, qui avoient profité des troubles pour lui enlever quatre places maritimes, et contre le pape Alexandre VI, qui vouloit démembrer ses Etats, pour former une principauté à son fils César, ne comptoit que sur l'intérêt commun des princes d'Italie, pour se garantir de l'invasion dont il étoit menacé par la France. Le Pape, ne cherchant que l'agrandissement de sa famille, étoit disposé à soumettre toutes ses vues politiques à cet unique objet. Les Florentins, dont la conduite avec Charles VIII avoit été très-équivoque, et qui cependant n'avoient pas peu contribué au succès de son entreprise, par les prédications fougueuses de leur compatriote Savanarole, étoient irrités contre la France, parce qu'elle avoit soustrait à leur puissance la ville de Pise, autrefois leur sujette : tous leurs efforts tendoient à recouvrer cette importante possession. Ludovic, affermi par ses crimes sur le trône de Milan, frémissoit en voyant les préparatifs de Louis XII : il cherchoit autour de lui des alliés, et ses anciennes perfidies l'empêchoient d'en trouver de fidèles. Les Vénitiens, désirant de conserver les places acquises dans le royaume de Naples, et d'augmenter leur territoire du côté du Milanais, n'étoient pas éloignés de consentir à une nouvelle invasion, persuadés que cette conquête ne seroit que passagère, et qu'au milieu du bouleversement général, dont ils croyoient pouvoir se préserver, ils parviendroient facilement à exécuter leurs desseins.

Tout étoit donc en fermentation dans l'Italie, quelque temps avant l'expédition de Louis XII, et le calme qui paroissoit régner n'étoit troublé que par les efforts que faisoient les Florentins, afin de recouvrer la ville de Pise. Ludovic et les Vénitiens s'unirent d'abord pour secourir cette ville, dont l'indépendance leur étoit avantageuse. Mais ils se brouillèrent bientôt; et Ludovic, oubliant les services que lui avoient rendus les Vénitiens dans la dernière guerre, rechercha l'alliance des Florentins, auxquels il promit de rendre Pise.

Le dominicain Savanarole n'avoit pas encore entièrement perdu l'influence qu'il avoit obtenue dans sa patrie; et ses déclamations contre la cour de Rome, dont il demandoit hautement la réforme, lui avoient fait beaucoup de partisans. Ennemi déclaré de Ludovic, il employa toute son éloquence pour détourner ses concitoyens de cette alliance; et les perfidies de l'usurpateur de Milan lui fournirent les raisons les plus plausibles. Alors Ludovic, devenu l'ennemi des Vénitiens, et sentant la nécessité de se lier avec les Florentins, pria le Pape de l'aider à perdre Savanarole, lui représentant que, dans cette occasion, leurs intérêts étoient communs. Alexandre VI y consentit volontiers; et, tandis que Ludovic appuyoit à Florence la faction opposée à Savanarole, le pontife lui interdisoit la chaire.

L'impétueux prédicateur protesta publiquement contre cet ordre, refusa de s'y soumettre, renouvela ses prophéties sinistres sur le sort de l'Italie, déclama plus que jamais contre la cour de Rome, se vanta d'avoir refusé le chapeau de cardinal, que le Pape lui avoit offert pour le gagner, et déclara qu'il préféroit à la pourpre romaine celle des martyrs. Ces discours véhémens, qui enflammoient autrefois les esprits, et qui avoient puissamment contribué à renverser la puissance des Médicis, n'avoient plus alors l'attrait de la nouveauté; et Savanarole oublioit qu'il est rare qu'on puisse soulever deux fois les peuples par les mêmes moyens. Le Pape suscita contre lui les Cordeliers, jaloux de la gloire qu'il avoit acquise aux Dominicains. Les deux ordres se disputèrent publiquement, se portèrent des défis, et proposèrent des épreuves conformes à l'esprit des siècles précédens; épreuves dangereuses, auxquelles aucune des parties n'osa se soumettre. Enfin la faction des Médicis, unie aux partisans du Pape et de Ludovic, domina momentanément dans la ville. Savanarole fut arrêté; on pressa son procès, et il fut condamné, comme hérétique, à être brûlé [23 mai 1498]. Son courage ne l'abandonna pas dans les tourmens, et il protesta de son innocence jusqu'au dernier soupir. Ludovic, ne trouvant plus d'obstacle à ses projets, traita avec les Florentins, et s'arma contre les Vénitiens, qui persistoient à vouloir soutenir l'indépendance de Pise.

Cette alliance étant loin de suffire pour le garantir des entreprises de Louis XII, il voulut s'unir étroitement avec le Pape et le roi de Naples. Frédéric, qui avoit les mêmes craintes que lui, s'y prêtoit volontiers, et espéroit, avec son secours, non-seulement empêcher les Français de pénétrer en Italie, mais chasser les Vénitiens des places qu'ils occupoient dans ses Etats. Alexandre VI avoit d'autres vues : ne songeant qu'à l'agrandissement de sa famille, il ne vouloit consentir à cette alliance qu'à condition que son fils César épouseroit Charlotte, princesse de Tarente, fille aînée du roi de Naples. Cette princesse, qui devoit le jour à

Anne de Savoie, première épouse de Frédéric, étoit, par sa mère, alliée à la maison de France, avoit été élevée dans ce pays, y demeuroit et y possédoit le comté de Rouergue. Son père, qui connoissoit les Borgia, jugea que, si l'un d'eux entroit dans sa famille, il n'y auroit plus de sûreté ni pour lui, ni pour ses autres enfans. Il rejeta donc les propositions du Pape; et le pontife, tournant toutes ses vues de grandeur du côté de la France, refusa d'entrer dans une confédération qui auroit peut-être préservé l'Italie du bouleversement dont elle étoit menacée.

César Borgia, qui, comme on l'a vu, étoit venu en France sous le prétexte d'apporter la bulle relative à la dissolution du mariage du Roi, et le chapeau de cardinal accordé à d'Amboise, s'occupa d'objets plus importans. N'ayant pu obtenir la princesse de Tarente, de Frédéric, son père, il essaya de l'obtenir de Louis XII, qui ne s'opposa point à ses vues, mais qui déclara qu'il ne souffriroit pas qu'elle éprouvât aucune contrainte. Le caractère de Charlotte étoit aussi généreux que celui de l'homme qui prétendoit à sa main étoit perfide. Décidée à se sacrifier pour son père, elle fit dire à Borgia qu'elle consentiroit à l'épouser, si le Roi vouloit renoncer à ses prétentions sur Naples. Cette condition, qui auroit dérangé tous les projets du monarque, ayant été rejetée, la princesse congédia le fils du Pape, qui, n'attendant plus sa grandeur que de la France, épousa peu de temps après Charlotte d'Albret, sœur de Jean, roi de Navarre. Louis XII, ayant contracté avec lui une étroite alliance, lui donna le duché de Valentinois. Il promit en même temps qu'après la conquête du Milanais il lui fourniroit quatre cents lances et quatre mille Suisses, pour soumettre quelques anciens vassaux de l'Eglise, devenus indépendans, et pour se former ainsi une principauté.

Au moment où Louis terminoit ces arrangemens avec César Borgia, il avoit envoyé à Venise une ambassade, chargée de proposer au sénat de lui livrer Crémone et quelques places situées sur le bord de l'Adige. Les Vénitiens, irrités contre Ludovic, et persuadés qu'il étoit impossible que les Français s'établissent solidement dans le Milanais, acceptèrent les offres du Roi, et lui promirent de ne point le troubler dans son expédition. Les Florentins, à qui l'on fit espérer de leur faire recouvrer Pise, se souvenant des désastres qu'ils avoient éprouvés pendant l'invasion de Charles VIII, persistèrent dans leur alliance avec Ludovic.

Louis XII, assuré du concours des Vénitiens et du Pape, redoutant peu les Florentins, et ayant des intelligences à Gênes, mit sur pied son armée, composée de neuf mille six cents gendarmes et de treize mille fantassins, dont cinq mille Suisses. Il en confia le commandement à Jean-Jacques Trivulce, seigneur milanais, ennemi personnel de Ludovic, au comte de Ligny et au seigneur d'Aubigny, qui s'étoient distingués dans la dernière guerre. Cette armée s'étant réunie à Lyon, il se rendit dans cette ville, et y donna les dernières instructions à ses généraux. La division commandée par Trivulce pénétra la première en Italie, et s'arrêta dans Asti, qui avoit été autrefois donné en dot à Valentine, aïeule du Roi. Le général y publia le manifeste le plus violent contre Ludovic. Tous ses crimes étoient rappelés. On donnoit les détails de la conduite qu'il avoit tenue envers son infortuné pupille; on soutenoit que le roi de France étoit le seul duc légitime; on promettoit en son nom le soulagement des peuples et le redressement de tous les abus. Ce manifeste produisit la plus vive sensation dans un pays où l'usurpateur étoit détesté. L'amour des nouveautés, la crainte des suites d'une conquête faite de vive force, la réputation de bonté et de justice que Louis avoit acquise depuis son avénement au trône, contribuèrent à lui faire un grand nombre de partisans.

Ludovic, n'ayant d'autres alliés que Frédéric et les Florentins, qui étoient hors d'état de le secourir, sollicita vainement l'appui du roi d'Espagne et de l'Empereur. Des négociations qu'il avoit entamées avec Bajazet II lui furent seules de quelque utilité. Bajazet, craignant que les Français, après avoir conquis le royaume de Naples, ne menaçassent Constantinople, attaqua les possessions que Venise avoit dans la Grèce, et empêcha cette république de prendre part aux événemens qui alloient se passer en Italie.

Cependant Ludovic, réduit à ses propres forces, parvint à lever une armée à peu près aussi nombreuse que celle de Louis XII, et il en confia le commandement à Galéas de Saint-Séverin. Ce général, n'ayant pu empêcher que les forteresses qui défendoient le Tanaro ne fussent livrées ou emportées d'assaut, se renferma dans Alexandrie, dont il fit promptement réparer les fortifications. Il y fut bientôt investi, désespéra de pouvoir y tenir, et trouva le moyen de s'échapper avec une compagnie de cavalerie légère. Son arrivée à Milan y porta la consternation, qui fut bientôt au comble quand on apprit qu'Alexandrie avoit capitulé. Ludovic tenta un dernier effort; il fit prendre les armes aux bourgeois de la ville, et les conjura, au nom de ce qu'ils avoient de plus cher, de défendre au moins leurs foyers. Cet appel, qui n'auroit pu avoir quelque effet, que si le prince eût été aimé, lui montra toute la profondeur de l'abîme où ses crimes l'avoient entraîné. Les bourgeois tournèrent contre lui les armes qu'il les avoit forcés de prendre, et massacrèrent à ses yeux son trésorier Antoine Landriano.

N'ayant plus aucun espoir de résister à l'armée victorieuse de Louis XII, il confie ses enfans au cardinal Ascagne, son frère, et lui ordonne de les conduire en Allemagne; il fortifie à la hâte le château de Milan, dont il donne le commandement à Bernardino d'Acorte, son favori; part ensuite avec une foible escorte pour aller trouver l'empereur Maximilien, qui lui avoit promis un asile; court le risque d'être enlevé en route, et ne doit son salut qu'à une espèce de miracle.

La ville de Milan, abandonnée de son souverain, s'empressa d'envoyer une députation aux généraux français. Ils y entrèrent avec une partie de l'armée, et reçurent bientôt la soumission de Gênes, qui n'attendoit que la prise de Milan pour se déclarer. D'Acorte, que Ludovic avoit autrefois comblé de bienfaits, rendit le château au bout de douze jours, sans même avoir été attaqué, et reçut pour cette trahison des sommes considérables. Il s'étoit flatté de faire une grande fortune en passant au service de France, mais les généraux le traitèrent avec tant de mépris qu'il mourut de honte.

Toutes les villes du duché suivirent l'exemple de la capitale, et cette importante conquête fut faite en vingt jours. Louis XII, qui n'avoit pas espéré des succès aussi rapides, étoit encore à Lyon où il formoit une armée de réserve. Aussitôt qu'il eut appris que le Milanais étoit soumis, il passa les monts, et s'avança vers sa nouvelle capitale. Il y fit son entrée, le 6 octobre 1499, revêtu du manteau ducal, et fut accueilli par les plus vives acclamations. Il ne tarda pas à tenir les promesses qu'il avoit faites dans le manifeste publié par Trivulce. Traitant les Milanais comme ses sujets, il rendit à l'Eglise ses libertés, et donna à la noblesse les priviléges dont jouissoit celle de France. Il abolit les taxes arbitraires imposées par l'usurpateur; et les contributions, qui, sous Ludovic, montoient à seize cent quatre-vingt-six mille livres, furent réduites à six cent vingt-deux mille cinquante livres. Son principal soin fut de procurer au peuple conquis une justice exacte, sans laquelle il ne peut exister de sécurité dans les relations sociales. Du temps de Ludovic, les tribunaux, sans indépendance et sans liberté, n'étoient trop souvent que les instrumens des vengeances du prince. « Le Roy, dit Seyssel, érigea un sénat, en la « forme et auctorité de ses parlemens de France, sans « avoir regard à personne quelconque, ni à luy « mesme, et sans user de puissance absolue en nul « cas. » Des magistrats intègres furent appelés pour composer ce sénat, « car, ajoute Seyssel, il luy sem- « bloit que peu vauldroit avoir faict des bonnes loix « et ordonnances, s'il n'establissoit juges pour les gar- « der et exécuter. » L'historien que nous citons fut nommé membre du sénat de Milan.

A peine Ludovic parut-il perdu sans ressource, que ses alliés en Italie s'empressèrent de traiter avec le Roi. Les Florentins lui promirent de l'argent et des troupes, et obtinrent qu'il les remettroit en possession de Pise. Bentivoglio, seigneur de Bologne, et Hercule d'Est, duc de Ferrare, redoutant l'ambition des Borgia, firent avec lui des traités par lesquels leurs Etats furent garantis. Louis XII, s'étant emparé, sans éprouver presque aucun obstacle, d'une si importante possession, et croyant qu'il la conserveroit aussi facilement qu'il l'avoit acquise, céda aux prières de son épouse qui le conjuroit de revenir en France. Avant de partir, il confia le gouvernement du Milanais à Trivulce, se figurant qu'un homme né dans le pays, et connoissant parfaitement ses compatriotes, leur inspireroit plus de confiance qu'un étranger. Sa marche, en traversant la France, fut un triomphe continuel [décembre 1499]. Il trouva la Reine à Blois, et son bonheur fut augmenté par la naissance d'une fille, à laquelle on donna le nom de Madame Claude, et qui épousa depuis François Ier.

[1500] César Borgia avoit obtenu l'exécution entière du traité conclu avant l'invasion du Milanais : on lui avoit donné une armée composée de Français et de Suisses, sous les ordres d'Ives d'Alègre, célèbre capitaine. Il commença par attaquer Immola, ancien fief de l'Eglise, appartenant alors à la famille Riario. Le chef de cette famille étoit mort, et ses enfans en bas âge se trouvoient sous la tutelle de leur mère Catherine Sforze, femme d'un grand courage. César avoit cru pouvoir remporter une victoire facile, en combattant une veuve et des orphelins : mais il éprouva une résistance qu'il n'avoit pas attendue. Catherine lui fit ouvrir les portes d'Immola, ville sans défense, envoya ses enfans en Toscane, et s'enferma dans Forli, résolue d'y tenir jusqu'à la dernière extrémité. Le siége fut long et meurtrier : enfin la ville fut prise d'assaut; et Catherine, envoyée à Rome par le vainqueur, y fut plongée dans une prison. Le général français, Ives d'Alègre, n'avoit pu voir sans admiration le courage de cette héroïne, qui étoit encore jeune et belle : sa résignation dans le malheur lui inspira des sentimens plus tendres : il partit pour Rome, obtint sa liberté, et l'épousa.

Pendant que les principales forces des Français en Italie étoient employées à servir l'ambition des Borgia, Milan n'étoit pas tranquille. Louis XII avoit en vain cherché à faire le bonheur de ce pays, en y établissant le règne des lois, en diminuant les impôts, et en confiant son autorité à un seigneur milanais. Les intrigues de Ludovic fomentoient les mécontentemens: le goût que les femmes témoignoient pour les Français, la galanterie un peu libre de ces derniers, excitoient la haine et la jalousie des habitans. Ils se plaignoient en outre de la dureté de Trivulce, qui, malgré les sages instructions du Roi, croyoit qu'un peuple habitué au joug d'un usurpateur ne pouvoit être gouverné que par la violence.

Une révolte éclata bientôt, sous le plus léger prétexte. Trivulce, avec une poignée de soldats, dissipa les rebelles, tua leur chef de sa main; et, loin de chercher à calmer les esprits par une amnistie générale, il ordonna des enquêtes qui répandirent la terreur dans un grand nombre de familles. Cette conduite augmenta le nombre des mécontens, et favorisa les projets de Ludovic, qui, ayant levé une armée de Francs-Comtois et de Suisses, entra dans le Milanais.

Au moment de cette invasion imprévue, les Français étoient dispersés. D'Alègre servoit sous les ordres de Borgia; et Ligny, malgré les ordres de Trivulce, étoit allé à Côme avec un corps d'armée. L'approche de Ludovic ranima le courage de ses partisans dans la capitale : le gouverneur essaya en vain de les comprimer par la crainte : il eut bientôt à lutter contre une révolte encore plus terrible que la première. Il étoit à l'hôtel de ville, occupé à délibérer sur le danger qui devenoit à chaque instant plus pressant, lorsqu'il y fut investi par une multitude en fureur. On demandoit sa tête, et l'on menaçoit de massacrer tous ses partisans. S'il eût voulu tenir, la maison alloit être escaladée, et il se seroit vainement défendu d'appartemens en appartemens. Il prend alors un parti digne de son courage. Il paroît sur le péristile, accompagné des Français qui partagent ses périls, s'avance à leur tête, impose à ses ennemis par son attitude noble et fière, se fait jour avec sa hache d'armes, et parvient au château, où il s'enferme, sans avoir perdu un seul homme.

Les révoltés s'étant rendus maîtres de la ville, Ludovic y rentra avec les mêmes applaudissemens par lesquels on avoit accueilli Louis XII, quatre mois auparavant [3 février 1500]. Son armée, accrue de tous les mécontens, s'éleva en peu de jours à trente mille hommes, et il put se flatter de chasser bientôt les Français de toutes les places fortes. Les Vénitiens, malgré les promesses qu'ils avoient faites, ne laissoient espérer aucun secours. A ces nouvelles désastreuses, d'Alègre quitta Borgia, traversa le Milanais par une marche des plus hardies, et se jeta dans Novare, seul point par où ses compatriotes pussent recevoir des renforts. Il y fut attaqué par Ludovic, défendit la ville pendant quinze jours : forcé de la rendre, il se retira dans le château, avec la résolution de s'ensevelir sous ses ruines.

Louis XII, informé de cette révolution à laquelle il étoit loin de s'attendre, chargea La Trémouille d'aller reconquérir le Milanais. Il lui donna cinq cents lances, quatre mille Gascons, qui formoient alors la meilleure infanterie française, et dix mille Suisses nouvellement levés. Les Suisses étoient, comme on le voit, au plus offrant : ils avoient assisté Ludovic dans son entreprise, ils assistoient le roi de France dans la sienne : consentant à servir sous des drapeaux opposés, ils n'avoient une répugnance invincible que pour combattre les uns contre les autres : c'étoit donc d'eux seuls qu'alloit dépendre le succès de la guerre.

La Trémouille passa rapidement les Alpes, et se porta sur Novare, dont Ludovic continuoit d'assiéger le château. Celui-ci s'enferma dans la ville où bientôt la famine se fit sentir. Réduit à tenter le sort d'une bataille, il éprouva la plus grande résistance de la part des Suisses à sa solde, qui refusèrent de se battre contre leurs compatriotes de l'armée française. Poussant leur trahison plus loin, ils traitèrent avec La Trémouille, qui leur laissa la liberté de retourner dans leur pays. Cette défection entraina celle des Francs-Comtois, et porta le découragement dans le reste de l'armée milanaise. Ludovic, voyant sa cause désespérée, et ne pouvant fuir à Milan, dont la route lui étoit fermée par les troupes françaises, n'eut d'autre ressource que de prier ceux qui l'avoient trahi de permettre qu'il se retirât avec eux. Ils y consentirent. Craignant d'être reconnu au sortir de la ville, il se déguisa en cordelier, et feignit d'être un de leurs aumôniers; mais il fut livré, moyennant deux cents écus, au bailli de Dijon, par un soldat du canton d'Uri, appelé Turman [9 avril 1500]. Ce perfide, qui avoit ainsi violé les droits de l'hospitalité et du malheur, fut désavoué par tous ses compatriotes : à leur retour, ils le firent périr.

Le cardinal Ascagne, frère de Ludovic, arrivoit avec quelques troupes pour protéger sa retraite, lorsqu'il apprit qu'il étoit au pouvoir des Français. Craignant pour lui-même, il se sépare de son escorte, et se dirige en toute hâte du côté des Etats Vénitiens. Accablé de fatigues, il s'arrête à l'entrée de la nuit dans une maison isolée, appartenant à un gentilhomme qu'il avoit autrefois comblé de bienfaits : mais à peine est-il plongé dans un profond sommeil, qu'il est arrêté et livré à un général de Venise qui commandoit un château voisin. Cette république, qui, dans la crise dont on venoit de sortir, n'avoit donné aucun secours aux troupes de Louis XII, le voyant vainqueur, ne put refuser de mettre en ses mains le prisonnier.

Les deux frères, dont le Roi avoit tant de motifs de redouter l'influence sur les peuples du Milanais, furent enfermés dans des châteaux différens. Ascagne alla habiter la tour de Bourges, ancienne prison de Louis XII. Ludovic, après avoir été successivement à Pierre-en-Cise et au Lis de Saint-Georges, fut enfin confiné dans le château de Loches, où il devoit terminer ses jours. Le Roi, qui avoit éprouvé tout ce qu'une longue captivité peut avoir de pénible, adoucit leur prison par des égards pleins d'humanité : loin d'être, suivant l'usage barbare de ce temps, enfermés dans des cages de fer, ils eurent de vastes appartemens, et trouvèrent toutes les consolations que peuvent procurer la société et la lecture.

Les Suisses, qui avoient puissamment contribué à la seconde conquête de Milan, élevèrent des prétentions exorbitantes : le Roi, fort économe, et craignant de fouler ses sujets, ne consentit à leur donner que les sommes qui avoient été autrefois stipulées. Ils se retirèrent, en faisant des menaces auxquelles Louis XII n'attacha pas assez d'importance, et s'emparèrent, dans leur marche, de Bellinzone, l'une des clefs du Milanais. L'influence qu'ils venoient d'avoir leur persuada que c'étoit à eux qu'il appartenoit de décerner la couronne ducale, et qu'aucun prince ne pouvoit la conserver sans leur protection. Ce fut là l'origine de tous les désastres que les Français éprouvèrent dans la suite.

Cependant le Roi ne maintint point Trivulce dans le gouvernement de son duché : il en chargea le cardinal d'Amboise, qu'il regardoit comme un autre lui-même. Ce grand ministre justifia pleinement, dans cette importante mission, l'idée qu'on s'étoit faite de sa modération et de ses talens. Les bourgeois de Milan, qui avoient si tôt manqué à leurs sermens, et qui, par leur révolte, avoient préparé les succès de Ludovic, craignoient les vengeances des Français. Leurs députés s'humilièrent et promirent qu'à l'avenir ils tiendroient une conduite plus loyale : puisant leurs excuses dans l'indulgence que la religion prescrit à l'égard du repentir, ils se comparèrent à saint Pierre, qui, par foiblesse, avoit renié son maître, mais qui, après avoir obtenu son pardon, n'en avoit été que plus fidèle. Ils furent traités avec douceur.

« Je puis témoigner, sans aucune flatterie » (dit Seyssel, qui, pendant la révolution, s'étoit retiré dans le château avec les autres magistrats) « que « monseigneur le cardinal d'Amboise, qui avoit lors « la totale auctorité pour le roy Louis XII, fut deux « ou trois nuits sans gueres dormir, pour donner « tout l'ordre que possible lui fut, afin d'empêcher « que la cité de Milan et les autres villes du duché « ne fussent pillées par les gendarmes du Roy, après « la victoire, ni les gens du pays pris, fourragés, ni « outragés, car ainsy luy estoit mandé; et tous ceux « qui avoient pris gens et biens, après que la paix fut « criée, furent contraincts de rendre le tort : réservé « aulcun bien petit nombre des principaux acteurs et « promoteurs de la rebellion, à tous les aultres fut « généralement pardonné, moyennant quelque somme « d'argent, non pas grande, laquelle se paya à longs « termes : encores, aulcun temps après, en rendit le « bon Roy une partie. »

Les Florentins, qui, conformément au dernier traité conclu avec Louis XII, n'avoient point assisté Ludovic pendant sa courte apparition dans le duché de Milan, réclamèrent la ville de Pise, dont on avoit promis de les remettre en possession. Le Roi envoya un corps d'armée pour la soumettre, et en confia le commandement à Hugues de Beaumont, général peu habile. Avant de commencer les hostilités, Beaumont députa aux Pisans deux chevaliers, Jean d'Arbouville et Hector de Montmort. Ils furent reçus comme des protecteurs, et non comme des ennemis : on crut toucher leurs cœurs en renouvelant devant eux les scènes qui avoient eu lieu du temps de Charles VIII. Les magistrats soutinrent que leur ville dépendoit autrefois du duché de Milan, et qu'ainsi elle appartenoit à la France. Aussitôt cinq cents jeunes filles, vêtues de blanc, se jetèrent aux genoux des députés, et les sommèrent d'exécuter les lois de la chevalerie qui ordonnent de protéger les foibles. Arbouville et Montmort essayèrent en vain de persuader aux Pisans que les engagemens du Roi lui prescrivoient de les soumettre aux Florentins, ils ne reçurent pour réponse que les plus riches présens.

Le siége commença; mais les habitans, en se défendant avec vigueur, témoignoient aux Français l'attachement le plus vif : dans les momens de repos, ils leur faisoient passer des vivres, du vin et de l'argent. Cette nouvelle manière de faire la guerre déconcertoit les soldats, qui devinrent bientôt les plus zélés partisans de ceux qu'on vouloit leur faire considérer comme des ennemis. Il fut impossible à Beaumont de continuer le siége, et il ne tarda pas à le lever. Ayant laissé quelques malades, ils furent transportés à Pise, où l'on eut pour eux les soins les plus tendres et les plus empressés. Les Florentins, au lieu de s'en prendre au général, qui avoit manqué de fermeté, s'en prirent au Roi qu'ils accusèrent de les avoir trompés : la crainte qu'il leur inspiroit les détermina, seule, à ne point se déclarer contre lui. Cependant Pise rentra bientôt sous leur domination.

César Borgia ne s'étoit pas conduit avec la même loyauté que la république de Florence : malgré tout ce que Louis XII avoit fait pour lui, il ne lui avoit envoyé aucun secours; et rien ne sembloit pouvoir justifier sa conduite équivoque. Cependant le Roi lui fournit de nouveau un corps d'armée pour l'aider à conquérir une principauté dans la Romagne. Cette complaisance du monarque, qui paroît contraire à la politique et à la justice, étoit cependant fondée sur des motifs très-spécieux : il avoit besoin du Pape, suzerain de Naples, pour s'assurer la possession de ce royaume; et, désirant faire d'utiles réformes dans les monastères de France, livrés, depuis le règne de Charles V, à de grands relâchemens, il se croyoit obligé de ménager le Pontife qui pouvoit seul lui en accorder le pouvoir.

Alexandre VI, en échange des secours donnés à son fils, nomma le cardinal d'Amboise son légat *à latere*, en France, pour dix-huit mois, et lui fournit ainsi le moyen de remplir les vues bienfaisantes de son maître. Ce prélat quitta Milan, pour revenir à Blois, où Louis XII le rappeloit, et laissa son gouvernement à Charles d'Amboise, son neveu.

Pendant ces momens de prospérité et de paix, qui devoient être trop courts, Louis XII et son ministre s'occupèrent de la grande réforme qu'ils avoient en vue. La douceur et la sévérité furent convenablement employées pour rappeler les différens ordres religieux à leurs anciennes règles. On ne mit pas trop de promptitude dans cette opération qui excitoit beaucoup de murmures; et, par une sage lenteur, on parvint peu à peu à faire disparoître les abus. Le caractère de la piété du Roi s'accordoit parfaitement avec l'œuvre dont il s'étoit chargé. « Il est, dit Seyssel, « dévot et catholique sans hypocrisie, ne simulation, « car il se garde d'offenser Dieu, et le recognoit en « toutes choses, mieux de faict que de parole ; et bien « lui semble à iceluy estre plus agréable qu'on luy « offre un bon et entier vouloir sans aulcune démons- « tration exterieure, que de luy dire une longue orai- « son, et faire grande inclination corporelle. » Ennemi de toute affectation, il ne remplissoit pas moins tous ses devoirs avec beaucoup d'exactitude : il communioit sept ou huit fois par an ; et montroit dans ses discours, ainsi que dans sa conduite, le plus profond respect pour la religion. Ne cherchant point, comme ses prédécesseurs, à perpétuer son nom par des monumens dispendieux, il fonda peu de monastères, mais il releva plusieurs églises qui tomboient en ruine. Ce fut dans cet esprit qu'il travailla, de concert avec le cardinal d'Amboise, à la réforme des couvens ; et il eut le bonheur de voir qu'un grand nombre de maisons, connues autrefois par leurs désordres, ne se faisoient plus distinguer que par leur sainteté. « Ce sont « là, observe un contemporain, les vrayes réparations « du temple de Dieu, comme le dit sainct Paul. »

[1501] Cependant César Borgia, aidé par les troupes de Louis XII, acheva, au commencement de 1501, la conquête de la Romagne, dont il fut déclaré duc, dans un consistoire tenu par Alexandre VI, son père. Si l'on en croit les contemporains, il souilla ses victoires par les crimes les plus révoltans. Le jeune Astor Manfredi, seigneur de Faenza, étant tombé entre ses mains, on dit qu'il le rendit victime de la plus honteuse passion, et qu'il le fit ensuite empoisonner. Non content d'être souverain de la Romagne, il essaya, par ses intrigues, de se faire nommer généralissime des Florentins, espérant devenir bientôt leur maître : mais l'armée française qui marchoit alors à la conquête de Naples rassura les chefs de cette république, et fit échouer les projets de Borgia.

Louis XII s'étoit enfin décidé à entreprendre cette conquête qui avoit été si funeste à son prédécesseur : mais, auparavant, il y avoit eu beaucoup de négociations. Frédéric effrayé avoit offert de lui livrer plusieurs places, et de lui payer tribut : Ferdinand, roi d'Espagne, qui possédoit en même temps la Sicile, lui avoit proposé de faire ensemble la conquête, et de la partager.

Louis fut quelque temps incertain sur le parti qu'il adopteroit : entreprendre sans alliés une expédition si éloignée lui parut dangereux, parce que déjà Venise se montroit jalouse de la puissance que les Français acquéroient en Italie, et parce que l'Empereur, honteux de n'avoir pas secouru Ludovic, traitoit comme duc de Milan son fils aîné, qui s'étoit réfugié près de lui. Ne posséder que quelques places dans le royaume de Naples, n'étoit à ses yeux qu'un foible avantage, peu proportionné aux droits qu'il avoit fait valoir à l'époque de son sacre. Après y avoir bien réfléchi, le partage proposé par Ferdinand lui sembla le parti le meilleur et le plus sûr. Il n'oublioit pas que ce prince avoit manqué à tous ses engagemens avec Charles VIII, et qu'il avoit exposé ce jeune prince à une perte en apparence inévitable : mais il croyoit que dans cette circonstance l'intérêt bien entendu du roi d'Espagne lui répondoit de sa fidélité. Cette conjecture avoit quelque chose de spécieux : mais il semble que le Roi et son ministre auroient dû considérer que Ferdinand, possesseur de la Sicile, pouvoit en un moment porter la guerre dans le royaume de Naples, et envahir la partie réservée à la France, sans que celle-ci pût y faire parvenir de prompts secours.

Par les dispositions des deux Rois, le traité n'éprouva aucune des difficultés auxquelles un arrangement si important sembloit devoir donner lieu. La Pouille et la Calabre furent cédées à Ferdinand : la ville de Naples, l'Abruze et la Terre de Labour échurent à Louis. Il fut convenu que les revenus de la Capitanate, province riche en bestiaux, seroient partagés entre les deux monarques. Tandis que le roi d'Espagne signoit ce traité, il négocioit secrètement avec Frédéric, auquel il promettoit des secours, et qu'il exhortoit à se défendre contre les Français : en même temps, il faisoit passer en Sicile une armée nombreuse, commandée par Gonsalve de Cordoue.

D'Aubigny étoit à la tête de l'armée française qui traversoit l'Italie : il avoit mille lances, quatre mille Suisses, et six mille Gascons. Quoique César Borgia fût irrité de ce que ce général se fût opposé à ses projets ambitieux sur Florence, il ne put s'empêcher de joindre ses troupes aux siennes. Aussitôt que cette armée fut près de Rome, les ambassadeurs de France et d'Espagne déclarèrent dans un consistoire le partage qu'avoient fait leurs maîtres. Alexandre VI, qui jusqu'alors avoit paru l'ignorer, donna, comme suzerain de Naples, l'investiture de ce royaume aux deux monarques.

A cette nouvelle, Frédéric, qui n'avoit que foiblement compté sur les secours de Ferdinand, tomba dans le désespoir : il fit aussitôt partir son fils aîné pour Tarente, place très-forte, n'essaya pas de défendre les bords du Gariglian, et dispersa ses troupes dans les villes de Capoue et d'Aversa. Capoue fut bientôt assiégée par d'Aubigny et Borgia ; Fabrice Colonne, qui en étoit gouverneur, la défendit quelques jours avec courage ; enfin il fut réduit à capituler. Au moment où l'on négocioit, les Français escaladèrent les murs ; ayant éprouvé de la résistance dans les premières rues, et excités par Borgia, ils se livrèrent à une fureur aveugle, et mirent tout à feu et à sang.

Au milieu de cet affreux désordre, les principales dames de la ville s'étoient réfugiées dans une tour, et avoient fait prier d'Aubigny de les protéger. Soit qu'il fût occupé à réprimer l'ardeur de ses troupes, soit qu'il fût insensible au sort qui menaçoit ces femmes intéressantes, il ne fit aucune attention à leurs prières. Borgia, instruit de leur position, força la tour qui leur servoit d'asile, les fit toutes paroître en sa présence, choisit pour lui les quarante plus belles, et abandonna les autres à ses soldats. Cet horrible abus de la victoire, commis dans l'armée d'un roi distingué par sa douceur et sa bonté, eut la plus funeste influence sur les résultats de l'expédition : il rendit les Napolitains ennemis acharnés des Français, leur fit préférer le joug moins odieux de l'Espagne, et fut fatal à d'Aubigny, dont presque toutes les entreprises échouèrent.

Cependant Naples ne fit aucune résistance. Frédéric, qui s'étoit enfermé dans le Château Neuf, capitula bientôt, et obtint de pouvoir passer librement six mois dans l'île d'Ischia, où ses deux prédécesseurs s'étoient retirés, après avoir été renversés du trône. Il s'y établit, comme un simple particulier, avec la Reine son épouse, quatre enfans en bas âge, et sa nièce, la veuve de l'infortuné Jean Galéas. Cette famille reçut des propositions de la part des deux rois qui s'étoient partagé ses dépouilles : Ferdinand offroit à Frédéric le plus bel établissement en Espagne; mais ce prince aima mieux se fier à la loyauté de Louis XII. Il vint en France, où il reçut une pension considérable, et jouit pendant toute sa vie du comté du Maine. Il avoit cru, comme on l'a vu, assurer la liberté de son fils aîné, en l'envoyant à Tarente : le jeune prince, assiégé dans cette place par Gonsalve, se rendit, à condition qu'il lui seroit permis de passer en France; mais Gonsalve, l'ayant en son pouvoir, le retint d'abord sous divers prétextes, et le fit ensuite partir pour l'Espagne.

L'armée française paroissoit pouvoir compter sur la possession paisible de la partie du royaume de Naples qui lui étoit échue en partage. Elle voyoit sans inquiétude l'armée espagnole s'augmenter dans la Pouille et dans la Calabre, par les renforts qui lui arrivoient continuellement de Sicile. Pendant ce temps de repos, où elle s'affoiblissoit dans la mollesse et dans les plaisirs, elle perdit un prince de la plus belle espérance. Louis de Bourbon, âgé de dix-huit ans, fils de Gilbert de Montpensier, qui avoit été vice-roi de Naples sous Charles VIII, et dont la fin avoit été si malheureuse, voulut aller visiter le tombeau de son père, qui étoit à Pouzoles. Il descendit dans le caveau, se fit ouvrir le cercueil, et considéra quelques momens les restes inanimés du héros qu'il regrettoit. Le néant de la gloire humaine, le souvenir des soins qu'un père tendre avoit pris de son enfance, frappèrent tellement son imagination et son cœur, qu'il tomba évanoui, et mourut peu de jours après. Ses amis ne trouvèrent de soulagement à leur douleur, qu'en plaçant cette victime de la piété filiale dans le tombeau de celui qu'elle avoit tant aimé.

Les Français, sûrs de n'être pas troublés dans la jouissance de leur nouvelle conquête, crurent inutile de garder la flotte considérable que Louis XII leur avoit envoyée pour balancer l'influence maritime des Espagnols. Philippe de Ravestein, qui la commandoit, alla dans les mers du Levant, afin de concourir à une entreprise concertée contre les Turcs avec d'Aubusson, grand-maître de Rhodes. Toutes les puissances de l'Europe, et surtout le Pape qui l'avoit provoquée, devoient y prendre part. Toutes manquèrent à leurs engagemens. L'expédition fut malheureuse; et la flotte qui eût été si nécessaire pour la conservation de Naples fut presque entièrement détruite.

César Borgia, dont les funestes secours n'avoient servi qu'à faire tourner contre la France les ressentimens que sa cruauté et sa perfidie excitoient de toutes parts, quitta d'Aubigny qui crut n'avoir plus besoin de lui, et se rapprocha de Gonsalve, qui lui fournit quelques troupes pour agrandir son duché de Romagne. Il employa le reste de l'année 1501, et le commencement de l'année suivante, à des expéditions, où il continua d'obtenir par des trahisons ce qu'il ne pouvoit arracher par la force. Il écrasa le duc d'Urbin, contre lequel il n'avoit aucun grief, et reprit son ancien projet d'asservir Florence.

[1502] L'ambition démesurée de ce conquérant, qui ne faisoit excuser ses excès par aucune qualité brillante, souleva contre lui toutes les puissances de l'Italie. Elles portèrent leurs plaintes à Louis XII, qui d'abord les crut exagérées, mais qui les jugea dignes d'attention, lorsqu'il apprit que l'empereur Maximilien s'étoit avancé jusqu'à Trente, et parloit de marcher au secours des opprimés. Persuadé que les motifs des différens partis ne pouvoient être appréciés que sur les lieux, il partit pour Milan. Sa réputation de bonté et de justice rassura toutes les puissances. Plusieurs princes, parmi lesquels on remarquoit le duc de Ferrare, le marquis de Mantoue, Bentivoglio, seigneur de Bologne, le duc d'Urbin, récemment dépouillé, et les ambassadeurs de Florence et de Venise accoururent à sa Cour. Leur vœu unanime fut que Borgia, qu'ils regardoient comme le fléau de l'Italie, rendît la plupart de ses conquêtes, ou du moins ne conservât que celles qu'il avoit faites dans la première campagne.

Louis XII, se trouvant comme l'avoit été autrefois saint Louis, l'arbitre des princes, et digne, sous plusieurs rapports, d'inspirer la même confiance, eut le malheur de ne pas bien juger les circonstances et les hommes. Il étoit disposé à céder aux sollicitations des puissances, lorsqu'il en fut détourné par l'apparition subite de celui qu'il alloit condamner.

Borgia, instruit de ce qui se tramoit contre lui, avoit pris la résolution la plus hardie. Déguisé en chevalier de Rhodes, il s'étoit mis seul en route, avoit traversé, sans être reconnu, le territoire de ses ennemis, et venoit de paroître tout-à-coup dans Milan. Admis près du Roi, il s'excusa en disant qu'il n'avoit agi que par les ordres du sacré Collége, rejeta, comme d'horribles calomnies, toutes les accusations qui avoient été intentées contre lui, et fit sentir qu'ayant seul en Italie une bonne armée, la France avoit besoin de son secours contre les entreprises possibles de Ferdinand et de Maximilien. Ces raisons fort spécieuses furent appuyées par des promesses qui ébranlèrent le cardinal d'Amboise. Ce grand ministre, révolté des abus qui se perpétuoient sous le pontificat d'Alexandre VI, n'avoit pas rejeté l'idée de lui succéder un jour, et d'opérer dans l'Eglise les heureuses réformes qu'il avoit faites dans les monastères français. Peut-être une ambition naturelle aux hommes les plus vertueux, et qu'il se cachoit probablement à lui-même, avoit-elle autant de part à ce désir, que l'espoir de rendre à la religion toute sa pureté. Quoi qu'il en soit, Borgia, qui avoit lu dans le cœur du cardinal, lui fit observer que le Pape ne pouvoit vivre long-temps, et lui promit l'appui de sa famille et de ses partisans dans le conclave. Il lui offrit en outre la continuation des pouvoirs de légat *à latere* en France, qui étoient expirés depuis quelques mois.

Tous ces motifs déterminèrent le Roi et son ministre à ne point abandonner les Borgia. Ils resserrèrent même les liens qui les unissoient à cette famille, et lui sacrifièrent des princes qu'ils avoient jusqu'alors protégés. Presque tous les historiens ont témoigné leur étonnement de ce qu'un monarque aussi vertueux que Louis XII ait eu si long-temps des liaisons intimes avec des hommes dépravés. Ils n'ont pas considéré que le caractère des Borgia n'étoit pas alors connu, comme il l'a été depuis, par les mémoires et les relations posthumes des contemporains; que la plupart de leur crimes étoient secrets; qu'ils ne négligeoient rien pour en dérober la trace, ou pour s'en justifier; et qu'il étoit très-possible que le Roi regardât comme des calomnies les accusations monstrueuses que leurs ennemis portoient contre eux.

Louis XII, sans prévoir les suites que cette alliance nouvelle pouvoit avoir, profita de son séjour à Milan pour veiller au bonheur de ce peuple, qui, depuis la dernière conquête, paroissoit s'attacher à son gouvernement. Il examina la conduite des magistrats, et destitua Pierre Sacierge, chancelier du Milanais, qui s'étoit permis des actes d'oppression. « Fallut bien, « observe Saint Gelais, qu'il y eust grande occasion, « car le Roi n'a pas coustume de desapointer personne, « si la forfaicture n'est apparente (1). » Il alla visiter Gênes, qu'il n'avoit pas encore vu depuis qu'il en étoit souverain. Témoignant aux habitans la plus entière confiance, il parcouroit les rues sans gardes, admettoit à ses repas des hommes de toutes les classes, et se rendoit aux invitations qui lui étoient faites par les particuliers. Les Génois, charmés de cette popularité, y répondoient en cherchant à procurer aux Français toute sorte de plaisirs. « Contre leurs mœurs, « dit un contemporain, ils menoient au bal leurs « femmes, leurs filles et leurs sœurs, pour donner « joyeux passetemps au Roy et aux seigneurs. Ceux-ci, « usant de la liberté française, choisissoient les plus « belles, les présentoient au Roy, en les baisant les

(1) *Apparente* veut dire ici *démontrée*.

« premiers, pour en faire l'essay, ensuite les baisoit « le Roy volontiers, dansoit avec elles, et prenoit « d'elles tout honorable déduit. »

Une de ces beautés se montra plus sensible que les autres aux qualités aimables de Louis XII. Thomassine Spinola, enchantée de ses manières nobles, de sa conversation pleine de grâce et d'agrément, de sa douceur et de sa bonté, mais fort attachée à ses devoirs, conçut pour lui, et trouva moyen de lui inspirer une passion digne des beaux temps de la chevalerie, tout-à-fait étrangère aux sens, et semblable à celle qui avoit autrefois uni Laure et Pétrarque. En se quittant, ils résolurent de s'écrire; et cette correspondance ne finit qu'avec la vie de Thomassine, qui, ayant reçu, trois ans après, la fausse nouvelle de la mort du Roi, ne put résister à sa douleur.

Tandis que Louis, de retour en France, croyoit n'avoir rien à craindre pour ses possessions en Italie, les princes opprimés se confédérèrent contre César Borgia, le battirent en plusieurs rencontres, et l'enfermèrent dans Immola. Réduit aux dernières extrémités, il réclama les secours de Chaumont d'Amboise, gouverneur du Milanais, qui envoya des troupes pour le dégager. Tiré de ce péril, il parut se repentir de ses excès; et, feignant de la modération, il entra en négociation avec ses ennemis, à la tête desquels étoient le cardinal des Ursins et Vitellozzi. Le premier, dupe de ces apparences, alla trouver Alexandre VI, qui le fit arrêter. Le second, attiré avec ses partisans dans la petite ville de Sinigaglia, y fut indignement massacré. Deux femmes essayèrent de sauver la vie au cardinal. Le Pape réclamoit des sommes considérables et un diamant précieux, qui avoient dû se trouver chez lui au moment de son arrestation. La mère du prisonnier s'empressa de fournir les sommes; quant au diamant, il avoit été confié à une dame que le cardinal avoit voulu épouser, avant de prendre les ordres sacrés, et qui étoit proscrite à cause de son attachement pour lui. Cette femme osa sortir de son asile, déguisée en homme; elle se présenta ainsi à l'audience du Pape, ne fut pas reconnue, lui remit le diamant, et disparut. Ces démarches ne furent d'aucune utilité au cardinal, qui mourut peu de temps après dans sa prison. On crut qu'il avoit été empoisonné.

L'armée française se consumoit à Naples, dans l'inaction et dans les voluptés. D'Aubigny, qui la commandoit, tomba dans une maladie de langueur, et fut hors d'état d'y rétablir la discipline. Le Roi, instruit de ce désordre, crut y remédier en envoyant, comme son lieutenant-général, Louis d'Armagnac, duc de Nemours, guerrier sévère et expérimenté. Cette nomination désola d'Aubigny, qui ne cacha point ses murmures, et deux partis se formèrent dans l'armée. Gonsalve profita de ces divisions pour augmenter ses forces et pour s'établir dans la Capitanate, province qui, d'après le traité, ne devoit être occupée, ni par les Français, ni par les Espagnols, et dont les revenus devoient être partagés entre les deux souverains. Non content d'avoir ainsi violé les engagemens de son maître, Gonsalve essaya de surprendre de nuit Melfi et Troja. Alors la guerre s'alluma, mais elle n'eut pas, cette année, de résultat décisif. Pendant l'hiver, les combats furent suspendus, et ce fut alors que Bayard, qui devoit se couvrir de gloire dans cette guerre malheureuse, vainquit le fameux Sotomayore, dans un combat singulier.

[1523] Ferdinand, en chargeant Gonsalve de chasser les Français du royaume de Naples, s'étoit assuré de l'appui secret des Vénitiens. Lorsque l'ambassadeur de Louis XII réclama près du sénat l'exécution des traités, on se contenta de lui répondre que les expéditions dont il se plaignoit, avoient été entreprises par des particuliers, et qu'à Venise le commerce étoit libre. Tous ces événemens appelèrent le Roi à Milan, d'où il espéra diriger mieux les affaires de Naples. Mais il ne put empêcher que la discorde entre Nemours et d'Aubigny ne s'augmentât; et la crainte de porter le découragement dans une partie de l'armée l'empêcha de se déclarer pour l'un de ces deux généraux. Cependant, comme ils n'agissoient pas de concert, les Espagnols les battirent en diverses rencontres.

Louis XII sentit qu'il ne pourroit conserver le royaume de Naples, s'il n'avoit dans la Méditerranée une flotte assez forte pour lutter contre la puissance maritime des Espagnols. Celle qui avoit été confiée à Ravestein avoit, comme on l'a vu, presque entièrement péri dans l'Archipel. Le Roi partit donc pour Lyon, afin de faire les préparatifs de cet armement, qui devoit avoir lieu dans les ports de Marseille et de Gênes. La Reine vint l'y trouver, et lui apporta des secours considérables, tirés de la Bretagne et de ses autres apanages.

La guerre alloit se faire dans le royaume de Naples avec plus d'acharnement que jamais, lorsqu'un nouveau piége de Ferdinand rompit toutes les mesures prises par Louis XII. L'archiduc Philippe, fils de Maximilien et de Marie de Bourgogne, gendre de Ferdinand et d'Isabelle, venoit de faire un voyage en Espagne : à son retour dans les Pays-Bas, il obtint de Louis la permission de passer par la France, et son beau-père, abusant de la candeur de son âge, lui donna l'autorisation de faire la paix. Le jeune prince fut accueilli à Lyon par le Roi et par la Reine, et bientôt on commença les négociations. Il en résulta un traité qui portoit que Charles, enfant de trois ans, fils de Philippe, épouseroit la princesse Claude, qui en avoit quatre, et que les rois de France et d'Espagne, se dessaisiroient en leur faveur de ce qu'ils possédoient dans le royaume de Naples. Les formes les plus solennelles furent employées pour la conclusion de ce traité. « A l'église Sainct Jean, dit Saint Gelais, « ainsy qu'on célébroit la messe, Philippe, comme « procureur du roy Ferdinand d'Espagne, et ayant « procuration expresse, jura la paix, selon les articles « qui, pour ce, furent faicts. » Par ce traité, Ferdinand ne vouloit que gagner du temps et retarder les préparatifs qui se faisoient à Marseille et à Gênes : Louis XII, en y adhérant, avoit en vue le soulagement de ses peuples ; et la Reine y voyoit surtout l'avantage de donner à sa fille un royaume indépendant. L'ordre fut envoyé à Nemours de suspendre les hostilités, et une partie des nouvelles levées faites en France fut licenciée.

Aussitôt que Ferdinand eut appris que sa ruse avoit réussi, il leva le masque ; et, sans s'inquiéter du danger que pourroit courir son gendre, qui n'avoit pas encore quitté le service de France, il refusa de ratifier le traité. En même temps, il se ligua contre les Français, avec les Vénitiens, les Suisses, le Pape et César Borgia, et fit partir pour la Calabre de puissans renforts commandés par Hugues de Cardone et Antoine de Lèves. Lorsque cette trahison fut connue, l'archiduc Philippe parut indigné d'en avoir été l'instrument, et tomba sérieusement malade. Ses courtisans lui firent craindre la vengeance que le Roi pourroit tirer de lui : mais le monarque se pressa de lui envoyer dire qu'il étoit entièrement libre, et le rassura par ces belles paroles : « J'aime mieux perdre, s'il le faut, une cou-« ronne que je peux recouvrer, que l'honneur dont « la perte ne se répare point. »

Les pressentimens de Louis XII étoient vrais : le renfort que venoit de recevoir Gonsalve, la division qui régnoit toujours entre Nemours et d'Aubigny, entraînoient nécessairement, pour la France, la perte du royaume de Naples. D'Aubigny fut attaqué le premier, par Hugues de Cardone, près de Séminara, le 21 avril, et les Français furent entièrement défaits. Gonsalve, n'étant pas encore instruit de cette action, vint mettre le siége devant Cérignoles où Nemours étoit en force. Ayant éprouvé une résistance obstinée, il alla camper sur un coteau voisin, s'y fortifia, et fut bientôt investi. Dans le conseil tenu par les Français, sur le parti qu'il falloit adopter, les avis furent partagés. Louis d'Ars, l'un des plus braves généraux, soutint qu'on devoit profiter de la faute que venoit de faire Gonsalve, et le prendre par famine. d'Alègre qui s'étoit, comme on l'a vu, souvent distingué depuis le commencement de la guerre, pensoit, au contraire, qu'il importoit de ne pas perdre un moment pour attaquer l'ennemi, et promettoit que rien ne pourroit résister à l'impétuosité française. L'avis de d'Alègre prévalut, parce qu'il étoit appuyé par les Suisses, qui, mécontens d'une guerre dont les chances pouvoient les tenir encore long-temps éloignés de leur pays, menaçoient de se retirer.

On attaqua, le 28 avril, le camp de Gonsalve, qui, de tous côtés, opposa la plus forte résistance. Les Suisses, remplis d'ardeur, revinrent plusieurs fois à la charge, mais ne purent forcer les retranchemens. Nemours, qui s'étoit mis à leur tête, fut frappé d'une balle dans la poitrine, et tomba mort. Alors le désordre se mit dans l'armée, privée de son chef; Gonsalve fit une sortie, et parvint sans peine à disperser les Français. Quelques débris de cette armée vaincue se rallièrent autour des deux généraux les plus célèbres : Louis d'Ars se retira dans Venouze, où il résolut de se maintenir jusqu'à la dernière extrémité : d'Alègre marcha sur Naples, dans l'espoir de conserver cette grande ville : mais, trouvant que les subsistances y manquoient, et que le découragement des amis de la France étoit à son comble, il alla à Capoue, qui ne lui offrit pas plus de ressource, et ne put obtenir un asile que dans la forteresse de Gaëte.

Cette évacuation ne fut si rapide que parce que aucune place n'étoit approvisionnée. D'après les traités faits avec Alexandre VI, les achats de blé s'étoient faits dans l'Etat ecclésiastique; mais ce prince, étant entré récemment dans les projets de Ferdinand, avoit, sous le prétexte de rassurer son peuple sur la crainte de la famine, interdit, sous les peines les plus graves, la sortie de toute espèce de denrée. Les châteaux de

Naples essayèrent de se défendre : mais Pierre Navarre, qui, de simple soldat, étoit parvenu au commandement de l'artillerie, dans l'armée espagnole, ayant employé contre eux l'art de la mine, inconnu jusqu'alors, ils furent forcés. On a contesté à Navarre l'invention de cet art terrible ; et l'on a dit qu'il l'avoit vu pratiquer, mais sans succès, par un officier génois, au siége de Sérézanelle.

Louis XII, qui s'étoit attendu à tous ces désastres, venoit de s'assurer les Suisses, en leur cédant à perpétuité la forteresse de Bellinzone. Pour résister à ses autres ennemis, il fit un appel à son peuple, lui exposa franchement la conduite qu'il avoit tenue, et les indignes trahisons qui avoient été le prix de sa loyauté. Aussitôt un emprunt fut rempli avec zèle par les principales villes du royaume, et une armée fut levée pour attaquer le Roussillon. Ferdinand, dont cette entreprise contrarioit les desseins, obtint, de l'embarras où se trouvoit la France, un arrangement par lequel il fut convenu que la guerre n'auroit lieu qu'en Italie, où les armes décideroient de la destinée du royaume de Naples.

Louis de La Trémouille, fameux par tant de victoires, fut chargé de reconquérir ce royaume. Il partit de Milan, avec une nombreuse armée, et, au moment où il se trouvoit dans le voisinage de Rome, il apprit la mort presque subite d'Alexandre VI [18 août 1503]. Tout porte à croire que cette mort fut l'effet d'une fièvre lente, qui détruisit le peu de force d'un vieillard de soixante-quinze ans : mais quelques historiens prétendent qu'Alexandre et son fils, ayant voulu empoisonner, dans un festin, plusieurs cardinaux, s'empoisonnèrent eux-mêmes; et que César Borgia ne dut son salut qu'à sa jeunesse et à la force de son tempérament.

Quoi qu'il en soit, cette mort fit naître à Rome les plus grands désordres. L'armée française pouvoit influer puissamment sur l'élection d'un pape, et d'Amboise, qui l'avoit suivie, se flattoit d'avoir un grand nombre de partisans dans le conclave. Assuré des suffrages des cardinaux français, il croyoit pouvoir encore compter sur celui du cardinal Ascagne Sforce, frère de Ludovic, dont il avoit brisé les fers, et sur celui de Julien de La Rovère, ennemi implacable d'Alexandre VI, qui n'avoit sauvé sa vie qu'en se réfugiant en France, où il avoit trouvé protection et faveur. Il se fioit en même temps aux protestations de César Borgia, qui, momentanément maître de Rome, lui promettoit tous les suffrages dont il pourroit disposer.

L'événement prouva que le cardinal d'Amboise avoit eu tort de compter sur la reconnoissance de ces hommes qu'il avoit comblés de bienfaits. La Rovère, qui aspiroit secrètement à la tiare, rompit toutes les mesures de la France : les cardinaux italiens, poussés par lui, déclarèrent qu'ils ne procéderoient point à l'élection, si l'armée ne s'éloignoit ; et d'Amboise, dont le caractère répugnoit à toute espèce de violence, satisfit à ce vœu, qui sembloit juste. Alors le conclave fut formé, et l'élection tomba sur François Piccolomini, vieillard accablé d'infirmités, qui prit le nom de Pie III, et qui ne régna que vingt-cinq jours. D'Amboise, dont cette élection n'avoit pas détruit les espérances, se fia encore aux promesses de ceux qu'il croyoit ses partisans : mais La Rovère leva bientôt le masque, se concilia les cardinaux de Venise, d'Espagne et d'Allemagne, en leur représentant que, si le premier ministre de Louis XII devenoit pape, l'Italie seroit entièrement livrée aux Français, s'entendit avec César Borgia, auquel il promit de lui conserver ses dignités et ses conquêtes, obtint la majorité des suffrages, et prit le nom de Jules II, qu'il devoit rendre si fameux.

Le nouveau pontife commença par montrer quel fond on pouvoit faire sur ses promesses. Il feignit de confier à Borgia le commandement d'une armée : puis il le fit arrêter, et le força, non-seulement d'abdiquer ses dignités, mais de donner l'ordre aux gouverneurs de ses places de les rendre à l'Eglise. Ce prince, qui depuis fut toujours malheureux, et qui paya cher une prospérité qu'il ne devoit qu'à des crimes, trouva le moyen de s'échapper : n'osant se livrer au cardinal d'Amboise, qu'il avoit trahi, il alla demander un asile à Gonsalve, qui s'assura de sa personne, et l'envoya en Espagne, où il fut détenu pendant deux ans, dans le château de Medina del Campo. S'étant encore sauvé de cette prison, il se retira près du roi de Navarre, son beau-frère, le servit contre des seigneurs que l'Espagne avoit soulevés contre lui, et fut tué d'un coup de flèche, le 12 mars 1507, quatre ans après avoir été dépouillé de toutes ses possessions en Italie.

Jules II, originaire de Gênes, qui appartenoit aux Français, affecta d'abord un grand dévouement pour cette puissance, et ne négligea rien pour faire oublier à d'Amboise la préférence qu'il avoit obtenue sur lui.

Il lui donna le titre de légat *à latere* en France, pour un temps illimité, et le gouvernement d'Avignon.

Ces révolutions de la cour de Rome, en retenant l'armée française dans l'Etat ecclésiastique, avoient donné le temps à Gonsalve de réunir toutes ses forces pour résister à La Trémouille. Au moment où ce général alloit se mettre à la tête de ses troupes, il tomba dangereusement malade, et il fallut encore attendre les ordres du Roi, pour savoir quel seroit celui qui lui succéderoit dans le commandement. Louis XII, ayant eu à se plaindre, dans la campagne précédente, du peu de prévoyance des généraux français, crut devoir chosir un seigneur italien, très-habile dans l'art militaire. Ce fut Jean-François II, marquis de Gonzague, auquel il avoit déjà donné le titre de vice-roi de Naples. Ce général ne put se mettre en marche qu'à la fin d'octobre; et l'on remarqua que, pour éviter les fautes reprochées à ses prédécesseurs, et conformément à la méthode des guerriers de son pays, il n'avançoit qu'après avoir épuisé toutes les ressources de la prudence la plus circonspecte. Cette manière de faire la guerre, si opposée au caractère français, déplut généralement. On accusa le marquis de trahison, et il fut obligé d'abdiquer le commandement. Alors les troupes italiennes qui l'avoient suivi passèrent du côté de Gonsalve, et cette défection porta le découragement dans l'armée française. Le marquis de Saluces, successeur de Gonzague, n'inspira pas plus de confiance : il ne put passer le Gariglian; et ses troupes se consumèrent par la fatigue, la faim et les maladies. Dans les diverses actions, qui presque toutes furent au désavantage des Français, Bayard se distingua par les plus éclatans faits d'armes; et ce fut là que, renouvelant une action justement admirée dans les fastes de l'ancienne Rome, il défendit, seul, un pont contre un détachement considérable de l'armée de Gonsalve.

[1504] Sa valeur ne put préserver les Français d'une défaite entière. Les débris de leur armée se retirèrent à Gaëte, qu'ils ne purent défendre contre toutes les forces de Gonsalve. Ainsi le royaume de Naples sembloit entièrement perdu pour la France. Louis d'Ars, qui étoit resté maître de Venouze et de trois autres places, étoit le seul qui ne désespérât pas des affaires. Entouré d'ennemis, harcelé sans cesse par eux, il mandoit à Louis XII qu'il étoit en état de tenir encore six mois.

Tant de revers inattendus affectèrent profondément le Roi. Au mois d'avril 1504, étant dans son château de Blois, il tomba malade; et, ses anciennes fatigues ayant beaucoup affoibli son tempérament, on craignit pour sa vie. Aussitôt que son danger fut connu, l'amour qu'on avoit pour lui se manifesta par les plus vives inquiétudes, et par les vœux les plus ardens pour le rétablissement d'une santé si précieuse. « Ce « seroit chose incroyable d'écrire ni raconter, dit « Saint Gelais, les plaintes et les regrets qui se fai- « soient par tout le royaume, pour le chagrin que « chacun avoit du mal de son bon Roy : on eût vu « jour et nuit, à Blois, à Amboise et à Tours, et « par tout ailleurs, hommes et femmes aller tout nuds « par les églises, et aux saints lieux, afin d'impé- « trer envers la divine clémence grâce de santé à « celuy que l'on avoit si grant peur de perdre, comme

« s'il eût été père de chacun. » Louis XII, qui avoit tant de motifs d'aimer la vie, regrettoit seulement de n'avoir pas eu le temps d'exécuter ce qu'il avoit résolu pour le bonheur de son peuple. Plein de résignation, mais recourant avec confiance à la miséricorde divine, il crut devoir se vouer à la sainte hostie de Dijon, pour laquelle il avoit une vénération particulière, et envoya sa couronne pour orner le vaisseau dans lequel elle étoit renfermée. Bientôt son état parut moins alarmant, et sa guérison donna lieu à une multitude de fêtes dans toutes les parties du royaume.

Tant que dura sa maladie, la Reine ne le quitta pas, lui prodigua les plus tendres soins, et parut dans les momens de danger tellement accablée qu'on craignit de la perdre. Cependant le maréchal de Gié, qui jouissoit de l'estime du Roi, et auquel il avoit confié l'éducation du jeune François, héritier présomptif de la Couronne, remarqua qu'au milieu de la désolation générale, les domestiques de la Reine réunissoient ses effets les plus précieux, et les faisoient placer dans des bateaux qui paroissoient destinés à descendre la Loire jusqu'à Nantes. Inquiet de ces préparatifs, il se figura qu'Anne de Bretagne avoit des projets contraires aux intérêts du royaume. En effet le bruit couroit que cette princesse, qui joignoit à toutes les vertus de son sexe un caractère très-décidé, n'aimant pas Louise de Savoie, mère de François, avoit résolu, si son mari mouroit, de priver le nouveau Roi des duchés de Bretagne et de Milan, en les donnant à madame Claude sa fille, qu'elle auroit unie au jeune Charles, fils de l'archiduc Philippe, qui devoit avoir un jour l'héritage de Maximilien et de Ferdinand. Ce bruit étoit fondé sur ce que, en 1503, la Reine avoit beaucoup contribué à la conclusion d'un traité semblable, qui n'avoit été qu'un piége odieux, tendu par le roi d'Espagne à la bonne foi de Louis XII. On ajoutoit que la princesse devoit, aussitôt après la mort du Roi, se retirer en Bretagne, pour être entièrement libre d'exécuter ses desseins. Le maréchal de Gié, cédant trop facilement aux sollicitations de Louise de Savoie, qui, encore jeune et belle, lui avoit inspiré une grande passion, prit sur lui d'arrêter les bateaux, et de les faire conduire à Saumur, poste très-fortifié.

Toutes les inquiétudes sur la santé du Roi étant dissipées, la Reine regarda la conduite du maréchal comme un sanglant affront, et en demanda hautement vengeance. Louis, qui le trouvoit excusable, en ne considérant que ses intentions, essaya d'abord de calmer la colère de son épouse; mais n'ayant pu y parvenir, il ordonna que l'affaire seroit instruite par le grand conseil. Le maréchal espéroit du moins être fortement soutenu par Louise de Savoie, qui étoit la principale cause du danger dans lequel il se trouvoit: mais il connoissoit peu les motifs qui déterminent souvent les femmes dans les circonstances les plus graves. Louise avoit profité de son amour pour obtenir ce qu'elle avoit désiré, mais elle étoit loin de le partager. Obsédée par cet homme beaucoup plus âgé qu'elle, fatiguée de sa jalousie, irritée de ce qu'il avoit profité de l'ascendant que lui donnoit sa place de gouverneur du jeune François, non-seulement pour éloigner d'elle les personnes dont elle auroit aimé l'entretien, mais pour la priver entièrement de la société de Surgères, qu'elle paroissoit préférer, elle s'unit, au grand étonnement de tout le monde, à la Reine, son ennemie, pour perdre le maréchal.

Poursuivi par deux femmes aussi puissantes, il étoit impossible qu'il ne succombât point. Le chancelier de Rochefort, qui ne partageoit pas leurs passions, essaya de traîner l'affaire en longueur, et déclara qu'on ne pouvoit refuser à l'accusé de le confronter avec ses accusateurs. Le maréchal fut donc amené devant Louise, qui désavoua tous les ordres qu'il prétendoit avoir reçus d'elle. Confondu par cet acharnement auquel il n'avoit pu jusqu'alors ajouter foi, on dit qu'il s'écria douloureusement : « si j'avois toujours « servi Dieu comme j'ai servi madame, je n'aurois « pas grand compte à lui rendre après ma mort. »

La Reine, toujours implacable, obtint qu'il seroit jugé par le parlement de Toulouse, où l'on suivoit le droit romain, beaucoup plus sévère que les coutumes sur l'espèce de délit qu'on lui imputoit. Aux reproches qui lui étoient faits on ajouta celui de s'être enrichi par des dilapidations. Les magistrats de Toulouse examinèrent long-temps cette affaire. Enfin le maréchal fut condamné, le 9 février de l'année suivante, non pour crime de lèse-majesté, comme le vouloit la Reine, ni pour dilapidations, ainsi que le désiroit Louise de Savoie, mais pour *réparations de quelques excès, et pour certaines causes et considérations,* expressions vagues qui prouvoient que ses juges ne le croyoient pas très-coupable. Conformément à ce jugement, il perdit ses gouvernemens d'Angers et d'Amboise, sa compagnie de cent lances, et il fut suspendu, pour cinq ans, de ses fonctions de maréchal. Le Roi lui ôta, en outre, la place de gouverneur du jeune François, et choisit, pour lui succéder, Artus de Gouffier, seigneur de Boisy, homme très-recommandable, qui avoit fait toutes les campagnes d'Italie. Le maréchal, n'ayant pas perdu l'estime du monarque, s'établit dans le château du Verger, situé entre Angers et la Flèche, et il parut se consoler de sa disgrâce, en embellissant cette retraite où la haine de ses deux ennemies cessa de le poursuivre.

Ce fut, sous le règne de Louis XII, le seul jugement où, contre sa volonté, l'influence de la Cour parut se faire sentir. Cet excellent prince avoit quelquefois à souffrir du caractère un peu emporté de son épouse ; mais il excusoit cette légère imperfection, en considération de ses qualités essentielles. « Il faut, di-« soit-il, passer quelque chose à une femme, quand « elle aime son mari et son honneur. » Leur union ne fut jamais troublée par aucun orage, et nous ne pouvons en donner une plus juste idée qu'en citant un passage de Claude de Seyssel, qui la peint avec les expressions les plus touchantes et les plus naïves.

« Au regard de la royne Anne, dit-il dans son His-« toire de Louis XII, ainsy qu'il l'avoit honorée, vivant « le roy Charles, comme sa dame et princesse, depuis « qu'il l'a espousée, l'a toujours tant et si grandement « aymée, estimée et chérie, qu'il a mis en elle et re-« posé tous ses plaisirs et toutes ses delices; ne jamais « a été soupçonné d'avoir violé son mariage, ne prins « plaisir charnel, ne volupté avec aultre femme, com-« bien qu'on luy en ayt souvent offert de bien belles « et plaisantes, dont un homme moins ferme et cons-« tant eust été bien tenté; et, par effect, il ne fut ja-

« mais dame mieulx traictée, ne plus aymée de son « mari. Aussy certainement elle le merite bien, car « de sens et prudence, d'honnesteté, de venusté, de « courtoysie, de gracieuseté, il en est bien peu qui « en approchent, moins qui soient semblables, et « nulle qui l'excede. Et pour sa parfaite félicité en ce « monde, estoit bien requis au bon roy Louys d'avoir « une telle compagne; aussy les vertus et conditions « excellentes d'elle méritoient d'avoir pour mary un « si grand, si noble, si bon et si heureulx roy (1). »

Le bonheur de cette union n'empêchoit pas Louis XII de s'occuper avec inquiétude du sort des Français qui étoient restés dans le royaume de Naples. Il pressoit Louis d'Ars, qui tenoit encore dans Venouze, d'accepter les conditions honorables que Gonsalve lui proposoit. Ce capitaine ne voulut souscrire à aucune. Ayant combiné sa marche, il perça l'armée espagnole, traversa le royaume de Naples et l'Etat ecclésiastique sans être entamé, excita l'admiration des ennemis, qui n'osèrent troubler sa retraite, et arriva heureusement en France. Présenté au Roi et à la Reine dans le château de Blois, il ne leur demanda qu'une grâce. D'Alègre, qui avoit été son rival dans la dernière guerre, et auquel on imputoit la perte de la bataille de Cérignole, pour avoir fait prévaloir l'avis d'attaquer Gonsalve, étoit en exil depuis son retour. Louis d'Ars, qui avoit soutenu avec chaleur l'avis contraire, sollicita pour lui, et s'efforça de pallier ses torts. Cette magnanimité, dont Louis XII fut vivement touché, obtint facilement le rappel et la remise en activité d'un général qui avoit

(1) Histoire de Louis XII, page 47.

toujours passé pour l'ennemi de celui qui prenoit sa défense.

Cependant le Roi, satisfait de la réconciliation de ces deux généraux, faisoit de nouveaux préparatifs pour reconquérir le royaume de Naples. Ferdinand, afin de détourner cet orage, offrit d'abandonner à l'ancien roi Frédéric la partie de ce royaume qui lui étoit échue, si Louis vouloit en faire autant. Cette intrigue, dont Frédéric, comblé des bienfaits du Roi, fut quelques momens la dupe, n'eut aucune suite; et, si l'on en croit la tradition, ce fut à cette occasion que le roi d'Espagne, instruit que Louis XII se plaignoit d'avoir été trompé deux fois par lui, soutint qu'il l'avoit trompé plus de dix.

La politique des souverains prit alors un autre cours, par l'ambition démesurée du pape Jules, et par le testament que venoit de faire Isabelle, femme de Ferdinand, attaquée d'une maladie mortelle; testament dont la principale disposition étoit de laisser le royaume de Castille à l'archiduc Philippe, époux de sa fille. Le Pape crut avoir intérêt à se rapprocher de la France, pour réaliser ses projets de conquête; l'archiduc Philippe, qui brûloit d'aller régner en Castille, désiroit que les Pays-Bas, son patrimoine, fussent à l'abri d'une invasion, et l'empereur Maximilien, son père, espéroit gagner quelque chose dans une confédération nouvelle. Ces différens motifs déterminèrent les trois souverains à envoyer des ambassadeurs à Louis XII; et le résultat des négociations fut la formation d'une ligue contre les Vénitiens, dont tout le monde crut avoir à se plaindre. On envioit leurs richesses et leur puissance, et l'on se plaignoit qu'eux seuls se fussent agrandis au milieu des troubles de l'Italie. Le Pape et Maximilien vouloient leur enlever quelques fiefs de l'Eglise et de l'Empire dont ils s'étoient emparés; Philippe n'avoit d'autre but que de se mettre en état de soustraire la Castille à son beau-père; et Louis XII consultoit moins ses véritables intérêts que son humeur contre des alliés qui lui avoient souvent manqué de foi. Cette ligue (1), faite dans des vues si opposées, n'eut alors aucune suite, et le roi de France n'en retira d'autre avantage qu'une investiture peu régulière du duché de Milan, que Maximilien lui donna, au commencement de l'année suivante, dans une diète tenue à Hagueneau.

[1505] Dans cet intervalle de repos, le Roi, toujours plus attaché à son épouse, voulut qu'elle fît une entrée à Paris, où elle n'avoit point paru en cérémonie, depuis leur mariage. Au milieu des fêtes qui furent données à cette occasion, il fut attaqué d'une maladie à peu près pareille à celle qui avoit inspiré tant de crainte, l'année précédente. Ses médecins, croyant que l'air de la capitale lui étoit contraire, le firent transporter à Blois, où les symptômes alarmans disparurent bientôt. Pendant cette maladie, les mêmes inquiétudes qui avoient perdu le maréchal de Gié s'emparèrent de la Cour et des ordres de l'Etat. On présumoit toujours que la Reine avoit l'intention de donner sa fille à Charles, fils de l'archiduc Philippe, et de lui assigner pour dot la Bretagne. On détermina donc le Roi à faire un testament, par lequel il ordonnoit que la princesse épouseroit le jeune François, héritier présomptif de la Couronne; et l'on obtint de lui que cette

(1) Vingt-deux septembre 1504.

grande décision seroit proclamée dans une assemblée des Etats généraux.

Cependant l'archiduc Philippe se disposoit à partir pour la Castille, où il étoit appelé par les principaux seigneurs. Ferdinand effrayé sentit alors la nécessité de se rapprocher de Louis XII. Il avoua ses anciens torts avec une franchise apparente, et promit de les réparer. Les négociations s'entamèrent, et semblèrent n'avoir pour objet que d'assurer une paix solide entre les deux souverains. Il fut convenu que Ferdinand, déjà fort âgé, épouseroit Germaine de Foix, fille d'une sœur de Louis XII, jeune princesse dont l'ambition se cachoit sous les grâces les plus séduisantes. La dot de cette princesse fut la partie du royaume de Naples qui étoit autrefois échue à la France, et dont Ferdinand s'étoit emparé. On demeura d'accord que, si Germaine survivoit sans enfans, ce pays rentreroit sous la domination française, et que, si Ferdinand survivoit, soit qu'il eût des enfans de sa nouvelle épouse, soit qu'il n'en eût point, il réuniroit les deux portions du royaume. Cet arrangement sembloit plus avantageux à la France qu'à l'Espagne, parce qu'il étoit probable que Germaine, à la fleur de l'âge, vivroit plus long-temps que son époux. Le mariage fut conclu, et Louis XII se flatta, mais en vain, de pouvoir, après ce nouveau sacrifice, se consacrer tout entier au bonheur de son peuple.

[1506] Cette alliance n'empêcha pas l'archiduc Philippe de partir pour l'Espagne. Obligé par une tempête de débarquer en Angleterre, retenu quelque temps dans ce pays par Henri VII, qui voulut exiger que ce prince lui livrât le duc de Suffolck, chef de la maison d'Yorck, il débarqua enfin à la Corogne, où il fut reçu avec joie. Les Castillans se déclarèrent pour lui, et son beau-père, ne pouvant empêcher qu'il fût mis en possession de ce pays, eut l'air d'y consentir volontiers. Ferdinand étoit en même temps sur le point de perdre un autre royaume. Gonsalve, qui seul avoit soumis Naples, vouloit s'y rendre indépendant; mais le vieux Roi trouva moyen de le faire revenir en Arragon, et partit bientôt pour Naples avec sa jeune épouse.

Tandis que ces troubles agitoient l'Espagne et le midi de l'Italie, la France jouissoit de la tranquillité et du bonheur. Le Roi, conformément à ses promesses, assembla les Etats généraux dans la ville de Tours, le 10 mai 1506. Cette réunion des trois ordres n'offrit point le spectacle de ces disputes violentes qui avoient si souvent eu lieu sous les règnes précédens. On n'y entendit ni doléances, ni plaintes, ni remontrances; malgré des guerres continuelles, les impôts, au lieu de se trouver augmentés, avoient été diminués chaque année; et Louis XII n'eut à recueillir que des témoignages de reconnoissance et d'amour. Ce fut dans une des premières séances que Bricot, docteur en théologie, orateur de l'assemblée, décerna au monarque le titre glorieux de *Père du peuple*, qui lui étoit déjà donné par l'opinion générale. Ensuite on s'occupa de l'objet principal de la convocation. « Les Etats, dit « Saint-Gelais, supplièrent très-humblement le Roy, « à genoux et mains joinctes, que, leur ayant montré « autant grand signe d'amour par ci devant, que pere « peut faire à ses enfans, son bon vouloir fut, en per- « severant en ses bienfaits, que, pour le bien de ses « sujets, il luy plut d'accorder le mariage de madame

« sa fille avec monseigneur d'Angoulême, qui, pour « l'heure, estoit héritier apparent du royaulme, et re- « montrèrent les grands inconvéniens qui pourroient « advenir, si ladicte dame estoit mariée au fils de l'ar- « chiduc, ou à aulcun autre prince étranger. »

Le chancelier de Rochefort promit que le Roi auroit égard au vœu de ses sujets; et, quelques jours après, les fiançailles de François et de madame Claude furent faites, en présence des Etats, par le cardinal d'Amboise. Le prince avoit douze ans, la princesse en avoit sept; ils ne furent mariés qu'après la mort de la Reine, le 18 mai 1514.

A la même époque, Jules II, qui nourrissoit depuis long-temps le désir de chasser les Français de l'Italie, fut sur le point de se brouiller avec le Roi, à l'occasion des bénéfices que le cardinal Ascagne Sforce, qui venoit de mourir, avoit possédés dans le duché de Milan, et dont il disposa de sa pleine autorité. Le cardinal d'Amboise, moins âgé que le Pape, et qui n'avoit pas perdu l'espoir de lui succéder, ne voulant pas se mettre mal avec la cour de Rome, fit ses efforts pour étouffer ce différend. Jules II exigea qu'on lui sacrifiât Jean Bentivoglio, seigneur de Bologne, l'un des plus anciens alliés de la France, et l'on eut la foiblesse d'adhérer à ce désir. Chaumont d'Amboise, gouverneur de Milan, reçut l'ordre de marcher sur Bologne, d'en chasser les Bentivoglio, et de remettre cette ville au Pape. On ne tarda pas à se repentir de cette faute.

Ferdinand, occupé de rétablir son autorité dans le royaume de Naples, n'osoit rien entreprendre contre la France, parce qu'il craignoit que l'archiduc Philippe, son gendre, possesseur paisible de la Castille, ne profitât de la première guerre dans laquelle il s'engageroit, pour attaquer l'Arragon ; mais ce jeune prince, qui se flattoit de posséder un jour l'Espagne entière et les vastes domaines de la maison d'Autriche, mourut subitement à Burgos, le 27 septembre 1506, à l'âge de vingt-huit ans. Il laissoit deux fils en bas âge, Charles et Ferdinand. Le premier, qui devoit acquérir une si grande renommée sous le nom de Charles-Quint, étoit élevé dans les Pays-Bas ; le second avoit suivi son père en Castille. Si Louis XII eût ressemblé aux rois ses contemporains, c'étoit pour lui une belle occasion de s'emparer de la Flandre. Il tint une conduite digne de son caractère. Après s'être déclaré, comme suzerain, protecteur du jeune orphelin, il engagea les Flamands à nommer un conseil de régence. Cette résolution concilioit la modération, la justice et la politique ; car, en conservant les droits de Charles, elle empêchoit son aïeul Maximilien de s'emparer de sa tutelle.

Le Pape, Ferdinand et Maximilien furent loin de se conduire avec autant de générosité. Ils excitèrent des troubles à Gênes, qui appartenoit à la France, comme faisant partie du duché de Milan. Deux factions partageoient cette ville ; la noblesse et le peuple. Ils se déclarèrent pour la dernière, tandis que l'autre s'unit étroitement avec Roquebertin, gouverneur. Paul de Nove, chef de la faction populaire, ayant remporté plusieurs avantages, contraignit la garnison et les familles françaises à se réfugier dans la citadelle. Il les y attaqua bientôt, et le défaut de vivres les força de consentir à une capitulation qui fut indignement violée. Presque tous ces infortunés furent massacrés, et le peuple exerça sur eux les plus monstrueuses cruautés. « Aux hommes, dit un contempo-« rain, ils fendirent le ventre, se lavèrent les mains « dans leur sang, arrachèrent leurs cœurs, et les at-« tachèrent à des poteaux ; aux femmes, ils firent « éprouver un traitement plus horrible encore. Elles « périrent d'une mort tant cruelle et estrange, que « l'horreur du faict me défend d'en dire la maniere. » L'aigle impériale fut arborée, et Maximilien, qui seul s'étoit mis à découvert, fut proclamé seigneur de Gênes.

[1507] A cette nouvelle, Louis XII leva une armée de cinquante mille hommes, et déclara qu'il iroit lui-même soumettre les rebelles. Ses malheurs passés lui parurent venir de ce que, depuis qu'il étoit roi, il n'avoit pas commandé en personne. Certainement on ne peut attribuer l'éloignement où il s'étoit tenu jusqu'alors du théâtre de la guerre, à d'autres motifs qu'au désir de remplir ses plus importans devoirs, en donnant tous ses soins au gouvernement du royaume. Son goût pour les éclatans faits d'armes, son intrépidité dans le danger, sa constance dans les revers, s'étoient assez fait connoître, avant qu'il parvînt à la Couronne. En partant, il laissa la régence à la Reine, qui fut aidée par le chancelier et par les seigneurs de Saint-Valier, de Montmorency et du Bouchage. Elle vint s'établir à Lyon, d'où elle étoit en relation continuelle avec le Roi. Sa principale occupation étoit de pourvoir aux besoins de l'armée, et d'employer, suivant son humeur généreuse, ses propres fonds, soit à faire des achats de munitions, soit à donner des gratifications aux officiers qui se distinguoient.

La présence d'un monarque chéri, à la tête de son armée, la remplit d'un enthousiasme qui sembloit garantir le succès. Il avoit pris pour emblême un roi des abeilles, environné de son essaim, avec cette devise : *Non utitur aculeo rex cui paremus*, « le roi qui « nous commande ne se sert point de l'aiguillon, » devise qu'il justifia bientôt par sa conduite avec les Génois. Après les avoir battus hors de leurs murs, il réduisit la ville à se rendre à discrétion [mai 1507]. Craignant qu'elle ne fût pillée, il en interdit l'entrée à son infanterie, et ne se fit suivre que par sa cavalerie, qui observa la plus grande discipline.

Cette modération ne rassuroit point les Génois, qui savoient à quel point ils s'étoient rendus coupables; et l'ordre qu'il fit donner d'apporter toutes les armes augmenta leurs craintes. Ils obéirent en tremblant. Huit jours après, il convoqua l'assemblée des corporations, dans la grande cour de son palais. Il y parut sur un trône magnifique, accompagné de tous ses généraux, et ayant à côté de lui le cardinal d'Amboise. Les députés et les principales dames de Gênes se jetèrent à ses genoux, et le supplièrent de pardonner. Affectant un air sévère, il eut l'air de consulter le cardinal. Après quelques momens d'un silence qui n'étoit interrompu que par des sanglots, il fit déclarer que les Génois étoient criminels de lèse-majesté, et que leurs priviléges étoient anéantis. Les sanglots redoublèrent, les femmes s'arrachèrent les cheveux, de tous côtés on demandoit grâce. Le Roi, qui auroit voulu prolonger un peu cette crainte, ne put résister à son attendrissement : ses yeux baignés de larmes dirent assez qu'il pardonnoit. Aussitôt des acclamations se firent entendre, et il ne put retirer une grâce que sa sensibilité lui avoit arrachée. Presque tous les priviléges de Gênes furent rétablis, et l'on n'excepta de l'amnistie générale que soixante-dix-neuf personnes, qui la plupart étoient absentes. « Le Roy, dit Seyssel, « témoin oculaire, ne fit punition corporelle, fors de « deux tant seulement du menu peuple, et d'un autre « du peuple moyen, qui avoient esté des plus séditieux. « Et à la femme mesme de Paul de Nove, lequel avoit « tant présumé que d'accepter le titre de duc en icelle « cité, laissa et donna la plupart des biens de son dict « mary pour l'entretenement d'elle et d'aulcuns jeu- « nes enfans qu'elle avoit eus de son dict malheureux « mary, lequel, par quelque espace de temps après « le partement du bon roy Louys, fut par ses officiers « atteint, et puni selon ses démérites : ce que le dict « Roy permit, plus pour l'exemple que pour ven- « geance [1]. »

La prompte soumission de Gênes dérangea tous les plans du Pape, irrita Maximilien, et remplit de terreur Ferdinand, qui n'avoit pas encore quitté Naples. Ce prince étoit sur le point de retourner en Espagne, où sa présence étoit nécessaire pour rétablir son autorité dans la Castille. Il craignoit que, pendant son absence, Louis XII ne conduisît son armée victorieuse à la conquête du royaume de Naples. Il lui demanda donc une entrevue à Savonne. Les deux monarques eurent dans cette ville de longues conférences. La jeune épouse de Ferdinand, nièce chérie du roi de France, devenue, depuis son mariage, toute espagnole, et, préférant les intérêts de son ambition à ceux

[1] Histoire de Louis XII, page 23.

du pays dans lequel elle étoit née, employa l'ancien ascendant qu'elle avoit sur son oncle, pour dissiper tous ses soupçons. Il n'y eut plus aucun nuage, et Louis XII, tant de fois trompé, se laissa encore abuser par de vaines apparences. On croit que dans ces conférences, qui durèrent trois mois, il fut question d'une ligue, soit contre le Pape, soit contre Venise.

[1508] Maximilien, espérant encore ranimer le parti qu'il avoit à Gênes, parut en armes sur les frontières de l'Italie, aussitôt qu'il sut que Louis XII étoit de retour en France. Les Vénitiens lui ayant refusé le passage, il leur déclara la guerre, et ces républicains renouèrent promptement leurs liaisons avec le Roi, qui chargea Trivulce d'aller les secourir. L'Empereur entra dans les Etats vénitiens, mais son inconstance ordinaire lui fit bientôt quitter son armée, dont il laissa le commandement au lieutenant-général Trantson. Ce général, ayant été battu par les Français et les Vénitiens, ne put les empêcher de s'emparer de Trieste; alors Maximilien s'empressa de traiter avec le sénat de Venise, qui fit la paix, sans même avoir consulté le roi de France, dont il avoit reçu de si puissans secours. Cette conduite irrita Louis XII, et eut beaucoup d'influence sur les événemens qui suivirent.

Si l'Empereur avoit échoué dans cette entreprise, il avoit pleinement réussi dans une intrigue qui le remit en possession de la Flandre. Etant parvenu à persuader aux Etats de ce pays qu'ils avoient eu tort de se mettre sous la protection de la France, il obtint d'eux la tutelle de son petit-fils, l'archiduc Charles, et en chargea sa fille Marguerite d'Autriche, tante du jeune prince, qui avoit été autrefois fiancée à

Charles VIII, et qui, depuis qu'elle avoit été renvoyée par ce monarque, s'étoit trouvée exposée aux plus étranges vicissitudes (1).

Les Vénitiens abusèrent de leur prospérité. Non contens d'avoir offensé le roi de France, ils ne craignirent pas de déplaire au Pape et à l'Empereur, avec lequel ils venoient de faire la paix. Cette conduite imprudente donna lieu à une ligue redoutable qui les mit à deux doigts de leur perte. La balance que, depuis l'invasion de Charles VIII, ils avoient voulu tenir entre toutes les puissances qui se partageoient l'Italie ; les acquisitions importantes qu'ils avoient faites à la faveur du désordre, excitoient depuis long-temps contre eux la jalousie de la France, de l'Espagne, de l'Empire et de la cour de Rome. Des torts récens augmentoient encore cette disposition, qui devoit leur être si funeste.

On vient de voir que Louis XII étoit mécontent de la paix séparée qu'ils avoient faite avec l'Empereur. Maximilien n'étoit pas moins irrité d'avoir été repoussé par eux, et son dépit étoit augmenté par une espèce de triomphe qu'ils avoient décerné à L'Alviane, l'un de leurs plus illustres généraux : triomphe où ce peuple de marchands, imitant mal à propos les Romains, avoit pris plaisir à voir les drapeaux d'un empereur à la suite du char de celui qui l'avoit vaincu. Ferdinand les avoit vainement engagés à lui rendre les quatre places maritimes qu'ils tenoient encore dans le royaume de Naples, et dont ils s'étoient emparés après la retraite de Charles VIII. Le pape

(1) Voyez l'Introduction aux Mémoires d'Olivier de La Marche, et le Tableau du règne de Charles VIII.

Jules II, quoiqu'il leur dût la tiare, paroissoit le plus acharné contre eux. Non-seulement il vouloit illustrer son pontificat, en recouvrant toutes les villes qui avoient autrefois fait partie du domaine de l'Eglise, et que Venise avoit usurpées à diverses époques, mais il accusoit le sénat d'avoir méconnu son autorité spirituelle. L'évêché de Vicence étant devenu vacant, il y avoit pourvu, suivant l'usage; le prélat institué n'avoit pas été reçu, et le sénat s'étoit permis d'en nommer un autre. Il n'en falloit pas plus pour porter aux résolutions les plus violentes un caractère tel que celui de Jules II.

Ce pontife ne cacha point son ressentiment au cardinal d'Auch, neveu du cardinal d'Amboise, qui étoit alors ambassadeur à Rome. Il lui parla de la possibilité de former une ligue où toutes les puissances trouveroient leur compte, puisqu'elle auroit pour but de recouvrer des possessions qui avoient autrefois appartenu à chacune d'elles. Le cardinal d'Amboise, averti des dispositions du Pape, et n'ayant pas oublié tous les torts des Vénitiens envers la France, détermina facilement Louis XII à entrer dans ce projet. Bientôt les quatre puissances s'entendirent, et les négociations s'ouvrirent à Cambrai.

Marguerite d'Autriche, gouvernante des Pays-Bas, fille de Maximilien, et bru de Ferdinand, fut chargée des pouvoirs de ces deux princes : d'Amboise traita au nom du roi de France et du Pape. Comme ces deux négociateurs conféroient directement ensemble, et connoissoient seuls les intentions des souverains dont ils étoient mandataires, le secret fut facilement gardé, et les Vénitiens n'eurent aucun avis du danger qui les menaçoit. Cependant la négociation éprouva d'abord quelques difficultés. Marguerite et d'Amboise eurent de violens débats sur les relations que les Pays-Bas devoient avoir avec la France. Le cardinal vouloit qu'on revînt sur toutes les usurpations des anciens ducs de Bourgogne : la princesse s'y opposoit avec toute la vigueur de son caractère, et elle écrivoit à son père : « Nous avons pensé, monsieur le légat et « moi, nous prendre au poil. » Cette humeur réciproque céda cependant au grand objet dont les négociateurs devoient s'occuper ; et les prétentions de d'Amboise furent ajournées jusqu'à la majorité de l'archiduc Charles.

Le traité par lequel se forma la ligue de Cambrai fut un partage entre les quatre puissances, non-seulement des pays que Venise avoit récemment usurpés, mais des provinces qu'elle possédoit de temps immémorial. Le Pape dut avoir Ravenne, Cervia, Faenza et Rimini ; l'Empereur, Roveredo, Vérone, Padoue, Vicence, Trévise, le Frioul et l'Istrie ; Louis XII, Bresse, Bergame, Crémone, la Guiara d'Adda ; Ferdinand, les quatre places maritimes du royaume de Naples, Trani, Brindes, Otrante, Gallipoli. On voit que ce partage entraînoit la ruine entière des Vénitiens, qu'il réduisoit à leurs lagunes.

[1509] Les richesses et la prospérité de cette république étoient très-propres à exciter l'envie des puissances partageantes. Seule, de tous les Etats de l'Italie, elle n'avoit pas souffert des fléaux qui désoloient ce pays depuis près de vingt ans. Son alliance donnant constamment la prépondérance à ceux pour lesquels elle se déclaroit, elle avoit profité de tous les avantages, sans participer à aucune des pertes. Maîtresse du commerce de l'Orient, elle sembloit accumuler dans son sein tous les trésors de l'univers. Sa capitale, qui l'emportoit sur Rome même, pour la somptuosité et l'élégance des édifices, étoit le séjour du luxe et des plaisirs; et une police, qui n'avoit de rigueur que pour des objets étrangers aux occupations habituelles des habitans, se faisoit à peine sentir. Ses sujets de terre ferme aimoient un gouvernement qui se montroit sage et modéré; et l'on remarquoit, dans la généralité des citoyens, cette sorte d'esprit public qui peut se concilier avec des mœurs relâchées.

Jules II, qui, malgré la violence de son caractère, sentoit le danger d'augmenter en Italie l'influence du roi de France et de l'Empereur, hésita quelque temps à signer le traité de Cambrai. Il essaya d'amener les Vénitiens à lui céder volontairement Faenza et Rimini; et, afin de les déterminer, il leur offrit d'en donner l'investiture à deux de leurs patriciens, pour les tenir en fiefs sous la mouvance du saint Siége. Le sénat de Venise, qui ne connoissoit point les articles stipulés à Cambrai, et qui savoit d'ailleurs qu'une semblable ligue, projetée quatre ans auparavant, n'avoit eu aucun résultat, rejeta ces propositions, qui auroient détour é l'orage dont il étoit menacé. Ce refus, qui blessa profondément le Pape, leva toutes ses incertitudes, et il ratifia la ligue le 22 mars 1509.

Le traité de Cambrai étant publié répandit la terreur à Venise. Plus on s'étoit obstiné à n'y pas croire, plus on fut consterné lorsqu'on eut la conviction que ce n'étoit pas une chimère. Le sénat offrit, mais en vain, à Jules II de se soumettre à ce qu'il avoit proposé quelque temps auparavant, et fit des démarches aussi infructueuses près de Maximilien et de Ferdinand. Il essaya aussi de détacher Louis XII de ses nouveaux alliés. Leur ambassadeur lui représenta l'antiquité respectable de cette république, sa force, sa prudence et sa sagesse : « J'opposerai, répondit « gaiement le Roi, un si grand nombre de fous à « vos sages, que toute leur sagesse sera incapable « de leur résister : nos fous sont des gens qui frap- « pent partout sans regarder, et sans entendre au- « cune raison. »

Le Roi, déterminé à une guerre qui devoit être longue, et qu'il comptoit faire en personne, s'étoit donné, à défaut d'enfans mâles, deux fils adoptifs, qui, dans leur première adolescence, annonçoient les qualités les plus héroïques, et étoient l'espoir de la chevalerie. Son petit neveu, François, fiancé à sa fille aînée, étoit, comme héritier présomptif de la Couronne, l'objet particulier de ses soins; et il lui avoit associé dans ses affections son autre neveu, Gaston de Foix, frère de Germaine, reine d'Espagne, jeune prince qui devoit fournir une carrière si courte et si brillante. Deux ans auparavant, il avoit érigé pour ce dernier, en duché-pairie, le comté de Nemours, vacant par la mort de Louis d'Armagnac, tué en 1503, dans le royaume de Naples.

Regardant ces deux princes comme les appuis du trône, il fit les préparatifs de son départ; mais, avant de se mettre en marche, il envoya, suivant un ancien usage, un héraut d'armes déclarer la guerre au sénat de Venise. Ce personnage, introduit dans l'assemblée, s'adressa au doge Lorédan, qui, dans cette horrible crise, conservoit un sang froid et un courage dignes des beaux temps de cette république. « Ecoutez, dit-il, « vous, doge de Venise, et vous autres habitans de « cette terre : Louys, roy de France, m'a commandé « de vous dénoncer la guerre comme à gens de mau- « vaise foy, qui, par force, retenez les villes du Pape « et autres princes, lesquelles possédez à tort, ayant « toujours procuré par vos menées de mettre entre vos « mains le bien d'autrui. Mais mon maître s'en vient « à vous, en armes, pour vous ôter tout cela. » Le doge répondit avec calme et intrépidité. Il soutint que la république ne détenoit rien injustement, et il observa en outre que, si elle n'eût pas gardé ses engagemens avec la France, le Roi ne posséderoit rien en Italie. Il finit par déclarer que Venise soutiendroit la guerre avec l'aide de Dieu, qui puniroit Louis XII dans ce monde et dans l'autre.

Ce défi fut suivi de dispositions prises dans les deux Etats, à l'égard des Vénitiens établis en France, et des Français établis à Venise. Louis XII, craignant les intrigues et les trahisons qui pourroient se tramer pendant son absence, donna l'ordre à tous les sujets vénitiens de sortir sur-le-champ de ses Etats ; et cette mesure, qu'il crut nécessaire, en occasionnant plusieurs désastres particuliers, causa de grandes pertes dans le commerce. Le sénat eut une politique toute opposée, relativement aux Français qui demeuroient, soit à Venise, soit dans les provinces de terre ferme. Ne voulant pas envoyer à son ennemi des hommes et de l'argent, il leur enjoignit de rester dans leurs domiciles, et leur commanda, sous les peines les plus sévères, d'exercer leurs professions, comme par le passé. Cette détermination, qui convenoit mieux à une république qu'à un monarque, eut le succès que le sénat avoit attendu. Les Français, soumis à une surveillance rigoureuse, n'entrèrent dans aucun complot, et continuèrent d'être utiles à l'Etat, tant par leurs travaux, que par les contributions qu'ils payèrent.

Avant de partir, Louis XII remit, comme pendant l'expédition précédente, le gouvernement à la Reine : elle eut les mêmes conseillers, et vint s'établir à Lyon. L'armée française fut réunie dans le Milanais, bien avant que les trois autres puissances eussent fait aucun préparatif sérieux. Le Roi, impatient de se signaler et de remplir ses engagemens, entra sur le territoire ennemi, et rencontra, près de Rivolte, l'armée vénitienne, commandée par le célèbre L'Alviane, vainqueur de Maximilien.

L'armée française étoit inférieure en nombre, mais elle comptoit dans ses rangs La Trémouille, Bayard et les plus vaillans chevaliers. Elle avoit à combattre des troupes aguerries et retranchées dans un camp fortifié. Chaumont, gouverneur du Milanais, fit une première charge à la tête des Suisses, et fut repoussé. Alors L'Alviane s'empara d'un poste que le Roi vouloit occuper : le monarque y marchoit, lorsqu'on lui dit que les ennemis en étoient maîtres. « Nous aurons « donc une peine de plus, répondit Louis XII, celle « de les en déloger. » Son attaque fut vive et meurtrière : les généraux qui étoient autour de lui le conjuroient de ne point exposer une vie si précieuse : « Que ceux, leur dit-il, qui ont peur, se mettent à « couvert derrière moi. » Le poste fut emporté, et bientôt la victoire se déclara pour les Français. La

Trémouille se distingua dans un moment où la fortune sembloit indécise : la gendarmerie et l'infanterie, attaquant de formidables redoutes, commençoient à plier, lorsque Louis XII, instruit du danger, s'avança pour rétablir le combat. « Enfans, cria La Trémouille, « le Roi vous voit. » Ce seul mot ranima l'ardeur des soldats, le camp fut forcé, les Vénitiens mis en déroute, et L'Alviane prisonnier. Cette bataille, livrée le 14 mai 1509, prit le nom d'Agnadel, d'un village voisin du lieu de l'action : elle sembla décisive, et entraîna sur-le-champ la soumission de Bergame, de Bresse, de Crémone et de Crême.

Lorsque cette nouvelle désastreuse parvint à Venise, la terreur y fut à son comble : le sénat seul ne désespéra point de la république. Après avoir pris toutes les mesures nécessaires pour mettre la ville à l'abri d'un coup de main, il envoya l'ordre aux gouverneurs de terre ferme de relever les sujets de leur serment de fidélité, et de les autoriser à se soumettre aux Français, prévoyant que ces derniers abuseroient de la victoire, et que les peuples ne tarderoient pas à regretter un gouvernement doux et paternel. La conquête de toutes ces provinces fut achevée en dix-sept jours, sans que les Français fussent aidés par leurs alliés, et chaque puissance se trouva en possession des pays qu'elle avoit réclamés. Louis XII, ignorant que le Pape écoutoit déjà les prières des Vénitiens, montra le respect le plus religieux pour le traité de partage. Il ne voulut occuper aucune des villes échues à Maximilien, et il crut devoir renvoyer à l'ambassadeur de ce prince les magistrats de Vérone, de Vicence et de Padoue, qui lui en apportoient les clefs.

L'Empereur qui, sous divers prétextes, n'avoit pris aucune part à la guerre, étoit resté à Trente, où il sembloit en attendre le résultat. Pour témoigner sa reconnoissance à Louis XII, il lui donna une nouvelle investiture du duché de Milan, beaucoup plus favorable que celle qu'il lui avoit accordée en 1505, laquelle, ne comprenant que la postérité mâle du Roi, sembloit émanée du propre mouvement du chef de l'Empire. Cette seconde investiture, qu'il remit au cardinal d'Amboise, le 14 juin 1509, reconnoissoit Louis XII comme ayant droit au duché de Milan, par son aïeule Valentine, et portoit que ses filles, et à leur défaut le jeune François, son plus proche parent, devroient en hériter.

Ce diplôme ne laissa plus dans l'esprit du Roi aucun doute sur la fidélité de son allié : cependant il auroit encore prolongé son séjour en Italie, afin d'affermir son ouvrage, s'il ne fût pas tombé malade près de Milan, et si, après son rétablissement, on ne l'eût conjuré d'aller prendre quelque repos en France. Il partit donc pour son royaume, laissant à Jacques de Chabannes, seigneur de La Palice, le commandement de son armée, et lui donnant l'ordre d'obéir à l'Empereur, qui alloit venir prendre possession de ses nouveaux Etats.

La lenteur de Maximilien, l'indécision du Pape, et surtout le caractère du roi d'Angleterre, Henri VIII, qui avoit depuis peu succédé à Henri VII [22 avril 1509], firent reprendre courage aux Vénitiens. Henri VIII n'avoit pas hérité des sentimens pacifiques de son père ; voulant se mêler de toutes les affaires de l'Europe, et y exercer la plus grande influence, il s'étoit lié étroitement avec Jules II, et sollicitoit près de lui l'absolution de Venise. Le sénat savoit en outre que Ferdinand, satisfait d'avoir recouvré les quatre places maritimes du royaume de Naples, n'étoit pas éloigné d'abandonner la ligue. Ayant donc eu tout le temps de respirer, il leva une armée composée presque entièrement d'Albanais, peuple très-belliqueux, et en confia le commandement à André Gritti. Ce général fit une invasion en terre ferme, où les peuples regrettoient la domination vénitienne, et s'empara presque sans résistance de Trévise et de Padoue. L'Empereur arriva enfin, et, secouru par les Français, il assiégea en vain cette dernière ville : le courage des assiégés, la division qui se mit parmi les assiégeans, rendirent toutes les attaques inutiles.

Le retour de Louis XII dans son royaume fut un triomphe : ses succès, qui ajoutoient à sa réputation de bonté et de justice toute la gloire d'un conquérant, la crainte qu'on avoit eu de le perdre, soit dans les combats, soit par suite de sa maladie, augmentoient, s'il étoit possible, l'amour qu'on avoit pour lui. Il trouva la Reine à Grenoble, et revit avec plaisir ses deux fils adoptifs, qui avoient souvent témoigné le regret de ne pouvoir partager ses périls. La Cour partit pour Blois, où les plaisirs de la paix délassèrent le Roi des fatigues qu'il avoit éprouvées. La jeune Marguerite de Valois, sœur de l'héritier présomptif de la Couronne, se distinguoit déjà par son caractère plein d'enjouement, et par les grâces de son esprit : Louis XII, dont elle étoit chérie, crut faire son bonheur en la mariant à Charles, duc d'Alençon, qui venoit de donner des preuves de valeur à la bataille d'Agnadel, et qui avoit été autrefois fiancé à la fille unique de madame de Beaujeu. Ce mariage [3 octobre 1509], qui ne devoit pas être heureux, fut accompagné de plusieurs fêtes brillantes, où François et Gaston brillèrent dans les tournois. Le Roi passa ainsi l'hiver au sein de sa famille, et n'interrompant ses jouissances domestiques, les seules qui eussent pour lui quelque attrait, que par les travaux auxquels donnoient lieu ses relations avec ses alliés, et l'administration de son royaume.

A la fin de l'hiver de 1510, il vint à Paris, et s'établit, pour quelques jours, au palais des Tournelles. Instruit qu'il s'étoit glissé des abus dans l'exécution des ordonnances qu'il avoit rendues au commencement de son règne, il tint au parlement un lit de justice, où le chancelier fit en son nom de sévères remontrances, et prescrivit des mesures qui avoient pour objet de mettre les foibles à l'abri de l'injustice des puissans, et de diminuer la longueur des procès.

Après Pâque, il voulut visiter la Champagne et la Bourgogne. L'allégresse fut à son comble dans ces deux provinces : la Cour marchoit à petites journées, écoutoit toutes les réclamations, distribuoit avec discernement les grâces et les secours, et rappeloit au peuple les anciennes traditions sur les voyages de saint Louis. « C'est la vérité, dit Saint-Gelais, que, par tous les lieux où le Roy passoit, les gens, et « hommes et femmes s'assembloient de toutes parts, « et couroient après luy trois ou quatre lieues; et, « quand ils pouvoient atteindre à toucher à sa mule, « ou à sa robe, ou à quelque chose du sien, ils « baisoient leurs mains, et s'en frottoient le visage,

« d'aussy grande dévotion qu'ils eussent faict d'aulcun « reliquaire. Il y a trois cens ans, disoit-on, qu'il ne « courut en France si bon temps qu'il faict à présent. « Un gentilhomme attaché au Roy, continue Saint-« Gelais, trouva un vieulx laboureur qui couroit tant « qu'il pouvoit. Le gentilhomme luy demanda où il « alloit, luy disant qu'il se gastoit de s'échauffer si fort; « et le bon homme lui répondit qu'il s'avançoit pour « veoir le Roy, lequel il avoit pourtant vu en passant, « mais qu'il voyoit si volontiers pour les biens qui « estoient en luy, qu'il ne s'en pouvoit saouler. *Il est « si saige,* ajouta le paysan, *il maintient justice, et « nous faict vivre en paix, et a osté la pillerie des « gensd'armes, et gouverne mieulx que jamais roy ne « fit. Je prie à Dieu qu'il luy doint bonne vie et lon-« gue.* » Il est à remarquer que ce n'étoit point là un engouement passager, puisque Louis régnoit depuis plus de douze ans.

Cet amour qu'inspiroit le monarque n'étoit point l'effet de la magnificence et des largesses. Il donnoit peu à ses serviteurs les plus dévoués, dans la crainte de fouler le peuple, mais il donnoit à propos. Tous étoient récompensés suivant leur état et leur mérite, et le plus souvent sans qu'ils le demandassent. Il châtioit avec sévérité les torts qui concernoient l'Etat; mais il pardonnoit facilement les offenses qui n'atteignoient que lui. Il détestoit les délations et les flatteries. Quand on disoit du mal de quelqu'un, il falloit sur-le-champ produire des preuves contre lui, et soutenir en sa présence ce qu'on avoit avancé. Lorsque ce bon prince s'entendoit louer, il témoignoit de l'impatience, et changeoit aussitôt la conversation.

« J'aime mieux, disoit-il, que les louanges soient au « cœur des hommes qu'en leur langue (1). »

A cette époque, on commençoit à substituer aux mystères des espèces de comédies de mœurs, qui étoient composées et jouées par les clercs de la basoche. Dans ces productions informes, on ne gardoit aucune mesure, et le comique n'étoit le plus souvent fondé que sur la satire personnelle. Le Roi eût désiré que ce spectacle, objet de l'engouement du peuple, fût plus châtié. Il aimoit à y assister, « parce que, disoit-il, « il y apprenoit des vérités qu'on n'auroit osé lui « dire en face. » Bientôt on ne craignit pas de tourner en ridicule sa grande économie, et l'on fut assez insensé pour lui reprocher une vertu à laquelle on devoit la prospérité publique. « Il fut joué, dit Cos-« tar, en plein théâtre, et représenté comme un avare « insatiable, qui buvoit dans un grand vase d'or sans « pouvoir estancher une soif si deshonneste. Il en « loua l'invention, et s'en rejouit comme les autres, « et peut-être même fut-il bien aise que l'amour qu'il « avoit pour les richesses, n'ayant jamais fait pleurer « le moindre de ses sujets, leur donnast matiere à se « divertir agréablement (2). »

Mais, s'il ne fit que rire de lazzis dont il étoit l'objet, il défendit, sous les peines les plus sévères, aux clercs de la basoche de compromettre l'honneur des dames, et surtout d'attaquer *sa Bretonne* (c'étoit ainsi qu'il appeloit la Reine). Il pensoit que la licence du théâtre, qui, en certains cas, peut être tolérée, lorsqu'elle ne s'exerce que contre les vices et les ridicules

(1) Histoire de Louis XII, p. 48. — (2) Lettres de Costar, tom. 1, p. 728.

des hommes, devient un crime si elle viole le respect dû à un sexe dont la réputation ne peut, sans être flétrie, éprouver la plus légère atteinte. D'ailleurs, grâce aux soins de la Reine, les femmes de la Cour ne donnoient aucune prise à la censure; et l'importante réforme qu'elle avoit faite autour d'elle s'étoit étendue dans toutes les classes de la société. « Elle avoit, « dit un auteur du temps, si vertueusement extirpé « l'impudicité, et planté l'honneur au cœur des dames, « demoiselles, femmes de villes, et toutes autres sortes « de femmes françoises, que celles qu'on pouvoit sça- « voir avoir offensé leur honneur estoient si ahonties, « et mises hors des rangs, que les femmes de bien « eussent pensé faire tort à leur réputation, si elles les « eussent souffertes en leur compaignie. (1) »

C'est en examinant le règne d'un prince adoré de ses sujets, et décidé à ne régner que par les lois, qu'on peut observer le développement des véritables principes de l'ancienne constitution française, si diversement jugés dans les derniers temps. Nous en retrouvons les traces dans un traité de politique, extrêmement précieux, composé sous ce règne, par un prélat qui y joua un grand rôle (2).

Depuis que les seigneurs avoient été abaissés, et se trouvoient hors d'état de troubler le royaume, la balance des pouvoirs étoit sagement établie; aucun ne pouvoit empiéter sur l'autre, et l'autorité royale, toute puissante pour faire le bien, étoit renfermée dans les bornes qui conviennent à une monarchie

(1) Pierre de Saint-Julien, Antiquités de Mâcon. — (2) Claude de Seyssel, évêque de Marseille, et depuis archevêque de Turin. L'ouvrage dont il est question est intitulé : *De la Monarchie de France.*

modérée. Les rois avoient diverses espèces de conseillers. On mettoit au premier rang les États généraux et les parlemens. Les premiers, représentant les trois ordres, n'étoient réunis que dans des circonstances difficiles, ou lorsqu'il s'agissoit d'une négociation importante; forts sous des rois foibles, foibles sous des rois forts, ils consentoient librement l'impôt, et pouvoient faire des doléances. Les parlemens, moins puissans, mais composés de magistrats inamovibles, et dont les fonctions n'étoient jamais interrompues, enregistroient les édits, et pouvoient faire des remontrances, avant d'obtempérer. Après ces deux grands corps, qui formoient une opposition propre à prévenir les abus, mais presque toujours hors d'état de bouleverser le royaume, puisqu'elle n'avoit jamais l'initiative, venoient deux sortes de conseils, dont les attributions étoient différentes. Un conseil ordinaire, composé de dix à douze personnes, assistoit le Roi dans l'administration générale. Un conseil secret, moins nombreux, et dont les membres étoient habituellement pris dans le conseil ordinaire, s'occupoit des affaires qui devoient être dérobées à la connoissance du public.

Seyssel fait remarquer plusieurs moyens de réprimer sans troubles, soit l'arbitraire que les ministres d'un prince foible peuvent exercer, soit le despotisme d'un monarque qui voudroit anéantir les libertés. D'abord les lois, les ordonnances, les coutumes anciennes arrêtent les envahissemens du pouvoir; et, si elles sont méprisées, les ministres de la religion et les dépositaires de la justice ont le droit de les soutenir. « Si un roy, dit-il, faict choses tyranniques, il est

« loisible à un chascun prélat, ou à aultre homme reli-
« gieux, bien vivant, et ayant estime envers le peuple,
« le luy remonstrer et incréper, et à un simple pres-
« cheur le reprendre et arguer publiquement, et en
« sa barbe : et si, ne l'oseroit le Roy pour cela mal
« traicter ne luy meffaire, encores qu'il en eust vo-
« lonté, pour non provoquer la malveillance et indi-
« gnation du peuple. Ce qui n'est en aultre royaume
« que l'on sache, à tout le moins de telle sorte (1). »
Les parlemens n'avoient pas moins de force, puisque, comme ajoute Seyssel, ils avoient été institués principalement pour réfréner la puissance absolue dont voudroient user les rois. Juges souverains dans les affaires civiles, les monarques eux-mêmes étoient soumis à leurs arrêts. Si un favori, indigne de la préférence qui lui étoit accordée, pouvoit se soustraire momentanément à leurs poursuites, il arrivoit un temps où, soit par la perte de sa faveur, soit par la mort du prince, il se trouvoit livré à la justice publique, et alors sa punition n'en devenoit que plus sévère, pour avoir été différée. « D'autant, continue
« Seyssel, est icelle justice plus auctorisée que les
« officiers sont perpétuels, et n'est en la puissance des
« rois de les déposer, sinon pour forfaicture, dont il
« advient qu'iceulx juges et officiers, sachans non
« pouvoir estre déposés, s'ils ne mesfont, plus assure-
« ment s'acquittent à l'exercice de la justice, ou, s'ils
« ne le font, sont inexcusables (2). »

Les anciennes lois avoient prévu qu'un monarque prodigue peut épuiser les peuples et ruiner l'Etat. Un tribunal suprême de finances avoit été établi pour

(1) Monarchie de France, chap. 9. — (2) *Id.* chap. 10.

arrêter ces dépenses folles, qui entraînent presque toujours des bouleversemens et des troubles. Ainsi, quoique les rois, considérés comme administrateurs temporels de l'Etat, pussent disposer de ses revenus, cependant leurs dépenses ordinaires et extraordinaires devoient être vérifiées par la chambre des comptes, qui avoit le pouvoir de retrancher celles qu'elle croyoit excessives. Cette cour veilloit en même temps à la conservation du domaine royal, qui pourvoyoit à la dépense personnelle du prince, et dont le produit n'auroit pu être remplacé que par des impôts (1).

Seyssel donne de justes éloges aux anciens monarques qui avoient ainsi mis eux-mêmes des bornes à leur puissance. « Les roys, dit-il, sont plus à louer « et à priser de ce qu'ils veulent, en si grande aucto- « rité et puissance être sujets à leurs propres lois, et « vivre selon icelles, que s'ils pouvoient, à leur vo- « lonté, user de puissance absolue. Et si faict ceste « leur bonté et tolérance que leur auctorité monar- « chique, estant réglée par les moyens que dessus, « participe aulcunement de l'aristocratique; ce qui la « rend plus accomplie et absolue, et encores plus « ferme et perdurable (2). »

La position des différens ordres, dans la société, prévenoit les rivalités, les jalousies, et lioit, autant que possible, tous ceux dont ils étoient composés aux mêmes intérêts.

Le clergé jouissoit de riches bénéfices et de grands priviléges; mais, outre qu'il étoit très-respecté, comme les hommes de toutes les classes pouvoient y entrer, et qu'en général le mérite seul élevoit aux dignités

(1) Monarchie de France, chap. 11. — (2) *Id.* chap. 12.

ecclésiastiques, ses prérogatives inspiroient moins d'envie que d'émulation. « A la maniere de vivre qui « est en France, dit l'auteur, on a vu et l'on voit tous « les jours, par vertu et science, autant ou plus sou- « vent parvenir ceux des dernieres classes aux grandes « dignités de l'Eglise, que ceux de la premiere, voire « jusqu'au cardinalat, et aulcunes fois à la papauté, « qui est un grand moyen pour contenter tous les « estats, et pour les inciter et stimuler d'eux exercer « en vertu et en science [1]. »

La noblesse étoit franche de toutes gabelles, tailles et impositions, parce qu'elle devoit gratuitement ses services à l'Etat, et parce qu'il lui étoit défendu d'exercer arts mécaniques, ni *questuaires*. Les gentilshommes pouvoient porter les armes partout, et jusque dans la chambre du Roi, parce qu'ils étoient considérés comme les défenseurs du monarque et de la monarchie.

Au premier coup d'œil, on peut croire que cet ordre, joignant à ses grands priviléges ce qui lui restoit encore des droits de la féodalité, devoit être odieux aux classes inférieures ; mais Seyssel observe que les lois, et surtout les usages, avoient amplement dédommagé ces dernières. La bourgeoisie se partageoit en haute et moyenne. La haute bourgeoisie possédoit les offices de judicature et de finance, qui lui donnoient une grande prépondérance dans la société. La noblesse n'en étoit pas écartée, mais en général elle préféroit la carrière des armes, où elle ne trouvoit que de grands dangers, sans presque aucun profit. La moyenne bourgeoisie se composoit des mar-

[1] Monarchie de France, chap. 18.

chands et des gens de loi. Elle passoit très-facilement dans l'autre classe, pour peu qu'elle eût d'aisance et de talent.

La haute bourgeoisie avoit besoin d'une ordonnance spéciale du Roi, pour passer dans l'ordre de la noblesse. Cette faveur s'obtenoit quand on avoit rendu de grands services, et devenoit très-commune, lorsque, pendant une longue guerre, une partie de la noblesse avoit été moissonnée. Ce but étoit l'objet de l'émulation des grandes familles de la bourgeoisie; et, comme il n'y avoit d'exclusion pour aucune, toutes y prétendoient sans agitation. « Laquelle espérance, observe « Seyssel, faict qu'un chascun se contente de son estat, « et n'a occasion de machiner contre les aultres, sa-« chant que, par bons moyens et licites, il y peut « parvenir, et qu'il se mettroit en danger, s'il y vou-« loit venir par une aultre voie. Là où, s'il n'y avoit « espérance de monter de l'un à l'aultre, ou qu'il fust « trop difficile, ceulx qui ont le cœur trop grand pour-« roient induire les aultres du mesme estat à conspirer « contre les estats plus élevés. Mais la facilité y est « telle qu'on voit tous les jours aulcuns de l'état po-« pulaire monter par degrés jusques à celuy de no-« blesse, et à la moyenne bourgeoisie sans nombre (1). »

Après ces développemens sur la position des différentes classes de la société, Seyssel récapitule les avantages de cette combinaison, à l'égard de la tranquillité publique, et de la stabilité des institutions. « Si quel-« que désordre, dit-il, vient de l'un des estats, les re-« medes y sont plus aisés qu'ailleurs nulle part; car, « si l'estat de noblesse qui a les armes veult outrager

(1) Monarchie de France, chap. 17.

« l'un des aultres deux, en universel ou particulier, « il y a la justice qui l'en garde et le chastie, laquelle « a auctorité, moyennant le congé du prince, qui « ne le refuse, quand il est requis de mettre la force « sus contre les rebelles, tellement qu'il n'y a si grand, « soit prince ou aultre, qui ne soit contraint d'y obéir. « Et pareillement si l'estat populaire, qui est le plus « grand en nombre, se vouloit rebeller comme aultre- « fois a faict, la noblesse est si puissante avec la jus- « tice, et iceluy peuple si debile au faict des armes, « qu'il se peut aisement ranger et remettre en son de- « voir, dont il advient que chascun desdicts estats se « tient en ses termes, estant traicté de sorte qu'il a « cause de soy contenter; et cognoissant que, s'il vou- « loit soy dériver, ne le pourroit bonnement faire, et « se mettroit en trop grand hazard. Donc, par ce « moyen, ils ne pensent fors à vivre en bonne justice « et en bons accords les uns avec les aultres, et sur- « tout en obeyssance du Roy, lequel, pour raison « de ce, tous ses sujets ont en amour et reverence sin- « guliere (1). »

On voit dans cet examen des principes de l'ancienne constitution française, qui, suivant l'observation des contemporains, ne fut jamais mieux exécutée que sous Louis XII, la réfutation de plusieurs assertions hasardées par les écrivains modernes. Le pouvoir royal et l'autorité ministérielle étoient contenus dans des bornes d'autant plus difficiles à franchir, que les institutions consacrées par l'antiquité avoient beaucoup de force pour prévenir les abus, et presque aucune pour troubler le royaume. Elles opposoient une espèce

(1) Monarchie de France, chap. 19.

de résistance passive, qui, comme sous Louis XI, pouvoit être momentanément surmontée, mais qui reprenoit toute son influence, aussitôt que la violence avoit cessé; c'étoit un ressort d'autant plus durable qu'il étoit flexible. Les hommes de toutes les classes pouvoient parvenir aux dignités, aux honneurs et aux richesses. L'Eglise offroit ses nombreux bénéfices à ceux qui joignoient des talens à une grande piété; et la noblesse ne fermoit point ses rangs aux familles disposées à se dévouer au service de l'Etat. Les Français de ce temps jouissoient d'ailleurs d'une grande liberté; ils pouvoient, sans danger, exprimer leurs opinions sur les hommes et sur les choses; et, pourvu que leurs discours ne fussent pas de nature à provoquer des troubles, rien ne les empêchoit de discuter les actes du gouvernement. « Les Français, dit Seyssel, « dans un autre ouvrage, ont toujours eu liberté de « parler à leur volonté, de toutes gens, et mesme de « leurs princes, non apres leur mort tant seulement, « mais encores en leur vivant, et en leur presence (1). »

On a pu remarquer que, pour plus d'exactitude, nous avons cru devoir rapporter textuellement les passages de Seyssel, dans lesquels se trouvent développés les principes de l'ancienne monarchie française. Il nous a paru qu'on ne pouvoit les traduire sans les altérer, et qu'ils seroient mieux appréciés par le lecteur, s'ils conservoient toute la naïveté du vieux langage.

Non-seulement, sous Louis XII, les lois n'éprouvèrent aucune atteinte, et chacun jouit des droits qui lui étoient assurés par la constitution; mais ce prince éclaira son peuple, favorisa les lettres, et prépara les

(1) Histoire de Louis XII, feuillet 54.

progrès surprenans qu'elles firent sous son successeur. Il réservoit une partie des bénéfices aux savans, et croyoit honorer la France, aux yeux de l'étranger, en les employant dans les ambassades. Il encouragea spécialement l'étude du grec, et combla de bienfaits Jean Lascaris, ainsi que Démétrius, auxquels il confia des chaires dans les universités de Paris et de Pavie. Instruit que les hommes chargés de l'enseignement dans son royaume ne parloient pas un latin aussi pur que les savans d'Italie, il fit venir les professeurs les plus célèbres de ce pays, qui bientôt formèrent des élèves en état de marcher sur les traces de leurs maîtres. « Ainsy, comme l'observe Seyssel, peu à peu « alloit se perdant l'ancienne barbarie (1). »

Louis, après avoir visité lentement la Champagne et la Bourgogne, où il reçut des témoignages si touchans de l'amour de ses peuples, vint à Lyon, dans le commencement de mai 1510, afin de veiller sur les affaires de l'Italie, qui prenoient une tournure inquiétante. Ce fut là que la perte d'un serviteur qui lui étoit attaché depuis plus de trente ans, qui avoit partagé ses infortunes et sa prospérité, empoisonna toutes les jouissances qu'il avoit éprouvées pendant son voyage. Le cardinal d'Amboise, confident de toutes ses pensées, et son premier ministre, mourut le 25 mai, à l'âge de cinquante ans. Le Roi dut regretter en lui, non pas ces talens éminens qui n'appartiennent qu'aux génies supérieurs, mais des vertus qui peuvent y suppléer à des époques orageuses, et qui souvent sont plus utiles dans des temps ordinaires. En effet d'Amboise, doué d'un courage et d'une persévérance à toute

(1) Histoire de Louis XII, feuillet 23.

épreuve, pouvoit quelquefois se tromper dans la combinaison de ses plans; mais, à force de travaux et de patience, il parvenoit à en corriger les défauts et à en surmonter les obstacles. S'il engagea son maître dans des entreprises dont le résultat pouvoit paroître douteux, il le rendit constamment supérieur à ses ennemis, par des procédés pleins de franchise et de loyauté. L'un et l'autre ayant eu le malheur de rencontrer, parmi les princes qui devoient naturellement unir leurs destinées à celles de la France, des hommes tels que les Borgia, ils ne répondirent à leur perfidie que par une fidélité inébranlable à tenir des engagemens contractés, avant d'avoir soupçonné qu'il pouvoit exister de tels caractères. Mais si l'on a droit de reprocher à d'Amboise quelques erreurs dans la direction des affaires du dehors, on doit convenir qu'il justifia entièrement la confiance de Louis XII dans tout ce qui concernoit l'intérieur du royaume. Jamais administration ne fut plus sage, plus douce et plus paternelle.

Le Roi, sentant l'impossibilité de retrouver un ami tel que d'Amboise, résolut de n'avoir plus de premier ministre. Son conseil fut composé du chancelier Jean de Gannay, qui avoit succédé à Gui de Rochefort trois ans auparavant, d'Etienne Poncher, évêque de Paris, de du Bouchage, ancien ministre de Louis XI, de Raoul de Lannoy et de Robertet. Il résolut de ne laisser à ces ministres que les affaires de détail, et de diriger seul les grandes opérations politiques et militaires. Cette résolution, et sa santé qui déclinoit, le mirent par la suite dans l'impossibilité d'aller commander ses armées d'Italie. Il croyoit pouvoir être suppléé dignement par l'un de ses fils adoptifs.

Jules II commençoit à se déclarer contre la France. Il se plaignoit de n'avoir pas autrefois trouvé, dans Charles VIII, un appui assez fort contre les persécutions d'Alexandre VI; d'avoir été constamment éloigné du pontificat par les Français, qui vouloient donner la tiare au cardinal d'Amboise; et surtout d'avoir perdu en France presque toute son autorité spirituelle, depuis qu'un légat *à latere*, revêtu de tous les pouvoirs, s'étoit permis de faire des réformes dans l'Eglise. Ce pape avoit, étant jeune, réprimé dans son cœur les passions politiques les plus ardentes. Parvenu, dans sa vieillesse, à la suprême puissance, il ne leur imposoit plus aucun frein; et elles devenoient d'autant plus violentes qu'elles avoient été plus longtemps contenues. Aussi ambitieux qu'Alexandre VI, mais doué d'un caractère plus généreux, il vouloit arracher par la force ce que son prédécesseur avoit essayé d'obtenir par des trahisons.

Il suscita donc d'abord en France des disputes ecclésiastiques, qui donnèrent lieu des deux côtés à des récriminations et à des manifestes menaçans. Bientôt il ouvrit ouvertement des négociations avec les Vénitiens, qui étoient parvenus à détacher Ferdinand de la ligue, reçut leurs excuses, et leur donna l'absolution, en les soumettant toutefois aux conditions les plus humiliantes [25 février 1510]. Non content de violer ainsi un traité solennel, il resserra les liens qui déjà l'unissoient à Henri VIII, ennemi de la France, et fit les plus grands efforts pour déterminer les Suisses à se déclarer contre Louis XII. Ce monarque, fatigué de leur avidité, venoit de refuser d'augmenter les gratifications qu'il leur donnoit, n'avoit même pas craint de les traiter avec mépris, et s'étoit flatté de pouvoir les remplacer dans les armées, par les Grisons et par les Valaisans.

Le Pape, assuré de leur appui, et des secours du roi d'Angleterre, ne garda plus aucun ménagement. Sous les prétextes les plus frivoles, il attaqua le duc de Ferrare, Alphonse d'Est, ami particulier de Louis XII, en calculant que, si les Français abandonnoient leur allié, ils se discréditeroient en Italie, et que, s'ils vouloient le soutenir, ils se déclareroient alors, sans motif apparent, contre le saint Siége. Le Roi, bien mal récompensé de sa générosité envers ses alliés, comptoit encore sur l'Empereur, qui, n'étant pas en possession de toutes les places auxquelles il prétendoit, paroissoit disposé à persister dans son alliance avec la France.

Cependant, sans déclaration de guerre, Jules II prenoit toutes les mesures pour chasser les Français de l'Italie. Le duc d'Urbin, son neveu, aidé par les Vénitiens, ravageoit les environs de Ferrare; les Suisses se disposoient à faire une invasion dans le Milanais; et une flotte vénitienne, ayant à bord les bannis de Gênes, s'avançoit pour exciter une révolte dans cette ville. Chaumont, gouverneur de Milan, partagea ses troupes, pour repousser ces trois attaques inattendues. Le 6 décembre 1510, les Suisses envahirent le duché, et vinrent camper à Castiglione. Le gouverneur marcha contre eux, parvint à les affamer, et les contraignit à retourner dans leur pays. En même temps, l'entreprise des Vénitiens sur Gênes manqua, et l'armée du Pape fut battue près de Vérone.

Jules, instruit de ce qui se passoit à la cour de

France, affecta d'être découragé par ce premier revers, et renoua des négociations avec Louis XII. Il savoit que la Reine, qui venoit d'accoucher d'une seconde fille, madame Renée, s'effrayoit de voir son époux en guerre avec la cour de Rome, qu'elle redoutoit une excommunication, et auroit voulu qu'on sacrifiât tout pour obtenir la paix. Connoissant l'ascendant de cette vertueuse princesse, il éleva très-haut ses prétentions, et rejeta toutes les propositions du Roi, qui se bornoit cependant à demander que son allié, le duc de Ferrare, ne fût pas entièrement accablé. Dans le même temps où il cherchoit à retarder ainsi les préparatifs de la France, il signoit avec Ferdinand un traité qui mettoit à sa disposition presque toute l'armée espagnole. On se rappelle qu'en 1505, lorsque Germaine de Foix avoit épousé le roi d'Espagne, il avoit été convenu que le royaume de Naples, donné en dot à cette princesse, rentreroit sous la domination de Louis XII, si elle survivoit à son mari sans avoir d'enfans. Malgré ce traité, sanctionné par l'entrevue de Savonne, Ferdinand reçut de Jules II l'investiture du royaume de Naples, abolit ainsi toutes les prétentions que la France pourroit élever par la suite sur ce royaume, et, sans déclarer ouvertement la guerre à l'oncle de sa femme, il fournit, comme vassal, des troupes au pontife.

Toutes les espérances de paix avec le saint Siége étant détruites, Louis XII assembla le clergé à Tours, pour le consulter sur la conduite que l'Eglise de France devoit tenir dans cette guerre. Il fut décidé que le Roi pouvoit soutenir, sans scrupule, sa querelle avec la cour de Rome, par toutes les voies permises aux souverains, et agir même à l'offensive; que, la religion n'étant point intéressée dans ce démêlé, le Pape ne devoit pas en employer les armes; enfin que, si Sa Sainteté ne révoquoit pas des censures lancées hors de propos, et que, si elle en fulminoit d'autres, il resteroit pour ressource de se soustraire à son obédience, et d'assembler à Lyon un concile général.

Cette décision hardie fut prise presque sans opposition, parce qu'on venoit d'apprendre que Jules II, peu habitué aux fatigues de la guerre, étoit tombé dangereusement malade, et que cinq cardinaux, mécontens de son humeur altière, s'étoient séparés de lui. Le désir de réprimer l'ambition du Pape fut encore augmenté par l'arrivée de Matthieu Long, évêque de Gurck (1), ambassadeur de Maximilien, qui témoigna beaucoup d'empressement à entrer dans cette vue. Comptant sur le concours de l'Allemagne, le conseil du Roi s'occupa sérieusement de la convocation d'un concile destiné à réformer l'Eglise, dans son chef et dans ses membres. L'envoyé de l'Empereur insistoit beaucoup sur la prompte exécution de ce projet, parce que Maximilien, croyant que Jules II ne releveroit point de sa maladie, aspiroit lui-même à devenir pape.

Mais on apprit bientôt que le pontife avoit déconcerté tous ces projets. Agé de près de soixante-dix ans; surmontant, par la force de son caractère, la langueur d'un corps débile, il s'étoit rétabli, au milieu des fatigues de la guerre; et, après avoir fait une vaine tentative sur Ferrare, il s'étoit renfermé dans Bologne, dont il savoit que Chaumont avoit l'ordre de s'emparer.

(1) Goritz.

En effet le gouverneur de Milan s'avança vers cette ville, en annonçant l'intention de la faire rentrer sous la puissance des Bentivoglio, anciens alliés de la France, sacrifiés autrefois par elle à l'ambition du Pape. Lorsque le siége fut formé, les cardinaux et les ecclésiastiques, remplis d'effroi, conjurèrent Jules II de se retirer : mais son courage inflexible repoussa toutes leurs sollicitations. Il entama des négociations avec Chaumont, pour donner le temps aux Vénitiens et aux Espagnols de venir à son secours ; le général français, pénétré de respect pour son caractère sacré, tomba facilement dans le piége qui lui étoit tendu, négligea de profiter de ses avantages, et fut enfin obligé de lever le siége, désespéré d'avoir ainsi compromis les intérêts du Roi.

[1511] Le Pape, malgré ses infirmités, continua la guerre dans la saison la plus rigoureuse : on le voyoit, revêtu d'une cuirasse, et le casque en tête, commander une armée composée d'Espagnols et de Vénitiens, et s'exposer intrépidement à tous les dangers. Ayant toujours le projet de se saisir de Ferrare, il résolut de s'emparer d'abord de la Mirandole, où la princesse Françoise Trivulce s'étoit enfermée avec ses enfans. Il en fit le siége dans les formes, fut un jour sur le point d'être enlevé par Bayard, força enfin la ville à capituler, et y entra par la brèche, le 21 janvier 1511.

Chaumont ne put résister au regret de s'être laissé tromper par Jules II, et d'avoir manqué l'occasion de mettre fin à la guerre, en s'emparant de lui dans Bologne ; il mourut de chagrin, et laissa l'armée française sans chef, dans les circonstances les plus critiques. Le Roi, qui n'avoit pu blâmer une faute qu'il auroit probablement commise lui-même, confia provisoirement le commandement du Milanais à Jean-Jacques Trivulce, guerrier plein d'expérience, et voulut que le jeune Gaston de Foix, l'un de ses fils adoptifs, auquel il destinoit ce gouvernement, fît sous lui ses premières armes.

Pendant que ce général, à qui Louis XII avoit recommandé de grands égards pour le Pape, faisoit les dispositions nécessaires, afin de recouvrer les avantages qu'avoit perdus son prédécesseur, Ferdinand cherchoit à détacher Maximilien de son alliance avec les Français. Il lui fit craindre que le concile qu'on se proposoit de convoquer ne pût se réunir, parce que les succès récens du Pape rallioient à sa cause plusieurs de ses ennemis, et il lui proposa d'ouvrir à Mantoue un congrès où toutes les puissances enverroient des ministres. Les vues de Maximilien sur la tiare l'engageoient à ne pas trop pousser la cour de Rome; et ce motif, joint à l'indécision de son caractère, le fit consentir à des moyens pacifiques qui ne compromettoient en rien ses prétentions. En avertissant Louis XII de sa nouvelle résolution, il lui fit sentir qu'il falloit mettre Jules II dans son tort, et que, si ce pontife persistoit dans ses projets de conquête, il seroit toujours temps d'assembler un concile. Le Roi, pressé par son épouse, envoya au congrès Etienne Poncher, l'un de ses ministres; mais le Pape, de concert avec Ferdinand, trouva bientôt le moyen de dissoudre cette assemblée, dont il n'avoit souffert la réunion que pour gagner du temps. A la même époque, il crut s'attacher irrévocablement les Suisses, en décorant de la pourpre Matthieu Schneider, évêque de Sion, à qui une éloquence populaire donnoit beaucoup d'empire sur eux, et qu'une haine aveugle animoit contre les Français.

Alors Trivulce, ayant reçu l'ordre de reprendre les hostilités, marcha rapidement sur Bologne, où se trouvoit Jules II. Plus heureux que Chaumont, il intimida le pontife, qui alla s'enfermer à Ravenne; et les Bentivoglio furent réintégrés dans leur patrimoine. Après cette conquête importante, le général, conformément à ses instructions, évita d'entrer dans l'Etat ecclésiastique, et il refusa même les clefs d'Immola, que les habitans intimidés lui apportoient. Bientôt Louis XII, voulant toujours garder des ménagemens avec la cour de Rome, lui ordonna de rentrer dans le duché de Milan.

La rupture du congrès de Mantoue ayant éclairé Maximilien sur les intentions du Pape et de Ferdinand, il ne s'opposa plus à la réunion du concile. Son ministre, l'évêque de Gurck, eut ordre de se concerter avec les cardinaux mécontens, dont le nombre s'étoit augmenté, depuis les revers du pontife, et qui s'étoient retirés à Milan. Toutes les mesures furent prises, de concert avec la France, pour la réunion de cette grande assemblée, qui fut indiquée dans Pise au mois de septembre suivant. Sans doute il étoit déplorable de voir le roi de France et l'Empereur convoquer un concile contre le Pape; mais Jules II, par des excommunications lancées à l'occasion d'une querelle qui n'intéressoit point la foi, leur avoit donné l'exemple funeste d'employer les armes de la religion pour une cause tout-à-fait temporelle.

Le Pape, obligé de quitter Ravenne et de se retirer

à Rome, vit, en passant à Rimini, les placards du concile convoqué pour le déposer; et cette vue, loin de l'ébranler, ne fit que donner plus de ressort à son caractère inflexible. D'un autre côté, Louis XII, cédant aux sollicitations d'une pieuse reine, et se rappelant que presque tous ses ancêtres avoient été les plus fermes soutiens de l'Eglise romaine, ne perdoit pas l'espoir d'un rapprochement. A la nouvelle de la prise de Bologne, il avoit défendu toute espèce de réjouissances dans ses Etats. On lui avoit même entendu dire qu'il gémissoit de cette victoire, et qu'il étoit prêt à se jeter aux pieds du Pape, si, à ce prix, la paix pouvoit être rendue à l'Eglise. Ces démonstrations étoient sincères, ainsi que le prouvent les ordres donnés à Trivulce, de se retirer dans le Milanais.

Les dispositions pacifiques du Roi redoublèrent les prétentions du pontife, et toute espèce de réconciliation parut impossible. Cependant Louis se borna, pour le moment, à charger La Palice, qui commandoit un corps d'armée dans le duché de Milan, d'aider Maximilien à continuer la guerre contre les Vénitiens. Cette guerre se fit mollement; et l'Empereur, n'ayant pu, avec ce secours, s'emparer des villes de Padoue et de Trévise, se refroidit insensiblement pour une cause qu'il avoit d'abord embrassée avec tant d'ardeur.

Le Pape, décidé à profiter de tous ses avantages, crut devoir convoquer un concile à Saint-Jean de Latran, pour le mois d'avril de l'année suivante, afin de l'opposer à celui de Pise, dont il ne croyoit pas pouvoir empêcher la réunion. Au milieu de ces mesures violentes, qui pouvoient entraîner un schisme, il tomba de nouveau dangereusement malade [août 1511], ne parut point effrayé de son état, persista au contraire dans la résolution de disputer jusqu'au dernier moment le terrain à ses adversaires, et guérit bientôt par une sorte de miracle.

Le bruit de son danger ayant rassuré les cardinaux mécontens, ils ouvrirent, le premier septembre, le concile indiqué à Pise, et commencèrent à s'occuper de la réforme de l'Eglise. Le Pape, entièrement rétabli, leur répondit en mettant en interdit le territoire des Florentins, dont Pise faisoit partie. Il forma en même temps le projet de rétablir dans ce pays le pouvoir des Médicis. Afin d'en préparer l'exécution, il envoya le cardinal Jean de Médicis à Pérouse, ville voisine de Florence, et lui donna le titre de légat de Bologne. Ce cardinal, qui devoit lui succéder sous le nom de Léon X, lia aussitôt des intrigues dans cette république, dont Sodérini, partisan des Français, étoit le chef.

Non content d'avoir pris toutes ces précautions contre le concile de Pise, Jules II résolut de se mettre à la tête d'une ligue dont l'objet principal seroit de chasser entièrement les Français de l'Italie. L'indécision de Maximilien l'inquiétoit peu; il n'en vouloit qu'à Louis XII. Jusque là il ne s'étoit servi des troupes de Ferdinand que comme de celles d'un vassal, et il n'avoit aidé les Vénitiens que conformément au traité qu'il avoit fait avec eux, après leur avoir accordé l'absolution. Il détermina ces deux puissances à former avec lui une alliance à laquelle il donna le nom de *Sainte Union*. L'article principal de ce traité, signé le 5 octobre 1511, à Sainte-Marie del Popolo, portoit que l'unité de l'Eglise seroit maintenue contre le concile de Pise. On espéroit faire entrer dans la ligue Henri VIII, dont on avoit gagné le principal ministre, Volsey, et Maximilien, qui étoit mécontent des foibles secours que lui avoit donnés la France. Tous deux y furent compris.

Jules II, s'étant déclaré le chef de la Sainte Union, tint un consistoire, dans lequel il excommunia les cardinaux de Sainte-Croix, de Saint-Malo, de Cosenza, de Bayeux et de Saint-Séverin, qui avoient le plus contribué à la réunion du concile de Pise. Cette bulle produisit un grand effet en Italie, et les Pisans, prévoyant qu'ils seroient les premiers attaqués par les armées de l'Union, murmurèrent contre les prélats qui avoient choisi leur ville, pour en faire le chef-lieu de l'opposition à l'autorité pontificale. Cette fermentation les ayant effrayés, ils demandèrent une garde composée de troupes françaises; mais les Florentins s'opposèrent à leur vœu, dans la crainte que la ville ne se déclarât de nouveau indépendante. Lautrec et Chatillon réunirent par zèle quelques soldats, et veillèrent à la sûreté du concile. Cependant une scène violente et scandaleuse, produite en partie par les intelligences que le Pape entretenoit dans la ville, détruisit bientôt l'effet des précautions qu'on avoit prises. Un Français eut l'imprudence d'outrager, dans un lieu public, une femme célèbre par sa beauté et sa galanterie. A l'instant le peuple, déjà mécontent, se souleva. Lautrec et Chatillon, qui voulurent rétablir l'ordre, furent blessés; et les prélats effrayés décidèrent que le concile iroit sur-le-champ s'établir à Milan.

Pendant que cette assemblée étoit obligée de s'éloigner de Pise, une invasion redoutable menaçoit le pays dans lequel elle espéroit trouver un asile. Le cardinal de Sion, dévoué au Pape, et ennemi furieux des Français, avoit déterminé les Suisses à entrer dans le Milanais avec des forces plus considérables que la dernière fois. L'armée française, préposée à la défense de ce duché, n'avoit pas encore reçu les renforts qu'elle attendoit, mais elle venoit de passer sous le commandement de Gaston de Foix, qui, à l'âge de vingt-deux ans, réunissoit le courage d'un soldat aux talens d'un général, et qui, par son affabilité, sa bonne mine et ses inclinations généreuses, étoit l'idole des troupes. Louis XII, qui le regardoit comme son second fils, ne s'étoit pas contenté de l'honorer du titre de son lieutenant général en Italie : il vouloit encore qu'un trône devînt le prix de ses exploits ; il avoit le dessein, si les armes de la France étoient heureuses, de lui donner le royaume de Naples, qui avoit, quelques années auparavant, formé la dot de Germaine, sa sœur, reine d'Espagne.

Il en falloit bien moins pour exalter l'imagination d'un jeune prince tel que Gaston, et pour le rendre capable des actions les plus extraordinaires. Avec le peu de troupes dont il pouvoit disposer, il fit tête aux Suisses, et les força de retourner dans leur pays. Le cardinal de Sion, qui les dirigeoit, avoit compté que les troupes de l'Union attaqueroient en même temps le Milanais ; mais cette diversion n'eut pas lieu, parce qu'il avoit trop pressé sa marche.

A peine les Suisses s'étoient-ils retirés, que l'armée de l'Union, marchant sous les bannières du Pape, se réunit près d'Immola. Le cardinal Jean de Médicis, qui n'avoit encore que trente-six ans, y étoit attaché comme légat; Marc-Antoine Colonne exerçoit les fonctions de mestre-de-camp; Pierre Navarre, inventeur des mines, se trouvoit à la tête de l'infanterie espagnole, la meilleure de l'Europe; et le commandement général étoit confié à Raimond de Cardonne, vice-roi de Naples.

Les passions des puissances belligérantes étoient si animées qu'on ne prit point de quartier d'hiver. Dès le 26 janvier 1512, le vice-roi vint mettre le siége devant Bologne. La garnison étoit peu nombreuse, et la perte de cette ville importante paroissoit infaillible. Gaston se trouvoit à Finale, et étoit instruit que les Vénitiens devoient en même temps attaquer Bresse, place qu'il avoit encore plus d'intérêt à conserver. Mais les Vénitiens, ayant été répoussés, il vola sur-le-champ au secours de Bologne. Après une marche devenue très-difficile par les obstacles qu'opposoit un hiver pluvieux, il arriva dans les environs de cette grande ville qu'on n'avoit pu entièrement investir. Le mauvais temps ayant empêché le vice-roi de faire les reconnoissances accoutumées, Gaston y entra le 5 février, à neuf heures du matin, sans que les assiégeans en fussent instruits. Son arrivée inattendue ranima l'espoir des assiégés; et aussitôt il prit des mesures pour faire une sortie, dans laquelle il se flattoit de mettre en déroute l'armée de l'Union. Le vice-roi apprit par un prisonnier cette marche hardie, à laquelle il refusa long-temps de croire. Il se pressa de lever le siége, et Gaston ne put que le harceler dans sa retraite.

Cependant les Vénitiens, qui n'avoient pu prendre Bresse de vive force, y entretenoient des intelligences avec le comte Avogare, l'un des principaux habitans. Cette conjuration éclata lorsqu'on sut Gaston éloigné, et le providiteur André Gritti fut introduit dans la ville avec un corps de troupes nombreux. Le château seul resta au pouvoir des Français, et le seigneur du Lude, commandant de la ville, s'y retira. Aussitôt toutes les places qui avoient été soumises depuis la bataille d'Agnadel se déclarèrent contre les Vénitiens, et le soulèvement des campagnes fut général. Gaston venoit de faire lever le siége de Bologne, lorsqu'il reçut la nouvelle de ce désastre. Il prend sur-le-champ son parti. Ayant laissé à Lautrec le commandement de la ville qu'il vient de délivrer, il part avec son armée, à laquelle sa présence seule fait supporter tant de fatigues. Il s'engage, presque sans subsistance, au milieu d'un pays révolté; ne trouve que des chemins rompus par les inondations; est obligé de passer quatre rivières débordées; fait en neuf jours une route de cinquante lieues, luttant, avec autant de persévérance que de sang froid, contre toutes les difficultés que peuvent opposer la nature et les hommes, et entre enfin dans le château de Bresse, dont la garnison, disposée à capituler, peut à peine croire qu'elle est délivrée [18 février].

Dès le lendemain, le jeune général ordonna d'attaquer les Vénitiens : montrant, du haut du château, à ses soldats cette grande ville qui leur promettoit un riche butin, et leur tenant un langage qui peint très-bien son caractère, « ne craignez point, leur dit-il, ceux à qui « vous ferez peur ; ne vous laissez pas intimider par

« l'or qui brille sur les cuirasses et les casques de la « gendarmerie vénitienne : l'éclat de ces armes ne « défend pas celui qui les porte. » Les soldats, pleins d'ardeur, pénètrent dans Bresse ; on se bat dans les rues : les Vénitiens, qui se défendent avec courage, sont bientôt entièrement défaits, et la ville est livrée au pillage. Ce fut alors que Bayard, blessé près de Gaston, sauva la vie et l'honneur d'une mère et de ses deux filles, dans la maison desquelles il avoit été transporté : scène qui est peinte des couleurs les plus touchantes et les plus naïves dans les Mémoires du loyal serviteur.

Ces deux belles expéditions auroient pu rétablir les affaires de Louis XII ; mais l'Union venoit d'acquérir de nouvelles forces, par l'adhésion du roi d'Angleterre ; et l'Empereur mettoit à sa fidélité des conditions qu'il étoit impossible d'accepter. Il vouloit que Louis le reconnût pour arbitre, dans ses différends avec le Pape, et il exigeoit qu'en accordant à l'archiduc Charles, son petit-fils, la main de madame Renée, seconde fille de France, le Roi donnât la Bourgogne en dot à cette jeune princesse. Au moment où Maximilien insistoit sur ces monstrueuses propositions, il faisoit, sans l'aveu de son allié, une trève de dix mois avec les Vénitiens [mars 1512]. Cette conduite ne permit pas à Louis XII de douter d'une défection prochaine de la part de l'Empereur : trahi par des alliés avec lesquels il avoit loyalement rempli tous ses engagemens, et qui seuls avoient profité de ses triomphes, il crut qu'une victoire éclatante pouvoit les ramener à lui, et rétablir en Italie la réputation des Français qui commençoit à décliner. Connoissant le caractère entreprenant et les talens de Gaston, il lui ordonna de combattre à outrance.

Le jeune prince, apprenant que les intentions du Roi s'accordoient avec l'impatience qu'il avoit de livrer une bataille décisive, courut attaquer Ravenne, en présence de l'armée de l'Union. Le vice-roi, qui s'étoit retranché dans un camp formidable, essaya d'abord d'éviter le combat : mais la lutte s'étant engagée, il y eut des deux côtés des prodiges de valeur. L'infanterie espagnole, parfaitement disciplinée, résista long-temps, et ne céda qu'aux efforts redoublés de la gendarmerie française : cette infanterie ayant plié, et son commandant, le fameux Pierre Navarre, ayant été fait prisonnier, toute l'armée de l'Union fut mise en déroute (1). Gaston qui, après avoir réglé en général expérimenté l'ordre de la bataille, avoit combattu en soldat, étoit couvert de sang, et paroissoit dangereusement blessé, parce que la cervelle d'un gentilhomme, dont la tête venoit d'être brisée par un boulet, avoit rejailli sur son visage. « Par saint Michel, « général, lui dit La Palice effrayé, vous êtes blessé : « heureusement il n'y a plus de coups à donner. — Non, « lui répondit Gaston, mais j'en ai blessé bien d'au- « tres, et si feray encore. » A l'instant le jeune prince, sans que les représentations de ses officiers pussent le retenir, se mit à la poursuite d'un corps d'infanterie qui se retiroit en bon ordre sur une chaussée étroite. A la première charge, il fut frappé d'un coup mortel; et l'armée française n'eut plus qu'à pleurer sur l'une de ses plus éclatantes victoires.

(1) Les détails de la bataille de Ravenne se trouvent dans une lettre de Bayard, que nous avons placée à la suite de ses Mémoires.

Cette armée, dont ce jeune héros, à peine âgé de vingt-quatre ans, étoit adoré, ne voulut pas se dessaisir de son corps, qu'elle porta long-temps avec elle, comme si elle eût été assurée de vaincre tant qu'elle posséderoit ce précieux dépôt. On lui fit ensuite, à Milan, des funérailles magnifiques, auxquelles Pierre Navarre, Pescaire et le cardinal Jean de Médicis, ses prisonniers, furent obligés d'assister; et son cercueil fut placé dans la cathédrale, à côté du maître-autel. Quelques mois après, les Français ayant été forcés d'évacuer le Milanais, le cardinal de Sion ordonna d'exhumer le corps, et le fit placer secrètement dans l'église des religieuses de Sainte-Marthe. Lorsque, au commencement du règne suivant, Milan retomba sous la domination de la France, on lui éleva, dans cette église, un tombeau qui subsista jusqu'à l'époque des disgrâces que Louis XIV éprouva vers la fin de son règne : à cette époque, on détruisit entièrement le tombeau; et il ne resta d'autre monument de la gloire de Gaston, dont les cendres avoient en quelque sorte pris part, pendant deux siècles, aux diverses destinées de son pays, que la mémoire de ses grandes qualités et de ses actions brillantes.

La victoire dans laquelle le fils adoptif de Louis XII avoit trouvé la mort, parut d'abord promettre les plus heureux résultats; Ravenne se soumit à La Palice, qui avoit pris le commandement de l'armée française, et presque toutes les villes de la Romagne reconnurent le concile de Milan. Le nouveau général, n'ayant pas des pouvoirs aussi étendus que ceux qui avoient été donnés à Gaston, attendit pendant quelque temps les ordres du Roi, dans un camp qu'il avoit formé à quatre milles de Ravenne. Là, son armée, qui, sous Gaston, avoit montré tant de zèle et d'activité, se consuma dans le repos : le découragement s'y introduisit; elle fut affoiblie par de nombreuses désertions : le jeune héros qui en étoit l'ame n'existoit plus.

Cependant le Pape, effrayé d'abord des résultats de la bataille de Ravenne, paroissoit disposé à faire la paix. La Palice, cédant aux sollicitations du cardinal de Médicis, permit que ce prélat envoyât au pontife Julien, son neveu, qui partageoit sa prison. Ce négociateur, loin de porter dans sa mission des dispositions pacifiques, dissipa toutes les craintes de Jules II, en lui peignant la situation de l'armée française. Alors le Pape, ne cherchant qu'à gagner du temps, et instruit que les Suisses devoient bientôt faire une nouvelle invasion dans le Milanais, feignit d'adopter un projet de traité qui lui fut présenté par l'ambassadeur de France [20 avril]. Mais bientôt, au mépris de cet engagement, il ouvrit à Rome le concile de Latran [5 mai].

Louis XII, en apprenant la mort d'un neveu qu'il chérissoit, fut plongé dans le chagrin le plus profond. La victoire de Ravenne ne l'éblouit point sur sa situation, qui devenoit chaque jour plus critique. En effet, Henri VIII se disposoit à lui faire la guerre; Maximilien le trahissoit, et les Suisses, excités par le cardinal de Sion, marchoient sur l'Italie avec une armée formidable. Dans l'impossibilité d'envoyer des renforts à La Palice, il lui ordonna de se replier sur Milan, dont Jean-Jacques Trivulce venoit de reprendre le gouvernement, et de préserver le duché de l'invasion qui le menaçoit. La Palice obéit; mais son armée n'étoit plus la même : le découragement y faisoit les progrès les plus alarmans ; et le cardinal de Médicis, abusant de la liberté qu'on lui laissoit, inspiroit aux soldats des scrupules sur l'excommunication qu'ils avoient encourue en combattant contre le Pape.

Les Suisses, au nombre de trente mille, traversèrent le Trentin, et entrèrent dans le Milanais, où le général français n'avoit à leur opposer que dix mille hommes. Cependant les bonnes dispositions qu'il prit, jointes au mécontentement qu'éprouvoient les Suisses de ne point recevoir l'argent qui leur avoit été promis par le Pape, auroient pu faire changer la face des affaires, si, dans ce moment décisif, l'Empereur n'eût pas levé le masque. Il donna l'ordre à quatre mille Allemands, qui faisoient partie de l'armée française, de la quitter sur-le-champ; et cette défection, à laquelle on auroit dû s'attendre, réduisit La Palice à la dernière extrémité. Ce général vouloit encore défendre Milan : mais son conseil lui prouva qu'il n'y avoit d'autre ressource que de s'enfermer dans Pavie; et l'on partit pour cette ville, où le concile, opposé au Pape, espéra trouver un asile. L'armée des Suisses, accrue par les Allemands, menaça bientôt d'en faire le siége, et de ne laisser aux Français aucune retraite. Dans cette détresse, Trivulce et les principaux officiers déterminèrent La Palice, qui vouloit s'ensevelir sous les ruines de la place, à évacuer entièrement le Milanais. La retraite se fit tumultueusement, et le cardinal de Médicis, qui avoit eu tant de part aux événemens qui venoient de se passer, profita du désordre pour s'échapper.

Ainsi Louis XII, dont l'armée étoit victorieuse à Ravenne, le 11 avril, perdit, au mois de juin, non-seulement le Milanais, mais encore le comté d'Asti, ancien patrimoine de sa famille, dont il étoit en possession avant son avénement à la Couronne. Bologne, évacuée par les Français et par les Bentivoglio, tomba au pouvoir du duc d'Urbin, neveu du Pape. Gênes, dont les fortifications avoient coûté tant de dépenses, se révolta, et Jean Frégose en fut nommé doge. On vit bientôt arriver à Milan Maximilien Sforce, fils de Ludovic toujours prisonnier à Loches; et les Suisses, maîtres du pays, décernèrent à ce jeune homme la couronne ducale. La révolution en Italie fut aussi prompte que complette, et les Français n'y conservèrent que quelques places fortes.

Les succès extraordinaires de l'Union firent bientôt cesser la bonne intelligence qui avoit régné jusqu'alors entre les confédérés. Tous avoient voulu que la puissance de la France fût abattue; mais ils ne s'accordoient pas sur le partage des dépouilles. Depuis trois ans ils avoient eu un but invariable, qui étoit pour eux une règle sûre; ce but étant rempli, chacun songeoit à faire valoir ses prétentions particulières. Les Suisses, enivrés de leurs succès, aspiroient à imposer des lois à l'Italie. Ils vouloient que le duc, qu'ils venoient de donner au Milanais, ne fût que leur lieutenant dans ce pays, et s'opposoient à ce qu'il fît, pour s'affermir, des alliances avec les autres puissances. Les Vénitiens ne pouvoient parvenir à une paix définitive avec l'Empereur, parce que ce dernier vouloit conserver quelques places qui lui avoient été adjugées par le traité de Cambrai. Le Pape, dont la politique avoit toujours été, non-seulement d'agrandir les domaines de l'Eglise, mais d'affranchir l'Italie du joug des étrangers, tendoit secrètement à employer contre les Espagnols les moyens qui lui avoient si bien réussi contre les Français.

Pour concilier des intérêts si opposés, les confédérés résolurent de réunir un congrès à Mantoue. On y agita beaucoup de questions, dont presque aucune ne fut résolue. L'Empereur promit seulement de donner au jeune Maximilien l'investiture du duché de Milan; et, pendant qu'on examinoit si les Médicis devoient être rétablis dans Florence, ils y furent ramenés de force par le vice-roi de Naples, pour y être, non plus comme autrefois des citoyens puissans, mais des maîtres absolus.

Les différends entre l'Empereur et les Vénitiens n'ayant pu être accommodés, Jules II s'unit étroitement avec le premier, et, reprenant contre Venise son ancienne haine, il déclara qu'il poursuivroit cette république avec ses armes spirituelles et temporelles, et qu'il ne lui accorderoit la paix que si elle faisoit une satisfaction pleine et entière au chef de l'Empire. Comptant beaucoup sur cette nouvelle alliance, il mit en interdit le royaume de France, ainsi que les Etats des princes ses alliés.

Le roi d'Espagne, feignant d'agir en vertu de cette bulle, et soutenu par le roi d'Angleterre, dont les troupes firent une descente en Guyenne, dépouilla de la Navarre Jean d'Albret, allié et parent de Louis XII. Quoique la France fût menacée du côté de l'Allemagne et des Pays-Bas par l'Empereur et par l'archiduc Charles, son petit-fils, du côté de la Bourgogne par les Suisses, et du côté de la Provence et du Dauphiné par les puissances italiennes, le Roi envoya une armée pour rétablir Jean d'Albret, et en donna le commandement au jeune François, héritier de la Couronne, et le seul fils adoptif qui lui restât. Ce prince, dans cette expédition, fit preuve de sang froid, de patience et de courage; mais le défaut de subsistances, les rigueurs de l'hiver, et le refus que fit le duc d'Albe de livrer bataille, le forcèrent bientôt à repasser en France.

On dit qu'alors Louis XII, se trouvant en guerre avec tous ses voisins, quoiqu'il n'eût jamais eu aucun tort envers aucun, résolut, pour augmenter les désordres de l'Italie, de mettre en liberté Ludovic, qu'il tenoit prisonnier à Loches, depuis douze ans; mais ce prince n'eut pas le temps de profiter de ce retour de fortune, et mourut avant d'avoir quitté ce château. On devoit être très-curieux de connoître les pensées qui avoient occupé, pendant une si longue captivité, un homme dont l'ambition avoit donné lieu à toutes les guerres qui désoloient le midi de l'Europe. Cette curiosité put être satisfaite, car Ludovic avoit écrit quelques maximes sur les murs de sa prison. Elles existoient encore au commencement du dix-huitième siècle, et nous n'en rapporterons qu'une, qui prouve que ce prince avoit une profonde connoissance du cœur humain : « Il n'y a pas d'affaire qu'un « habile homme ne fasse réussir, pourvu qu'il sache « précisément celui qui en décidera. »

[1513] Cependant le concile de Pise, qui s'étoit successivement établi à Milan et à Pavie, se fixa enfin à Lyon, et demeura dans une espèce d'inactivité, à cause de l'incertitude des événemens de la guerre. Le concile de Latran, présidé par le Pape, se livra au contraire à de grands travaux, afin de réunir toutes les Eglises contre celle de France. Anne de Bretagne, effrayée des dangers qui menaçoient le royaume, crut que le dévouement qu'elle avoit constamment témoigné au saint Siége, et ses efforts réitérés pour rétablir la paix, pouvoient être des titres auprès de Jules II, et qu'il seroit possible qu'il acceptât sa médiation. Elle essaya donc de fléchir sa colère, mais les prières de cette vertueuse princesse furent dédaigneusement rejetées.

Les inquiétudes que le pontife inspiroit à ses alliés furent beaucoup plus utiles à la France que cette démarche de la Reine. Ferdinand étoit trop éclairé pour ne pas voir le désir que nourrissoit le Pape, d'exclure de l'Italie tous les étrangers. L'Empereur et Venise, entre lesquels il venoit de rallumer la guerre, s'apercevoient qu'ils avoient été tour-à-tour les instrumens de son ambition, et qu'il avoit voulu les affoiblir en les divisant. Dans cette position, le roi d'Espagne fit avec Louis XII une trève, dont il n'excepta que l'Italie ; ce qui mettoit la Guyenne à l'abri de toute insulte. En même temps, l'Empereur et les Vénitiens sollicitèrent vivement l'alliance d'un roi dont ils avoient souvent éprouvé la loyauté. Louis XII, connoissant l'inconstance de Maximilien, se décida sans hésiter pour Venise, et reconnut aussitôt pour ambassadeur de cette puissance le provéditeur André Gritti, qui avoit été fait prisonnier dans Bresse.

Le Pape, dont cette alliance renversoit tous les projets, ne négligea aucun effort pour s'y opposer, et parvint à en retarder la conclusion. Il espéroit même rompre entièrement la négociation, lorsqu'il fut surpris par la mort, le 20 février 1513, à l'âge de soixante-onze ans. Son systême de domination ne périt point avec lui, et peut être regardé comme l'une des principales causes des guerres politiques et religieuses qui désolèrent l'Europe pendant le reste du seizième siècle et la moitié du dix-septième. Au moment où il termina sa carrière orageuse, il alloit se livrer aux dernières extrémités contre le roi de France. Il avoit fait dresser la minute d'une bulle par laquelle il changeoit en excommunication l'interdit qu'il avoit déjà prononcé contre ce pays, et le livroit au premier occupant. On dit qu'il avoit aussi pris des mesures pour faire transférer, par un décret du concile de Latran, le titre de *très-chrétien* au roi d'Angleterre.

Après sept jours de conclave, le cardinal de Médicis, à qui nous avons vu jouer un rôle important dans la dernière campagne, et dont la famille se trouvoit, depuis quelques mois, en possession de Florence, fut élu Pape, à l'âge de trente-sept ans, et prit le nom de Léon X, qu'il devoit rendre si célèbre. Moins impétueux que son prédécesseur, plus fin et plus adroit, il avoit absolument les mêmes desseins. Il ne put empêcher que le traité entre Louis XII et les Vénitiens ne fût signé à Blois, le 13 mars. Cet acte portoit ligue offensive et défensive, et les deux puissances ne devoient poser les armes qu'après avoir reconquis leurs domaines. Le roi de France devoit recouvrer le Milanais; et Venise, toutes les places qui lui avoient appartenu avant la ligue de Cambrai.

Louis XII, au lieu de prendre des précautions contre ses voisins, tourna toutes ses vues du côté de l'Italie, où la domination française n'avoit jamais pu s'établir solidement. Un point d'honneur mal entendu lui faisoit croire qu'il ne pouvoit renoncer à l'héritage de Valentine. Il fit donc de grands préparatifs pour envoyer dans le Milanais une armée formidable, et crut rendre infaillible le succès de cette expédition, en la confiant à la Trémouille. Léon X, affectant des manières toutes différentes de celles de son prédécesseur, essaya vainement de le détourner de cette entreprise. Ferdinand, persuadé qu'il échoueroit, la favorisa, et étendit à l'Italie la trève qui avoit été faite quelques mois auparavant.

Le comte de Musocco, fils de Trivulce, chargé du commandement de l'avant-garde de l'armée française, s'empara sans difficulté, d'Asti et d'Alexandrie. Aussitôt que cette nouvelle fut parvenue à Milan, Maximilien Sforce, qui n'avoit aucun talent pour le gouvernement, se vit abandonné, et fut obligé d'aller se réfugier dans Novare. En même temps, une révolution se fit à Gênes ; Frégose fut chassé, et cette ville rentra sous la domination de la France. La Trémouille, ébloui par ces premiers succès, dédaigna d'aller à Milan, et, sans attendre que toutes ses troupes fussent réunies, il marcha sur Novare, dans l'espoir de faire éprouver au jeune Maximilien le sort qu'avoit eu autrefois son père. Les Suisses formoient les seules forces de ce prince, et étoient résolus de lui rester fidèles. Tout se prépara pour une bataille décisive.

Le général français avoit cru pouvoir confier à Trivulce, qui connoissoit parfaitement le pays, le choix du terrein où devoit être placé son camp. Malheureusement ce seigneur possédoit plusieurs métairies dans ce canton, et, voulant qu'elles fussent épargnées, il en éloigna l'armée, à laquelle il fit prendre une mauvaise position. Les Suisses, profitant de cette faute, attaquèrent les Français, et, après un combat opiniâtre, les défirent entièrement [6 juin]. La Trémouille, au désespoir d'avoir flétri ses anciens lauriers, fut obligé de repasser les monts, et de se retirer dans son gouvernement de Bourgogne, menacé d'une invasion. Les villes qui s'étoient déclarées pour lui implorèrent la compassion de Sforce, qui fut obligé de les livrer à la cupidité des Suisses. Presque tous les châteaux qui tenoient encore pour le Roi ouvrirent leurs portes; les Frégose, soutenus par Léon X, rentrèrent à Gênes; et les affaires des Français en Italie furent encore plus désespérées qu'à la fin de la campagne précédente.

Après que le sort du Milanais fut ainsi décidé, Léon X fit faire les plus vives démarches auprès du Roi, pour obtenir la dissolution du concile de Lyon, qui lui portoit ombrage, quoique, depuis la défaite de La Trémouille, cette assemblée fût retombée dans la plus complète inaction. Louis XII observa qu'il ne pouvoit compter sur l'impartialité de la cour de Rome, parce qu'il étoit instruit que le pontife s'efforçoit de détacher les Vénitiens de son alliance, et de leur procurer la paix avec Maximilien. L'envoyé du Pape répondit que son maître, comme père commun des fidèles, n'avoit pu s'empêcher d'être médiateur entre les puissances belligérantes; mais que, s'il obtenoit la séparation d'une assemblée qui tendoit au schisme, il révoqueroit aussitôt toutes les censures lancées par son prédécesseur. Léon offroit, comme on le voit, toute satisfaction à l'égard du spirituel, mais il ne vouloit s'engager à rien pour le temporel. Les sollicitations de la Reine, qui attribuoit tous les malheurs de la France aux différends qu'elle avoit avec le Pape, détermina son époux à céder; et le concile de Lyon fut dissous.

Les craintes de La Trémouille sur la sûreté de la Bourgogne n'étoient que trop fondées. Les Suisses entrèrent par la Franche-Comté dans cette province, qui n'étoit défendue par aucune place forte, et vinrent mettre le siége devant Dijon. Le gouverneur fit prendre les armes aux bourgeois de cette ville, qui, n'étant pas soutenus par des troupes réglées, étoient hors d'état d'opposer une longue résistance. Si Dijon étoit pris, les Suisses marchoient aussitôt sur Paris; et le danger étoit d'autant plus pressant que l'Empereur et le roi d'Angleterre faisoient en même temps une invasion dans la Picardie. La Trémouille crut rendre un grand service à son pays, en négociant avec l'ennemi, et en obtenant à tout prix qu'il se retirât. Il promit aux assiégeans quatre cent mille écus d'or, dont une partie fut payée sur-le-champ, et il s'engagea, au nom du Roi, à faire évacuer quelques châteaux que les Français tenoient encore en Italie. A ces conditions, imposées par eux, les Suisses consentirent à sortir de la Bourgogne.

L'Empereur et le roi d'Angleterre avoient de leur côté obtenu des succès dans le nord de la France. Après avoir attaqué Tournay, ils espéroient forcer Térouane à se rendre. Le duc de Longueville, chargé de ravitailler cette dernière place, perdit la bataille de Guinegaste, autrement appelée la Journée des Eperons, et fut fait prisonnier. Alors le Roi confia à l'héritier du trône la défense de cette frontière, et le jeune prince, modérant son impétuosité, montra toute la prudence d'un vieux capitaine. S'il ne put empêcher la prise de ces deux villes, il se posta de telle manière qu'il préserva la Picardie de la ruine et du pillage dont elle étoit menacée. L'hiver ayant mis fin aux hostilités, des négociations s'ouvrirent entre Louis XII et le roi d'Angleterre. Mais les conditions que vouloit imposer ce dernier étoient tellement humiliantes q uelles furent rejetées, malgré le besoin que la France avoit de diviser ses ennemis.

Anne de Bretagne, qui partageoit tous les chagrins de son époux, et qui, depuis quelque temps, étoit attaquée d'une maladie très-douloureuse, ne résista pas au chagrin que lui causoient les désastres du royaume. Son cœur sensible, fier et généreux, fut brisé par l'idée désespérante qu'on ne pouvoit plus faire avantageusement ni la paix, ni la guerre. Elle termina, n'étant âgée que de trente-sept ans, une vie dont le commencement et la fin avoient été remplis d'amertume [9 janvier 1514]. Louis XII parut accablé de ce nouveau malheur, contre lequel l'âge de la Reine l'avoit toujours rassuré. Il se déroba aux regards de ses sujets, dont l'amour pouvoit seul lui offrir quelque consolation; et, contre l'usage des rois de France, il prit le deuil en noir. Après une retraite de plusieurs jours, ses devoirs le rappelèrent aux fonctions royales, et il renoua des négociations avec ses ennemis.

Ferdinand, dont l'ambition pour sa maison n'avoit point de bornes, fit observer à Maximilien qu'il seroit possible d'amener Louis XII à céder le Milanais à l'archiduc Charles, leur petit-fils, et que, si l'on refusoit de traiter avec ce monarque, les Suisses, devenus très-redoutables, pourroient obtenir de lui qu'il remît au jeune Sforce, leur protégé, tous ses droits sur ce pays. Ces motifs très-puissans firent accéder l'Empereur à la trêve que le roi d'Espagne avoit accordée à la France, au commencement de l'année précédente. Ainsi Louis XII n'eut plus à combattre que contre Henri VIII.

Le duc de Longueville, fait prisonnier à Guinegaste, avoit été bien accueilli par ce monarque, qui s'étoit souvent entretenu avec lui sur les moyens de faire la paix. Remarquant le mécontentement que donnoit à Henri l'abandon de ses alliés, il le disposa sans peine à un accommodement honorable pour les deux monarques. Henri avoit une sœur nommée Marie, jeune, belle et recherchée par plusieurs seigneurs anglais, aux soins desquels elle ne paroissoit pas insensible. Le souvenir des guerres civiles dont l'Angleterre avoit été autrefois désolée, et qui presque toutes avoient pris leur source dans de semblables alliances, détournoit le Roi d'accorder la main de la princesse à l'un de ses sujets. Il écouta donc volontiers Longueville, lorsque celui-ci lui proposa de la donner à Louis XII.

Il étoit à craindre que cette proposition, faite par Longueville sans qu'il y fût autorisé, ne fût pas du goût de son maître, qui, ne pouvant se consoler de la mort d'Anne de Bretagne, avoit résolu de ne jamais se remarier. Cependant les sollicitations de toute sa cour, le besoin de trouver un allié fidèle, et l'espoir d'avoir un héritier mâle, le déterminèrent, après bien des incertitudes, à former ces nouveaux liens. François et sa mère la comtesse d'Angoulême cachèrent leur dépit.

L'entrée de Marie en France fut un triomphe. On la regardoit comme le gage de la paix; et sa beauté, sa jeunesse faisoient espérer qu'elle donneroit bientôt un fils au Roi qu'on chérissoit. Les noces se firent à Abbeville, le 9 octobre 1514. On dit que le jeune François fut frappé des charmes de la nouvelle Reine, et que l'aversion qu'il avoit eue pour elle avant de la connoître, se changea subitement en un sentiment très-opposé. Mais il ne tarda pas à être instruit avec toute la Cour que l'ambassadeur anglais, Charles Brandon, duc de Suffolck, s'étant trouvé au nombre des gentilshommes qui avoient prétendu à la main de la princesse, étoit celui pour lequel son cœur s'étoit déclaré. Il sentit, ainsi que sa mère, combien il lui importoit de prévenir les suites de cette inclination. Par les soins de la comtesse d'Angoulême, la jeune Reine ne fut pas un instant perdue de vue, et la baronne d'Aumont, sa dame d'honneur, soutint que les devoirs de cette place lui prescrivoient de coucher dans sa chambre, toutes les fois que le Roi seroit absent. Ainsi Louis XII, épris, sur le déclin de l'âge, d'une épouse charmante, prouvoit, sans s'en apercevoir, la vérité d'une maxime qui lui avoit été autrefois très-familière, c'est que *l'amour est le tyran des vieillards, et le roi des jeunes gens*.

La Cour changea de face. Du temps d'Anne de Bretagne, tout étoit soumis à la plus sévère étiquette, et les plaisirs bruyans étoient bannis : il fallut, pour plaire à la jeune Reine, déroger aux anciennes règles, donner de fréquens spectacles, et prolonger les bals et les fêtes bien avant dans la nuit. Ce nouveau genre de vie ne convenoit pas à la santé du Roi, que les fatigues et les chagrins avoient depuis long-temps affoiblie. Deux mois et demi s'étoient à peine écoulés depuis son mariage, lorsqu'il fut attaqué d'une maladie grave. On eut, pendant quelques jours, des espérances qui furent bientôt entièrement détruites. Cet excellent monarque, ayant exigé qu'on ne l'abusât pas sur sa situation, se prépara à la mort avec les sentimens de piété qui l'avoient toujours animé. Il fit appeler François, son fils adoptif, l'époux de sa fille et l'héritier de la Couronne. Un moment avant d'expirer, il le pressa dans ses bras, et lui dit : *Mon fils, je me meurs, je vous recommande mes sujets* [1er janvier 1515].

Telle fut la mort de Louis XII, qui mérita le titre de Père du peuple. Les désastres des dernières années de son règne ne lui enlevèrent pas l'amour de ses sujets. On détestoit la perfidie de ses alliés, on admiroit sa loyauté et sa bonne foi. Un véritable patriotisme régnoit en France, et tous les sacrifices sembloient faciles, pour aider un monarque dont les fautes étoient effacées par tant de vertus. Un historien observe avec raison que son administration paternelle laissa de longues traces dans la mémoire des peuples, et que, toutes les fois qu'il s'agissoit de faire des réformes utiles, on rappeloit celles qui avoient eu lieu sous son règne. *Hic est Ludovicus ille quem majores nostri plebeii ordinis patrem appellarunt, quòd expilationes populorum odisset. Itaque quoties de instaurandâ republicâ actum est, ordo plebeius res ad statum revocari petiit, in quo erant, Ludovico XII, Francis imperante* (1).

Peu de jours après la mort du Roi, sa jeune veuve donna secrètement sa main au duc de Suffolck : François I obtint que Henri VIII pardonneroit à ces époux, qui allèrent s'établir en Angleterre.

(1) *Papirius Massonus. Franc. Annal. lib. 4.*

LA TRESJOYEUSE,

PLAISANTE ET RECREATIVE

HYSTOIRE,

COMPOSÉE PAR LE LOYAL SERVITEUR,

DES FAIZ,

GESTES, TRIUMPHES ET PROUESSES

DU BON CHEVALIER

SANS PAOUR ET SANS REPROUCHE,

LE GENTIL SEIGNEUR DE BAYART,

DONT HUMAINES LOUENGES SONT ESPANDUES PAR TOUTE LA CHRESTIENTÉ;

DE PLUSIEURS AUTRES BONS, VAILLANS ET VERTUEUX CAPPITAINES QUI ONT ESTÉ DE SON TEMPS.

ENSEMBLE LES GUERRES, BATAILLES, RENCONTRES ET ASSAULX, QUI, DE SON VIVANT, SONT SURVENUES, TANT EN FRANCE, ESPAIGNE QUE YTALIE.

NOTICE

SUR LES MÉMOIRES DE BAYARD.

L'AUTEUR de cet ouvrage, qui paroît avoir été secrétaire de Bayard, n'a pas voulu être nommé, et s'est borné à prendre le titre modeste de *loyal serviteur*. On regrette de ne pas connoître le nom d'un auteur qui sut donner au langage français du seizième siècle une grâce, une élégance et une délicatesse dont on n'avoit pas encore d'idée. Sa narration est pleine de précision et de clarté : on voit qu'il avoit passé sa vie avec Bayard; et ce qui ajoute au plaisir qu'on éprouve en le lisant, c'est qu'on remarque qu'il partage tous les nobles sentimens de son maître. Ce rapport de caractère, entre le peintre et le modèle, donne aux tableaux tracés dans ces Mémoires un charme et un intérêt que le temps n'a pu affoiblir. C'est là qu'on apprend à connoître, et qu'on peut observer, sous leurs véritables couleurs, cet héroïsme désintéressé, cette générosité bienveillante, cette modération dans la victoire, cette résignation dans les revers, par lesquels se distingua celui qui mérita mieux que La Trémouille le titre glorieux de Chevalier sans peur et sans reproche.

Les Mémoires offrent d'abord des détails sur l'enfance et l'éducation de Bayard. On le voit quitter la maison paternelle, brûlant d'imiter ses trois derniers aïeux morts au champ d'honneur; et l'on ne peut lire sans un attendrissement mêlé d'admiration, les conseils que lui donne sa mère, au moment où il va la quitter peut-être pour toujours : elle lui recommande d'aimer, de craindre et de servir Dieu; d'être doux avec ses égaux, indulgent et charitable avec ses inférieurs; d'éviter la médisance et le mensonge; de n'être ni flatteur, ni *rapporteur*, et de se montrer toujours loyal en *faits et en dits*. « Enfin, ajoute-t-elle en « pleurant, je crois bien que votre père et moi ne vi- « vrons plus guères : Dieu nous fasse la grâce, à tout le « moins tant que nous serons en vie, que toujours puis- « sions avoir bon rapport de vous. » On doit croire que ces conseils d'une mère aussi courageuse que tendre se gravèrent profondément dans le cœur de Bayard, puisqu'ils furent constamment la règle de sa conduite.

Ses grandes qualités s'annoncent dès sa première jeunesse. Il se fait chérir de tous ceux auxquels il est successivement attaché, et ne répond à l'enthousiasme que les femmes les plus aimables témoignent pour ses vertus précoces, que par un dévouement où le respect domine, sans exclure la galanterie. N'ayant que vingt-un ans, il retrouve une jeune dame qui, avant d'être mariée, avoit eu pour lui de l'amour : il lui rend des soins, lui donne des fêtes, se pare de ses couleurs; mais il proteste en même temps, avec toute la sincérité de son caractère, qu'il aimeroit mieux mourir que de *la presser de déshonneur*. Au milieu des désordres inséparables de la guerre, il veille sur ce sexe, dont il a été si bien apprécié, et le préserve des outrages auxquels sa beauté et sa foiblesse ne l'exposent que trop souvent. Dans une ville emportée d'assaut et saccagée, il prend sous sa protection deux demoiselles, les met à l'abri de toute insulte, et n'emploie les présens que leur mère à genoux le supplie de recevoir, qu'à en faire la dot de celles qui lui doivent l'honneur et la vie. N'étant pas *un saint*, comme l'observe très-bien l'auteur des Mémoires, il forme quelquefois des liaisons où le plaisir a plus de part que l'amour : mais une mère ayant eu l'indignité de lui livrer sa fille qui est vertueuse, il remarque aussitôt le trouble de cette intéressante victime, devient son père, et la marie honorablement.

Si Bayard eut pour les femmes un respect et un dévouement que ses contemporains mettoient au premier rang des devoirs de la chevalerie, et que les guerriers les moins délicats ne pouvoient s'empêcher d'affecter, sa libéralité avec ses compagnons d'armes excita d'autant plus d'admiration, qu'elle n'avoit point eu jusqu'alors de modèle. Pendant des guerres longues et opiniâtres, où il réussit dans presque toutes les expéditions dont il fut chargé, il ne voulut jamais avoir aucune part dans le butin, et distribua toutes les dépouilles de l'ennemi à ceux qui avoient contribué à ses victoires ; conduite qui parut extraordinaire à une époque où cependant on ne faisoit point encore de la guerre une spéculation, et qui fit dire à l'un des plus grands généraux de ce temps : « Si Dieu l'eût « fait roi de quelque puissant royaume, il auroit ac« quis tout le monde à lui par sa grâce. » Ainsi, ayant pu se procurer une fortune immense, qui auroit été la juste récompense de ses travaux, il vécut dans la médiocrité, n'augmenta son patrimoine que par une acquisition peu considérable, et laissa à peine quatre cents livres de rente.

Ses exploits parurent romanesques dans un temps où la valeur personnelle étoit commune, et où le sort des combats dépendoit fréquemment de la hardiesse de quelques hommes. On le vit deux fois renouveler l'un des faits d'armes les plus admirés dans l'histoire des premiers siècles de Rome, en défendant seul un pont contre toute une armée. A forces égales il étoit sûr de la victoire : l'infériorité du nombre ne l'empêchoit pas de l'obtenir; et souvent il fit plus de prisonniers qu'il n'avoit de soldats. Son héroïsme étoit tellement connu, que sa présence seule suffisoit pour ranimer une armée découragée. *Il eut fait combattre*, dit son historien, *le plus couard homme du monde*. Cette valeur, qui étoit également admirée des Français et des étrangers, n'étoit pas l'effet d'une témérité aveugle. Bayard étoit l'un des capitaines les plus expérimentés de son temps. Il étoit versé dans tous les stratagêmes de guerre: il savoit distribuer ses troupes de manière que leur nombre parût doublé ; il excelloit dans les attaques imprévues et dans les retraites savantes, connoissoit à fond l'art d'assiéger et de défendre les places; et les généraux qui, dans toutes les circonstances, réclamoient ses conseils, l'appeloient *un vrai registre de batailles*.

S'il ne fut jamais chargé du commandement en chef d'une armée, il faut attribuer cette faute, commise par deux rois bien dignes de l'apprécier, et dont l'un voulut recevoir de lui l'ordre de la chevalerie, à l'oubli dans lequel les Cours laissent ordinairement le mérite qui néglige de se faire valoir. Bayard, étranger à toute espèce d'intrigue, possédoit cette véritable modestie qui consiste à ne rechercher, ni à repousser la faveur des princes; et, quel que fût le poste où son devoir le plaçât, il paroissoit toujours satisfait.

Une mort héroïque et chrétienne termina une si glorieuse vie. Nous avons ajouté aux détails qu'en donnent les Mémoires toutes les circonstances que nous avons pu recueillir dans les écrits contemporains; c'est dans ce moment que se révèlent tous les secrets de la grande ame de Bayard. Sa patience en supportant d'horribles souffrances, les prières qu'il adresse à Dieu dont il implore la miséricorde; ses regrets de ne pouvoir plus servir son roi et sa patrie; les pleurs que répandent sur lui le connétable de Bourbon et le marquis de Pescaire, généraux ennemis entre les bras desquels il rend les derniers soupirs; la consternation qui règne en France aussitôt qu'on y apprend cette terrible nouvelle, offrent une suite de scènes dont l'effet deviendroit déchirant s'il n'étoit tempéré par l'admiration.

Tels sont les traits sous lesquels le loyal serviteur nous représente le héros qui sera toujours le modèle des guerriers français. Son ouvrage fut accueilli avec empressement par les contemporains, et ne fut pas moins recherché dans le siècle suivant, au commencement duquel on en donna une nouvelle édition. Un écrivain de cette époque en recommande fortement la lecture aux jeunes gens qui se destinent à la carrière des armes. « Je veux, dit-il à son fils, que ce « soit la première histoire que tu lises, et que tu me « racontes. Tâche de l'imiter en ce que tu pourras. « Il ne se peut faire de copie qui ne soit bonne sur « un si merveilleux original. Si tu ne peux arriver à

« sa valeur, qui est hors d'exemple, sois fidelle à ton « prince, et débonnaire comme lui [1]. »

Les écrivains contemporains et le président d'Expilly nous ont offert sur Bayard quelques particularités qui ne se trouvent point dans les Mémoires du loyal serviteur. Nous placerons ici celles qu'il nous a été impossible de faire entrer dans les notes.

Profitant d'un moment de repos, et guidé par des sentimens de piété, Bayard voulut faire un pélerinage à Saint-Jacques de Compostelle. S'étant embarqué à La Rochelle, il aborda en Espagne, et parcourut à pied la Galice et les provinces voisines, sans être découvert. Quel eût été l'étonnement des Espagnols s'ils avoient reconnu, dans un humble pélerin, le guerrier qui les avoit vaincus tant de fois! Après avoir acquitté son vœu, il revint en France par mer, et sa famille fut seule instruite de son voyage.

Il consacroit ordinairement ses loisirs à des lectures instructives, ou à des conversations sur différens points d'histoire et de morale. Un écrivain qui fut long-temps dans son intimité [2], nous a conservé quelques-unes de ses maximes, qui prouvent l'extrême justesse de son esprit. Un gentilhomme lui demandoit quel héritage un père doit laisser à ses enfans : « Le père, « répondit Bayard, doit acquérir à ses enfans ce qui « ne crainct pluye ni tempeste, ni force d'homme, ni « justice humaine : c'est sagesse et vertu; et doit le « père avoir la cure envers ses enfans, semblable à « celuy qui faict un jardin. C'est de bien cultiver, et « bonnes semences bouter, et bons arbres planter. »

(1) Avis d'un bon Père à son Fils, par Fortin de La Houguette. — (2) Symphorien Champier.

On vouloit savoir quelle différence il mettoit entre un savant et un ignorant. « Telle différence, dit-il, que « tu bouterois entre le médecin et le malade. » Il disoit qu'un seigneur ne devoit s'entourer que de gens estimables, et il paroît que c'est à lui qu'on doit ce proverbe : *tel maître, tel valet.* Un jour il grondoit deux pages qui avoient blasphémé en sa présence. Quelqu'un lui représenta que c'étoit faire bien du bruit pour peu de chose. « Certes, dit Bayard, ce « n'est pas petite chose, mauvaise coustume apprise « de jeunesse. »

Le même écrivain a peint son caractère d'une manière qui justifie parfaitement l'idée qu'en donnent les Mémoires du loyal serviteur. « Le noble Bayard, « dit-il, en sa jeunesse fut honteulx, doulx et gracieulx, « humble, courtois à un chascun. Nul oncques le vit « en fureur, ni en ire grande. Il estoit sobre sur tous « les aultres pages. Oncques ne fut abusé de femmes, « que pour elles il delaissât ses affaires, ni choses « licites. Il tenoit quelque peu de la nature mélanco- « lique. Si estoit-il à toutes gens joyeulx, aymant com- « pagnies, esbattemens et choses plaisantes. Quant « à sa gravité, elle estoit toujours meslée de doulceur « et affabilité, et en tout gardoit ordre. Il estoit benin, « humain et charitable. »

Le portrait de Bayard, qui se trouve dans un panégyrique latin, est d'un style plus élevé, et, contre l'usage du temps, ne présente aucune exagération.

Bayardus staturâ erat excelsâ, colore candido, corpore macilento, oculis nigris vegetisque. Tantâ liberalitate et munificentiâ omnibus gratificabatur, ut pro ipsius gloriâ milites suî non famem, non labores, non mortem recusarent. Justus quàm maximè fuit Bayardus, ita ut ab eo se spoliatum nemo unquam diceret. Sobrius ita fuit ut vix sumeret naturæ sufficientia. Cum hostibus quoties confligendum erat, primus in aciem prodibat. Callidus, celer et animo plenus præterea fuit : inimicis terrorem, fiduciam suis roburque ingerens. Non labores, non pericula, non sumptus detrectavit; non ægritudini pepercit, patriæ dummodo opitularetur. Blandus, hilaris, non elatus, sed modestus, omnes sibi conciliabat. Deum coluit; justiciam servavit; modestiâ usus est; continentiæ indulsit; vitia sprevit; sibi imperavit. Nec tam adversus hostes quàm contrà illicita militavit. In adversis hilaritatem, in secundis benignitatem præ se ferebat. Pecuniis non modò justè, sed liberaliter utebatur. Fortitudine non temerè utebatur. Amicis benignus, inimicis terribilis; acerrimus in bello, in victoriâ facillimus.

Ce fut surtout dans le Dauphiné, patrie de Bayard, que sa mort excita les plus vifs regrets. La douleur publique ne trouva de consolation que dans des vœux adressés au ciel pour son salut. Une prière fut composée à cette occasion, par les supérieurs ecclésiastiques, et récitée long-temps dans les églises de Grenoble. Nous croyons qu'on nous saura gré de reproduire cette pièce entièrement oubliée, et qui peut être considérée, non-seulement comme un monument de la piété du siècle, mais comme une nouvelle preuve des sentimens qu'inspiroit Bayard.

« Notre Seigneur Jésus-Christ, Verbe du Père, le-
« quel est venu en ce monde pour sauver les pécheurs;
« nous, pauvre peuple du Daulphiné, te prions, par

« ta saincte passion, laquelle as voulu prendre pour « nous pécheurs, et as voulu ressusciter pour nous « tous justifier, te prions, par ta saincte ressurrection « que veuilles ressusciter du sépulchre de ce misérable monde, le noble esprit de notre gouverneur le « noble chevalier Bayard, et lui donnes, par ta grâce, « partie de ta ressurrection, afin que en ta grande « ressurrection, puisse avec les heureulx ressusciter « en corps et en ame. Toy, Seigneur, qui commandes « aux vents et à la mer de cesser, et tout obéit, « et fut tranquillité sur mer, et cheminas sur les eaulx « et undes de la mer, donne, Seigneur Dieu, à ton « serviteur Bayard, ta miséricorde, et lui veuilles « pardonner ses fautes; car s'il a esté sage, prudent, « benin, quant au monde, devant toy ce n'est rien, s'il « ne procède de ta grâce. Sois donc, sire Dieu, son « défenseur contre tous ennemis infernaulx, et le « veuilles loger avec tes anges et tous tes saincts, « en ton sainct paradis, toy qui es le Père éternel. « Amen. »

Les restes de Bayard furent enterrés devant le grand autel de l'église des Minimes *de la plaine*, à un quart de lieue de Grenoble. Le président d'Expilly, qui écrivoit au milieu du dix-septième siècle, s'étonne qu'on ne lui ait pas élevé un monument aux frais de l'Etat. « Le roy Henri IV, dit-il, qui avoit toujours à la « bouche et dans le cœur les mérites de Bayard, et « les proposoit souvent pour exemple à sa noblesse, « estant à Grenoble l'an 1600, se résolut de lui faire « ériger un tombeau digne du renom d'un tel chevalier, et de Sa Majesté; mais la guerre survenue en « Savoie, le mariage du Roy, et tant d'autres événe-

« mens arrivés depuis, ont empêché l'effet de ce royal « dessein. Les trois Etats de Dauphiné, étant assem- « blés à Grenoble en 1619, firent un fonds de mille « francs, pour lui dresser un monument, mais, les « deniers ayant été divertis, on n'a rien fait. »

Les Mémoires du loyal serviteur, qu'on peut considérer comme le monument le plus durable de la gloire de Bayard, parurent, pour la première fois, en 1527, trois ans après la mort du héros. Ils furent publiés en un volume *in*-4°, caractères gothiques, par Gailliot du Pré, libraire de l'université de Paris. Théodore Godefroy en donna une seconde édition, *in*-4°, accompagnée d'un commentaire, Paris, 1616. Trente-quatre ans après, on en publia une troisième à Grenoble [1651], faite sous les yeux du président de Boissieux, parent de Bayard, et enrichie d'un supplément du président d'Expilly. Ce supplément a principalement pour objet de donner des éclaircissemens sur la maison de Terrail. Non contens de profiter du travail des deux derniers éditeurs, nous avons mis à contribution les autres historiens de Bayard.

Au premier rang se présente Symphorien Champier, célèbre médecin lyonnais, employé dans les armées d'Italie comme médecin des rois Charles VIII et Louis XII, et qui avoit épousé une parente de Bayard. Son livre, qui parut à Paris en 1525, deux ans avant les Mémoires du loyal serviteur, et qui est aujourd'hui d'une extrême rareté, a pour titre : *Les Gestes, ensemble la Vie du preux chevalier Bayard, avec sa généalogie, comparaisons aux anciens preux chevaliers, Gentils, Israëlitiques et Chrestiens. Oraisons, lamentations et épitaphes dudict chevalier*

Bayard, contenant plusieurs victoires des roys de France, Charles VIII, Louys XII et François I de ce nom, tant ez Italie que aultres régions et pays. Cet ouvrage, imprimé en caractères gothiques, contient des anecdotes qui ne se trouvent pas dans nos Mémoires. Nous les avons extraites et placées dans les notes.

En 1699, Aimar, avocat, publia à Lyon une histoire de Bayard. Cette production, qui forme un petit volume in-12, est d'une grande médiocrité.

En 1702, une *nouvelle Histoire de Bayard*, un volume in-12, parut à Paris, sous le nom du prieur de Louval. Le véritable auteur étoit André-Lazare Bocquillot, chanoine d'Avalon. Son livre n'est autre chose que les Mémoires du loyal serviteur, traduits péniblement en langage moderne.

En 1760, M. Guyard de Berville publia une histoire de Bayard, qui a eu plusieurs éditions. Cet ouvrage, écrit foiblement, est estimable en ce que l'auteur n'a rien négligé pour recueillir tout ce qui pouvoit bien faire connoître son héros.

Outre ces écrivains, qui ont eu pour objet unique de retracer les grandes actions de Bayard, nous avons encore consulté, pour notre commentaire, les anciens auteurs qui ont eu occasion de parler de lui; tels que Jean d'Auton, historien de Louis XII, Martin du Bellay, et Etienne Pasquier.

AVIS DU LIBRAIRE-ÉDITEUR.

Cette réimpression des Mémoires de Bayard a été faite sur l'édition en caractères gothiques de 1527. A l'exemple des éditeurs de l'ancienne collection, nous avions d'abord eu l'intention de nous servir de celle qu'avoit donnée Th. Godefroy, en 1616; mais, en la collationnant sur la première, nous avons acquis la certitude qu'elle ne reproduisoit pas fidèlement l'ouvrage du loyal serviteur. Pour convaincre ceux qui en pourroient douter, nous citerons l'un des passages supprimés dans l'édition de Godefroy, sur laquelle toutes les autres ont été faites. Il est extrait du chapitre 55.

En 1513, Bayard fut grièvement blessé dans le Milanais : il tomba malade; et, pendant une fièvre continue qui dura dix-sept jours, il témoignoit combien il étoit douloureux pour lui de finir ses jours loin du champ d'honneur et du gentil duc de Nemours. C'est alors que l'auteur rappelle cette invocation à saint Antoine : « Ainsi faisoit ses regretz le « bon Chevalier sans paour et sans reprouche, et puis, parce qu'il brus- « loit de chaleur pour la grande fiebvre qui le tenoit, s'adressoit à mon- « seigneur sainct Anthoine, en disant : Hé! glorieux confesseur et vray « amy de Dieu, sainct Anthoine, toute ma vie je t'ay tant aymé et tant « eu de fiance en toy, et tu me laisses icy brusler en si extreme chal- « leur que je ne desire fors que briefve mort me prengne. Helas! et as-tu « point de souvenance que, durant la guerre contre le Pape en Ytalie, « moy estant logé à Rubere, en une de tes maisons, je la garday de « brusler, et sans moy y eust esté mis le feu; mais en commemoration de « ton sainct nom, je me loge dedans, combien qu'elle feust hors de la « forteresse et ou dangier des ennemys, qui nuyt et jour me povoient « venir visiter sans trouver chose qui les en eust sceu garder; et toutes- « fois, j'ayme mieulx demourer ung moys en ceste façon, que ta mai- « son feust destruicte. Aumoins, je te supplie m'alleger de ceste grande « challeur, et faire requeste à Dieu pour moy, ou que bien tost il me « oste de ce miserable monde, ou qu'il me donne santé.

« Tant piteusement se dolosoit le bon Chevalier. »

L'édition présente est donc la seule complète, après celle de 1572; mais celle-ci est difficile à lire, d'abord parce qu'elle est en caractères gothiques, dont il faut faire une espèce d'étude; ensuite parce que, suivant l'usage du temps, la ponctuation y manque, et qu'elle renferme en outre une multitude d'abréviations inusitées aujourd'hui. Nous observerons d'ailleurs qu'elle est excessivement rare, et même introuvable dans le commerce; ce qui nous a obligé de recourir à l'exemplaire de la bibliothèque du Roi, qu'il a fallu copier. Les épreuves ont été lues trois fois sur l'original.

F.

PROLOGUE DE L'ACTEUR.

Pource qu'il est moult difficille sans la grâce de Dieu, en ce mortel estre, complaire à tout le monde, et que les hommes coustumiers d'escripre hystoires et cronicques, font voulentiers leur adresse à aucun notable personnage, je, qui, sans autrement me nommer, ay empris de mettre en avant les faictz et gestes du bon Chevalier sans paour et sans reprouche, le seigneur de Bayart, et, parmy ses excellentes œuvres, y comprendre plusieurs autres vertueux personnages, me suis advisé, à ce qu'il ne feust murmuré cy apres contre moy, n'avoir bien et justement fait mon devoir particulier, en laissant l'ung pour prendre l'autre, attribuer ceste mienne rudde hystoire aux trois estatz du tresexcellent, trespuissant et tresrenommé royaulme de France; car, pour au vray amplifier les perfections d'ung homme, ne l'ay peu faire autrement, considéré que sans grâce infuse du Sainct-Esperit, depuis l'incarnation de nostre Sauveur et Redempteur Jésuchrist, ne s'est trouvé en cronicque ou hystoire, prince, gentil homme, ne autre condition qu'il ait esté, qui, plus furieusement entre les cruelz, plus doulcement entre les humbles, ne plus humainement entre les petis, ait vescu, que le bon chevalier, dont la presente hystoire est commencée. Et, combien que de tout temps, en ceste doulce contrée de France, la grace de nostre Seigneur s'est si grandement espandue que peu de deffault y survient quant aux necessitez du corps, qui est une manne quant à ceste vie mondaine, ung autre inconvenient à ceste occasion y survient : c'est que la grande ayse que grans, moyens et petis y soustiennent, les mect en telle oysiveté qu'ilz ne se peuvent contenir du peché d'envye; en blasmant aucunesfois à tort et sans cause les innocens, et en detenant caché les merites, prouesses et honneurs des vertueux, si s'en trouverra il peu qui sceussent, ou ayent voulu dire chose contre l'honneur d'icelluy bon Chevalier, s'ilz ne l'ont dit à l'emblée; car en iceulx trois estatz s'est si vertueusement gouverné, qu'il en aura, quant à Dieu, sa grâce; et quant au monde, verdoyante et immortelle couronne de laurier : pour ce que, touchant l'Eglise, ne s'en est jamais trouvé ung plus obeissant; quant à l'estat de noblesse, ung plus deffensible; et à l'estat de labour, ung plus piteux ne secourable.

LA TRESJOYEUSE, PLAISANTE ET RECREATIVE

HYSTOIRE

DU BON CHEVALIER

SANS PAOUR ET SANS REPROUCHE.

CHAPITRE PREMIER.

Comment le seigneur de Bayart, pere du bon Chevalier sans paour et sans reprouche, eut vouloir de sçavoir de ses enfans de quel estat ilz vouloient estre.

Ou pays de Daulphiné, que possede presentement le roy de France, et ont fait ses predecesseurs depuis sept ou huyt vingtz ans, que ung daulphin Ymbert (1), qui fut le derrenier, leur en fist don, y a plusieurs bonnes et grosses maisons de gentilz hommes, et dont il est sorty tant de vertueux et nobles chevaliers que le bruyt en court par toute la chrestienté; en sorte que, tout ainsi que l'escarlate passe en couleur toutes autres tainctures de draps, sans blasmer

(1) *Ung daulphin Ymbert :* la cession du Dauphiné eut lieu sous Philippe de Valois. Humbert II, dernier prince de la maison de La Tour du Pin, ayant perdu son fils unique, donna cette province au roi de France, par un traité conclu en 1343, confirmé en 1344, et exécuté en 1349. Il prit ensuite l'habit de Dominicain, et ne mourut qu'en 1355.

la noblesse d'autre region, les Daulphinoys sont appellez par tous ceulx qui en ont congnoissance, l'escarlate des gentilz hommes de France (1); entre lesquelles maisons est celle de Bayart (2), de ancienne et noble extraction. Et bien l'ont ceulx qui en sont saillis, monstré; car à la journée de Poictiers le terayeul du bon Chevalier sans paour et sans reprouche mourut aux piedz du roy de France Jehan; à la journée de Crecy (3), son bysayeul; à la journée de Montlehery, demoura sur le champ son ayeul avecques six playes mortelles, sans les autres; et à la journée de Guignegaste, fut son pere si fort blessé, que oncques puis ne peut gueres partir de sa maison, où il mourut aagé de bien quatre-vingtz ans.

Et peu de jours avant son trespas, considerant par nature qui ja luy deffailloit, ne povoir pas faire grant sejour en ce mortel estre, appella quatre enfans qu'il avoit, en la présence de sa femme, dame tresdevote et toute à Dieu, laquelle estoit seur de l'evesque de Grenoble, de la maison des Alemans. Ainsi, ses enfans venuz devant luy, à l'aisné demanda, qui estoit en l'aage de dix-huyt à vingt ans, qu'il vouloit devenir. Lequel

(1) *L'escarlate des gentilz hommes de France* : Louis XI, ayant anobli un grand nombre de roturiers, les anciennes maisons prirent le nom d'*écarlate de la noblesse*. — (2) *Est celle de Bayart* : Pierre du Terrail, dit le chevalier Bayard, naquit en 1476, dans le château de ce nom, situé à quelques lieues de Grenoble, entre deux montagnes, au fond de la vallée de Graisivaudan. Le loyal serviteur donne des détails suffisans sur le père de Bayard, qui s'appeloit Aymond du Terrail. Hélène des Allemans, sa mère, étoit, dit Champier, *petite, mais pleine de cœur et de noble courage*. La maison d'Hélène étoit ancienne, et cette dame avoit pour frère Laurent des Allemans, évêque de Grenoble, dont il est beaucoup parlé au commencement des Mémoires. — (3) *A la journée de Crecy* : lisez *à la journée d'Azincourt*.

respondit qu'il ne vouloit jamais partir de la maison, et qu'il le vouloit servir sur la fin de ses jours. « Et bien, « dist le pere, Georges, puisque tu aymes la maison, « tu demoureras icy à combatre les ours. » Au second, qui a esté le bon Chevalier sans paour et sans reproche, fut demandé de quel estat il vouloit estre. Lequel, en l'aage de treize ans ou peu plus, esveillé comme ung esmerillon (1), d'ung visage riant, respondit comme s'il eust eu cinquante ans : « Monseigneur mon pere, « combien que amour paternelle me tiengne si gran-« dement obligé que je deusse oublier toutes choses « pour vous servir sur la fin de vostre vie, ce neant-« moins, ayant enraciné dedans mon cueur les bons « propos que chascun jour vous recitez des nobles « hommes du temps passé, mesmement de ceulx de « nostre maison, je seray s'il vous plaist de l'estat « dont vous et voz predecesseurs ont esté, qui est de « suyvre les armes, car c'est la chose en ce monde « dont j'ay le plus grant desir; et espere, aydant la « grace de Dieu, ne vous faire point de deshonneur. » Alors respondit le bon vieillart en larmoyant : « Mon « enfant, Dieu t'en doint la grace : ja ressembles tu « de visage et corsage à ton grant pere, qui fut en son « temps ung des acomplis chevaliers qui feust en « chrestienté. Si mettray peine de te bailler le train « pour parvenir à ton desir. » Au tiers demanda quel moyen il vouloit tenir. Il respondit qu'il vouloit estre de l'estat de son oncle monseigneur d'Esnay, ung abbaye prés Lyon. Son pere le luy accorda, et l'envoya, par ung sien parent, à sondit oncle, qui le feit moyne; et depuis a esté, par le moyen du bon Che-

(1) *Esmerillon* : espèce de petit faucon extrêmement vif.

valier son frere, abbé de Jozaphat, aux faulxbourgz de Chartres. Le dernier respondit de mesme sorte, et dist qu'il vouloit estre comme son oncle monseigneur de Grenoble, à qui il fut pareillement donné; et peu aprés le fist chanoyne de l'eglise Nostre Dame; et depuis, par le mesme moyen que son frere le moyne fut abbé, il fut evesque de Glandesves en Prouvence. Or laissons les autres trois freres là, et retournons à l'histoire du bon Chevalier sans paour et sans reprouche, et comment son pere entendit à son affaire.

CHAPITRE II.

Comment le pere du bon Chevalier sans paour et sans reprouche envoya querir son beau frere l'evesque de Grenoble, pour parler à luy, par ce qu'il ne povoit plus partir de la maison.

Apres le propos tenu par le pere du bon Chevalier à ses quatre enfans, et par ce qu'il ne povoit plus chevaucher, envoya ung de ses serviteurs, le lendemain à Grenoble, devers l'evesque son beau frere, à ce que son plaisir feust, pour aucunes choses qu'il avoit à luy dire, se vouloir transporter jusques à sa maison de Bayart, distant dudict Grenoble cinq ou six lieues. A quoy le bon evesque, qui oncques en sa vie ne fut las de faire plaisir à ung chascun, obtempera de tresbon cueur. Si partit incontinent la lettre receue, et s'en vint au giste en la maison de Bayart, où il trouva son beau frere en une chaire aupres du feu, comme gens de son aage font voulentiers. Si se saluerent l'ung l'autre, et firent, le soir, la meilleur chere qu'ilz peurent ensemble, et en leur compaignie plusieurs autres gentilz hommes du Daulphiné, qui estoient là assemblez. Puis, quant il fut heure, chascun se retira en sa chambre, où ilz reposerent à leur aise jusques à lendemain matin, qu'ilz se leverent, ouyrent la messe, que ledit evesque de Grenoble chanta : car voulentiers disoit tous les jours messe, s'il n'estoit mal de sa personne. Et pleust à nostre Seigneur que les prelatz de present feussent aussi bons serviteurs de Dieu, et aussi charitables aux povres, qu'il a esté en son temps !

La messe ouye, convint laver les mains et se mettre à table, où de rechief chascun fist tresbonne chiere; et y servoit le bon Chevalier tant sagement et honnestement que tout homme en disoit bien. Sur la fin du disner, et apres graces dictes, le bon vieillart seigneur de Bayart commencea ainsi ces parolles à toute la compaignie : « Monseigneur et messeigneurs, « l'occasion pourquoy vous ay mandez est temps « d'estre declairée : car tous estes mes parens et « amys, et ja voyez vous que je suis par vieillesse si « oppressé, qu'il est quasi impossible que sceusse « vivre deux ans. Dieu m'a donné quatre filz, des- « quelz de chascun ay bien voulu enquerir quel train « ilz veullent tenir. Et entre autres m'a dit mon filz « Pierre qu'il veult suyvre les armes, dont il m'a fait « ung singulier plaisir; car il ressemble entierement « de toutes façons à mon feu seigneur de pere, vostre « parent; et si de conditions il luy veult aussi bien « ressembler, il est impossible qu'il ne soit en son « vivant ung grant homme de bien, dont je croy que

« ung chascun de vous, comme mes bons parens et « amys, seriez bien aises. Il m'est besoing, pour son « commencement, le mettre en la maison de quelque « prince ou seigneur, affin qu'il appreigne à se con- « tenir honnestement; et quant il sera ung peu plus « grant, apprendra le train des armes. Si vous prie « tant que je puis que chascun me conseille en son « endroit le lieu où je le pourray mieulx loger. »

Alors, dist l'ung des plus anciens gentilz hommes, il fault qu'il soit envoyé au roy de France; ung autre dist qu'il seroit fort bien en la maison de Bourbon; et ainsi d'ung en autre : n'y eut celluy qui n'en dist son advis. Mais l'evesque de Grenoble parla, et dist : « Mon frere, vous sçavez que nous sommes en « grosse amytié avecques le duc Charles de Savoye [1], « et nous tient du nombre de ses bons serviteurs. Je « croy qu'il le prendra voulentiers pour ung de ses « paiges. Il est à Chambery, c'est pres d'icy. Si bon « vous semble et à la compaignie, je le luy meneray « demain au matin, apres l'avoir tresbien mis en « ordre et garny d'ung bas et bon petit roussin que « j'ay depuis trois ou quatre jours ença recouvert du « seigneur du Riage. »

Si fut le propos de l'evesque de Grenoble tenu à bon de toute la compaignie, et mesmement dudit seigneur de Bayart, qui luy livra son filz, en luy disant : « Tenez, monseigneur, je prie à nostre Sei- « gneur que si bon present en puissiez faire qu'il « vous face honneur en sa vie. »

Alors tout incontinent envoya ledit evesque à la

(1) *Le duc Charles de Savoye :* Charles I, fils d'Amédée IX et d'Yolande de France, sœur de Louis XI.

ville querir son tailleur, auquel il manda apporter veloux, satin et autres choses necessaires pour habiller le bon Chevalier. Il vint et besongna toute la nuyt, de sorte que le lendemain matin fut tout prest. Et, apres avoir desjeuné, monta sur son roussin, et se presenta à toute la compaignie, qui estoit en la basse court du chasteau, tout ainsi que si on l'eust voulu presenter dés l'heure au duc de Savoye. Quant le cheval sentit si petit fes sur luy, joinct aussi que le jeune enfant avoit ses esperons dont il le picquoit, commencea à faire trois ou quatre saulx, dequoy la compaignie eut paour qu'il affollast (1) le garson. Mais, en lieu de ce qu'on cuydoit qu'il deust crier à l'ayde, quant il sentit le cheval si fort remuer soubz luy, d'ung gentil cueur, asseuré comme ung lyon, luy donna trois ou quatre coups d'espron, et une carriere dedans ladicte bassecourt; en sorte qu'il mena le cheval à la raison, comme s'il eust eu trente ans. Il ne fault pas demander si le bon vieillart fut aise, et, soubzriant de joye, demanda à son filz s'il avoit point de paour; car pas n'avoit quinze jours qu'il estoit sorty de l'escolle (2). Lequel respondit, d'ung visage asseuré: « Monseigneur, j'espere, à l'ayde de Dieu, devant qu'il « soit six ans, le remuer, luy ou autre, en plus dange« reux lieu : car je suis icy parmy mes amys, et je « pourray estre parmy les ennemys du maistre que je « serviray. » Or sus, sus, dist le bon evesque de Grenoble qui estoit prest à partir : « Mon nepveu, mon

(1) *Affollast* : blessât, estropiât. — (2) *Qu'il estoit sorty de l'escolle* : « Bayard, dit Champier, fut nourry par son pere, en toutes « vertus, et tenu aux escholes, à Grenoble, par son oncle, evesque « dudict lieu, jusques à l'age de douze ans. »

« amy, ne descendez point, et de toute la compaignie « prenez congé. » Lors le jeune enfant, d'une joyeuse contenance, s'adressa à son pere, auquel il dist : « Monseigneur mon pere, je prie à nostre Seigneur « qu'il vous doint bonne et longue vie, et à moy « grace, avant qu'il vous oste de ce monde, que puis- « siez avoir bonnes nouvelles de moy. — Mon amy, « dist le pere, je l'en supplie, » et puis luy donna sa benediction. En apres, alla prendre congé de tous les gentilz-hommes qui estoient là, l'ung apres l'autre, qui avoient à grant plaisir sa bonne contenance.

La povre dame de mere estoit en une tour du chasteau, qui tendrement ploroit; car, combien qu'elle feust joyeuse dont son filz estoit en voye de parvenir, amour de mere l'admonnestoit de larmoyer. Toutesfois, apres qu'on luy fut venu dire, « Madame, si voulez « venir veoir vostre filz, il est tout à cheval, prest à « partir, » la bonne gentil femme sortit par le derriere de la tour, et fist venir son filz vers elle, auquel elle dist ces parolles : « Pierre mon amy, vous allez au « service d'ung gentil prince : d'autant que mere peult « commander à son enfant, je vous commande trois « choses, tant que je puis, et si vous les faictes, soyez « asseuré que vous vivrez triumphamment en ce monde. « La premiere, c'est que devant toutes choses vous ay- « mez, craignez et servez Dieu, sans aucunement l'of- « fenser s'il vous est possible ; car c'est celluy qui tous « nous a creez, c'est luy qui nous fait vivre, c'est « celluy qui nous saulvera, et sans luy et sa grace ne « sçaurions faire une seulle bonne œuvre en ce monde. « Tous les matins et tous les soirs recommandez vous à « luy, et il vous aydera. La seconde, c'est que vous

« soyez doulx et courtois à tous gentilz hommes, en « ostant de vous tout orgueil. Soyez humble et ser« viable à toutes gens. Ne soyez maldisant ne men« teur. Maintenez vous sobrement quant au boire et « au manger. Fuyez envye, car c'est ung villain vice. « Ne soyez flateur, ne raporteur; car telles manieres « de gens ne viennent pas voulentiers à grande per« fection. Soyez loyal en faictz et dictz. Tenez vostre « parolle. Soyez secourable à povres veufves et or« phelins, et Dieu le vous guerdonnera (1). La tierce, « que des biens que Dieu vous donnera, vous soyez « charitable aux povres necessiteux ; car donner pour « l'honneur de luy n'apovrit oncques homme ; et « tenez tant de moy, mon enfant, que telle aulmosne « pourrez vous faire, qui grandement vous prouffi« tera au corps et à l'ame. Vela tout ce que je vous « encharge. Je croy bien que vostre pere et moy ne « vivrons plus gueres. Dieu nous face la grace à tout « le moins, tant que serons en vie, que tousjours « puissions avoir bon rapport de vous. » Alors le bon Chevalier, quelque jeune aage qu'il eust, luy respondit: « Madame ma mere, de vostre bon enseignement, « tant humblement qu'il m'est possible, vous re« mercie, et espere si bien l'ensuyvre que, moyen« nant la grace de celluy en la garde duquel me « recommandez, en aurez contentement; et au de« mourant, apres m'estre treshumblement recom« mandé à vostre bonne grace, je voys prendre congé « de vous. »

Alors la bonne dame tira hors de sa manche une petite boursette, en laquelle avoit seulement six escus

(1) *Vous guerdonnera* : vous récompensera.

en or et ung en monnoye, qu'elle donna à son filz. Et appella ung des serviteurs de l'evesque de Grenoble son frere, auquel elle bailla une petite malette, en laquelle avoit quelque linge pour la nécessité de son filz, le priant que, quant il seroit presenté à monseigneur de Savoye, il voulsist prier le serviteur de l'escuyer soubz la charge duquel il seroit, qu'il s'en voulsist ung peu donner de garde, jusques à ce qu'il feust en plus grant aage; et luy bailla deux escus pour luy donner. Sur ce propos print l'evesque de Grenoble congé de la compaignie, et appella son nepveu, qui pour se trouver dessus son gentil roussin pensoit estre en ung paradis. Si commencerent à marcher le chemin droit à Chambery, où pour lors estoit le duc Charles de Savoye.

CHAPITRE III.

Comment l'evesque de Grenoble presenta son nepveu, le bon Chevalier sans paour et sans reprouche, au duc Charles de Savoye, qui le receut joyeusement.

Au departir du chasteau de Bayart, qui fut par ung samedy apres le desjeuner, chevaucha ledit evesque de Grenoble, de sorte qu'il arriva au soir en la ville de Chambery, où le clergié alla au devant de luy: car ladicte ville est de toute ancienneté de l'evesché de Grenoble, et y a son official et sa court. Il se logea chez ung notable bourgeois. Le duc estoit logé en sa maison, avecques bon nombre de seigneurs et gentilz hommes, tant de Savoye que de Pyemont. Le soir demoura ledit evesque de Grenoble à son logis, sans se monstrer à la Court, combien que le duc feust assez informé qu'il estoit à la ville, dont il fut tresjoyeulx, par ce que icelluy evesque estoit (si ainsi on les peult appeller en ce monde) ung des plus sainctz et devotz personnages que l'on sceust. Le lendemain, qui fut dimenche, bien matin se leva, et s'en alla pour faire la reverence au duc de Savoye, qui le receut d'ung riant visage, luy donnant bien à congnoistre que sa venue luy plaisoit tresfort. Si devisa avecques luy, tout au long du chemin depuis son logis jusques à l'Eglise, où il alla ouyr messe, à laquelle il servit ledit duc, comme à telz princes appartient, à lui bailler à baiser l'Evangille et la paix. Apres la messe dicte, le duc le mena par la main disner avecques luy, où, durant icelluy, estoit son nepveu le bon Chevalier, qui le servoit de boire tresbien en ordre, et tresmignonnement se contenoit : ce que regarda le duc pour la jeunesse qu'il voyoit en l'enfant; de sorte qu'il demanda à l'evesque : « Monseigneur de Grenoble, qui « est ce jeune enfant qui vous donne à boire ? — Monseigneur, respondit il, c'est ung homme d'armes « que je vous suis venu présenter, pour vous servir « se il vous plaist : mais il n'est pas en l'estat que je le « vous veulx donner; apres disner, si c'est vostre plaisir, « le verrez. — Vrayement, ce dist le duc qui desja l'eut « pris en amour, il seroit bien estrange qui tel present « refuseroit. » Or le bon Chevalier, qui desjà avoit l'ordonnance de son oncle en l'entendement, ne s'amusa gueres aux morceaulx apres le disner, ains s'en va au logis faire seeller son roussin, sur lequel, apres l'avoir bien mis en ordre, monta, et s'en vint le beau petit pas en la court de la maison dudit duc de Savoye, qui desja estoit sorty de sa salle, appuyé sur une gallerie. Si veit entrer le jeune enfant qui faisoit bondir son cheval, de sorte qu'il sembloit homme de trente ans, et qui toute sa vie eust veu de la guerre. Lors s'adressa à l'evesque de Grenoble, auquel il dist : « Monseigneur « de Grenoble, je croy que c'est vostre petit mignon « qui si bien chevauche ce cheval ; » qui respondit : « Monseigneur, c'est mon (1), il est mon nepveu, et « de bonne rasse, où il y a eu de gentilz chevaliers. « Son pere, qui par les coups qu'il a receuz es guerres « et batailles où il s'est trouvé, est tant myné de foi« blesse et vieillesse qu'il n'est peu venir devers vous, « se recommande treshumblement à vostre bonne « grace, et vous en fait ung présent. — En bonne foy, « respondit le duc, je l'accepte voulentiers ; le present « est beau et honneste : Dieu le face preudhomme. » Lors commanda à ung sien escuyer d'escuyrie en qui plus se fioit, qu'il print en sa garde le jeune Bayart, et que à son oppinion seroit une fois homme de bien. Ne tarda gueres apres ce propos, que l'evesque de Grenoble, qui remercié eut treshumblement le duc de Savoye, ne prist congé de luy, pour s'en retourner à sa maison ; et ledit duc demoura à Chambery jusques à quelque temps apres, qu'il se delibera d'aller veoir le roy de France (2), Charles huytiesme, qui estoit en sa ville de Lyon, où il se donnoit du bon temps à faire joustes, tournois et tous autres passetemps.

(1) *C'est mon* : dans ce mot *c'est mon*, disent les auteurs du Dictionnaire de Trévoux, il faut sous-entendre *avis*, qu'on a retranché pour abréger. Cette expression veut dire ici *il est vrai*. — (2) *D'aller veoir le roy de France* : le duc de Savoie fit, en 1487, ce voyage de Lyon,

CHAPITRE IV.

Comment le duc de Savoye se partit de Chambery, pour aller veoir le Roy de France, Charles huytiesme, en sa ville de Lyon, et mena avecques luy le bon Chevalier sans paour et sans reprouche, lors son page.

Le bon Chevalier demoura page, avecques le duc Charles de Savoye, bien l'espace de demy an, où il se fist tant aymer de grans, moyens, et petis, qu'oncques jeune enfant ne le fut plus. Il estoit serviable aux seigneurs et dames, tant que c'estoit merveilles. En toutes choses n'y avoit jeune page, ne seigneur, qui feust à comparer à luy; car il saultoit, luytoit, jectoit la barre, selon sa grandeur, et entre autres choses chevauchoit ung cheval le possible. De sorte que son bon maistre le print en aussi grande amour que s'il eust esté son filz.

Ung jour estant le duc de Savoye à Chambery, faisant grosse chere, se delibera d'aller veoir le roy de France à Lyon, où pour lors estoit, parmy ses princes et gentilz hommes, menant joyeuse vie à faire joustes et tournoys chascun jour, et au soir dancer et baller avecques les dames du lieu, qui sont voulentiers belles et de bonne grace. Et, à verité dire, ce jeune roy Charles estoit ung des bons princes, des courtois, liberaulx et charitables qu'on ait jamais veu ne leu.

pour un différend relatif au marquisat de Saluces : il mourut deux ans après; et Blanche, duchesse douairière, gouverna au nom de leur fils Charles II.

Il aymoit et craignoit Dieu, ne juroit jamais que *par la foy de mon corps*, ou autre petit serment. Et fut grant dommage dont mort le print si tost, comme en l'aage de vingt huict ans (1); car, si longuement eust vescu, achevé eust de grans choses. Ledit roy Charles sceut comment le duc de Savoye le venoit veoir, et que ja estoit à la Verpilliere, et s'en venoit coucher à Lyon. Si envoya au devant de luy ung gentil prince de la maison de Luxembourg, qu'on appelloit le seigneur de Ligny (2), avecques plusieurs autres gentilz hommes et archiers de sa garde, qui le trouverent à deux lieues ou environ dudit Lyon. Si se firent grant chere lesditz duc et seigneur de Ligny; car tous deux estoient assez remplis d'honneur. Ilz vindrent longuement parlans ensemble, et tellement que le seigneur de Ligny gecta son œil sur le jeune Bayart, lequel estoit sur son roussin, qui trotoit fort mignonnement, et le faisoit merveilleusement bon veoir. Si dist le seigneur de Ligny au duc de Savoye : « Monseigneur, vous avez là ung page qui chevauche ung « gaillart cheval, et davantage il le scet manyer gentement. — Sur ma foy, dist le duc, il n'ya pas demy « an que l'evesque de Grenoble m'en fist ung present, « et ne faisoit que sortir de l'escolle; mais je ne veiz « jamais jeune garson qui plus hardiement de son aage « se maintint, ny à cheval, ny à pied; et y a fort bonne « grace. Bien vous advise, monseigneur mon cousin, « qu'il est d'une rasse où il y a de gaillars et hardiz

(1) *En l'aage de vingt huict ans :* Charles VIII mourut dans sa vingt-septième année. — (2) *Le seigneur de Ligny :* Louis de Luxembourg, fils de Louis, comte de Saint-Paul, connétable de France, que Louis XI avoit fait périr sur l'échafaud, le 19 décembre 1475.

« gentilz hommes, je croy qu'il les ensuyvra. » Si dist au bon Chevalier : « Bayart, picquez, donnez une « carriere à vostre cheval. » Ce que le jeune enfant, qui pas mieulx ne demandoit, fist incontinent, et tresbien le sceut faire, et si au bout de la course fist bondir le cheval qui estoit fort gaillard, trois ou quatre merveilleux saulx, dont il resjouyt toute la compaignie. « Sur ma foy, monseigneur, dist le seigneur de « Ligny, vela ung jeune gentil homme qui sera à mon « oppinion gentil galant s'il veit; et m'est advis que « ferez bien du page et du cheval faire present au « Roy; car il en sera bien aise, pource que le cheval « est fort bel et bon, et le page à mon advis encores « meilleur. — Sur mon ame, dist le duc, puis que le « me conseillez je le feray. Le jeune enfant pour « parvenir ne sçauroit apprendre en meilleur escolle « que la maison de France, où de tout temps honneur « fait son sejour plus longuement qu'en toutes autres « maisons de princes. »

Ainsi en propos cheminerent si avant qu'ilz entrerent dedans Lyon, où les rues estoient pleines de gens, et force dames aux fenestres pour les veoir passer. Car, sans mentir, ce duc de Savoye estoit fort beau et bon prince, tresbien acompaigné, et, à veoir sa contenance, sentoit bien son prince de grosse maison. Si s'en alla pour le soir, qui fut ung mercredy, descendre à son logis, où il retint le seigneur de Ligny, et ung autre appellé monseigneur d'Avesnes (1), filz du sire d'Albret, et frere du roy de Navarre qui estoit alors, ung fort honneste, et acomply

(1) *Monseigneur d'Avesnes :* Gabriel d'Albret, frère de Jean d'Albret, roi de Navarre. Jean fut l'aïeul de Jeanne d'Albret, mariée à Antoine de Bourbon : de ce mariage naquit Henri IV.

seigneur, à soupper avecques luy, et plusieurs autres seigneurs et gentilz hommes, où durant icelluy y eut force menestriers et chantres du Roy qui vindrent resjouyr la compaignie. Le soir ne partit point le duc de Savoye de son logis; ains il fut joué à plusieurs jeux et passetemps, et tant qu'on apporta vin et espices, lesquelles prises, chascun se retira à son logis jusques à lendemain au matin.

CHAPITRE V.

Comment le duc de Savoye alla faire la reverence au roy de France, à son logis; et du grant et honneste recueil qui luy fut faict.

Le jeudy matin se leva le duc de Savoye, et, apres soy estre mis en ordre, voulut aller trouver le Roy : mais ainçois son partement arriverent à son logis lesditz seigneurs de Ligny et d'Avesnes, avecques le mareschal de Gié (1), qui pour lors avoit gros credit en France, ausquelz il donna le bon jour. Et apres marcherent jusques au logis du Roy, qui desja estoit prest pour aller à la messe en ung convent de Cordeliers qu'il avoit fait construire, à la requeste d'ung devot religieux appellé frere Jehan Bourgeois, au bout d'ung faulxbourg de Lyon appellé Veize; et y avoit ledit seigneur beaucoup donné du sien; aussi avoit fait sa bonne et loyalle espouse (2) Anne, duchesse de Bre-

(1) *Le mareschal de Gié* : Pierre de Rohan. — (2) *Sa bonne et loyalle espouse* : il y a ici une erreur : Charles VIII n'épousa Anne de Bretagne qu'en 1491.

taigne. Si trouva le duc de Savoye le Roy, ainsi qu'il vouloit sortir de sa chambre, auquel il fist la reverence telle et si haulte que à si grant et noble prince appartenoit : mais le bon Roy, qui filz estoit d'humilité, le print et l'embrassa, en luy disant : « Mon cousin, « mon amy, vous soyez le tresbien venu ; je suis « joyeulx de vous veoir, et sur mon ame vous avez « bien fait; car si ne feussiez venu, j'estois deliberé vous « aller veoir en voz pays, où je vous eusse porté beau-« coup plus de dommage. » A quoy respondit le bon duc : « Monseigneur, il est difficile que à ma vou-« lenté sceussiez porter dommage. Tout le regret que « j'auroye à vostre arrivée en voz pays et miens, se-« roit seulement que ne pourriez estre receu comme « appartient à si hault ne magnanime prince que vous « estes : mais bien vous advise que le cueur, le corps, « l'avoir, et le sçavoir, si Dieu y en a aucun mis, sont « en vostre disposition, autant que le moindre de voz « subjectz ; » dont le Roy, en rougissant ung peu, le remercia. Si monterent sur leurs mulles, et allerent ensemble, devisans le long de la ville, jusques audit convent des Cordeliers, où ilz ouyrent devotement la messe. Et quant vint à l'offrande, fut baillé par le duc de Savoye, au Roy, l'escu, pour offrir à nostre Seigneur, ainsi que chascun jour ont acoustumé faire les roys de France, comme au prince à qui on vouloit plus faire d'honneur. Apres la messe ouye, remonterent sur leurs mulles pour retourner au logis, où le Roy retint le duc de Savoye à disner avecques luy, et pareillement lesditz seigneurs de Ligny et d'Avesnes. Durant le disner y eut plusieurs propos tenuz, tant de chiens, d'oyseaulx, d'armes que d'amours. Et entre autres le seigneur de Ligny dist au Roy : « Sire, je « vous jure ma foy que monseigneur de Savoye a « vouloir de vous donner ung paige qui chevauche « ung bas roussin fort gaillard, aussi bien que jeune « garson que je veiz jamais ; et si ne pense point « qu'il ait plus de quatorze ans, mais il mene son « cheval à la raison comme ung homme de trente. S'il « vous plaist aller ouyr vespres à Esnay, en aurez « vostre passetemps. — Par la foy de mon corps, dist « le Roy, je le vueil. » Et puis regarda le duc de Savoye, en luy disant : « Mon cousin, qui vous a donné « ce gentil paige que dit le cousin de Ligny ? » A quoy respondit ledit duc : « Monseigneur, il est de voz « subjectz, et d'une maison en vostre pays du Daulphiné dont il est sorty de gaillars gentilz hommes; « son oncle, l'evesque de Grenoble, puis demy an m'en « a fait ung present : monseigneur mon cousin l'a « veu; il en dit du bien tant qu'il luy plaist; vous « verrez à vostre plaisir le paige et le cheval en la « prayrie d'Esnay. »

Alors n'estoit pas le bon Chevalier en presence; mais tantost luy fut racompté, et comment le Roy le vouloit veoir sur son cheval; et croy que s'il eust gaigné la ville de Lyon, n'eust pas esté si aise. Il s'en alla incontinent au maistre palefrenier du duc de Savoye, nommé Pizou de Chenas, auquel il dist : « Maistre mon amy, « j'entendz que le Roy a dit à monseigneur qu'il veult « veoir mon roussin, apres disner, et moy dessus. Je « vous prie tant que je puis que le vueilliez faire mettre en ordre, et je vous donneray ma courte dacgue de bon cueur. » Le maistre palefrenier, qui veit la bonne voulenté du jeune garson, luy dist : « Bayart,

« mon amy, gardez vostre baston, je n'en veulx point, « et vous mercye ; allez vous seulement peigner et « nectoyer, car vostre cheval sera bien en ordre ; et « Dieu vous face cest heur, mon amy, que le roy de « France vous preigne en grace, car il vous en peult « advenir beaucoup de biens, et quelquefois, avecques « l'ayde de Dieu, pourrez estre si grant seigneur que « je m'en sentiray. — Sur ma foy, maistre, dist le bon « Chevalier, jamais je n'oublieray les courtoysies que « m'avez faictes depuis que je suis en la maison de « monseigneur; et, si Dieu me donne jamais des biens, « vous en apperceverez. » Incontinent monta en la chambre de son escuyer, où il nectoya ses habillemens, se peigna et acoustra au plus joliement qu'il peut, en attendant qu'il eust quelques nouvelles; qui ne tarderent gueres, car sur les deux ou trois heures vint l'escuyer d'escuyrie de monseigneur de Savoye, lequel gouvernoit Bayart, qui le vint demander, et tout prest le trouva. Si luy dist, tout fasché : « Bayart, mon amy, « je voy bien que je ne vous garderay gueres, car j'en-« tendz que monseigneur a desja fait ung present de « vous au Roy, qui vous veult veoir sur vostre roussin, « en la prairie d'Esnay. Je ne suis pas marry de vostre « avancement, mais sur ma foy j'ay grant regret de « vous laisser. » A quoy respondit le jeune Bayart : « Monseigneur l'escuyer, Dieu me doint grace de con-« tinuer es vertus que m'avez monstrées depuis l'heure « que monseigneur vous bailla charge de moy. Si je « puis, moyennant son ayde, n'aurez jamais reprouche « de chose que je face, et, si je parviens en lieu pour « vous faire service, congnoistrez par effect de com-« bien je me sens vostre obligé. »

Apres ces parolles dictes, n'y eut plus de dilation, car l'heure s'approchoit. Si monta l'escuyer sur ung cheval, et fist monter le bon Chevalier sur son roussin, lequel estoit si bien peigné et acoustré que riens n'y defailloit. Et s'en allerent attendre le Roy et sa compaignie, en la prairie d'Esnay; car le prince s'estoit mis par caue sur la Sosne. Incontinent qu'il fut hors du bateau, va veoir, sur la prée, le jeune Bayart sur son roussin, avecques son escuyer. Si luy commencea à crier : *Page, mon amy, donnez de l'espron à vostre cheval;* ce qu'il fist incontinent; et sembloit, à le veoir departir, que toute sa vie eust fait ce mestier. Au bout de la course, le fist bondir deux ou trois saulx, et puis, sans riens dire, s'en retourna à bride abatue pareillement devers le Roy, et s'arresta tout court devant luy, en faisant remuer son cheval. De sorte que non seulement le Roy, mais toute la compaignie, y print ung singulier plaisir. Si commencea le Roy à dire à monseigneur de Savoye : « Mon cousin, il est impossible de mieulx picquer « ung cheval. » Et puis, s'adressant au page, luy dist : *Picque, picque encores ung coup.* Apres les parolles du Roy, les pages luy crierent : *Picquez, picquez.* De façon que depuis, par quelque temps, fut surnommé *Picquet.* « Vrayement, dist encores le Roy au duc, je « voy devant mes yeulx ce que le cousin de Ligny « m'a dit à disner; je ne veulx pas attendre que me « donniez vostre page ne vostre cheval, mais je le « vous demande. — Monseigneur, respondit le duc de « Savoye, le maistre est vostre ; le reste y peult bien « estre. Dieu luy doint grace de vous faire quelque « service agreable. — Par la foy de mon corps, dist

« le Roy, il est impossible qu'il ne soit homme de bien. « Cousin de Ligny, je vous baille le page en garde : « mais je ne veulx pas qu'il perde son cheval ; il de- « mourera tousjours en vostre escuyrie. » Dont ledit seigneur de Ligny remercia treshumblement le Roy, se sentant tresbien satisfait d'avoir ce present ; car il estimoit bien qu'il en feroit ung homme dont il auroit une fois gros honneur, ce qui fut acomply depuis en maintz lieux. Trois ans seulement fut page le bon Chevalier en la maison du seigneur de Ligny, lequel l'en mit hors, sur l'aage de dix sept ans, et l'appoincta en sa compaignie : toutesfois tousjours fut il retenu des gentilz hommes de sa maison.

CHAPITRE VI.

Comment ung gentil homme de Bourgongne, nommé messire Claude de Vauldray (1), *vint à Lyon, par le vouloir du roy de France, faire faictz d'armes, tant à cheval comme à pied, et pendit ses escuz, pour par ceulx qui y toucheroient, estre par luy receuz au combat ; et comment le bon Chevalier, trois jours apres qu'il fut mis hors de page, toucha à tous les escus.*

Quelque temps demoura le duc de Savoye à Lyon, où il fist fort bonne chere, tant avecques le Roy que les princes et seigneurs de France. Si advisa qu'il estoit saison de retourner en ses pays, parquoy demanda

(1) *Messire Claude de Vauldray* : c'étoit un gentilhomme de Franche-Comté. Suivant Godefroy, les seigneurs de Mouy et de Saint-Phal appartenoient à cette maison.

congé, qui luy fut donné bien envis : toutesfois il n'est si bonne compaignie qu'il ne conviengne departir. Le Roy lui fist de beaulx et honnorables presens, car de liberalité estoit assez remply. Ainsi s'en retourna le bon duc Charles de Savoye en ses pays. Le roy de France alla visitant son royaulme, et, deux ou trois ans apres, se retrouva audit Lyon, où il arriva ung gentil homme de Bourgongne, qu'on nommoit messire Claude de Vauldray, appert homme d'armes, et qui desiroit à merveilles de les suyvre. Si fist supplier au Roy que, pour garder d'oisiveté tous jeunes gentilz hommes, luy voulsist permettre de dresser ung pas, tant à cheval comme à pied, à course de lance et coups de hache : ce qui luy fut accordé, car le bon Roy ne demandoit, apres le service de Dieu, dont il estoit assez songneux, que joyeulx passetemps. Si dressa son affaire, icelluy messire Claude de Vauldray, le mieulx qu'il peut, et fist pendre ses escuz, où tous gentilz hommes qui avoient desir d'eulx monstrer, venoient toucher, et se faisoient inscripre au roy d'armes qui en avoit la charge. Ung jour passoit par devant les escuz le bon Chevalier, qui desja, par le nom que le Roy luy donna à Esnay, estoit de chascun appellé Picquet; si va penser en soy mesmes : « Helas mon Dieu ! si je sçavoye « comment me mettre en ordre, tant voulentiers je « toucheroye à ces escuz, pour sçavoir et apprendre » des armes; » et sur cela s'arresta tout coy, et demoura pensif. Avecques luy estoit ung sien compaignon de la nourriture du seigneur de Ligny, appellé Bellabre, qui luy dist : « En quoy songez vous, compai-« gnon? vous me semblez tout estonné. — Sur ma foy, « respondit il, mon amy, aussi suis je, et je vous

« en diray presentement la raison. Il a pleu à mon-« seigneur me mettre hors de paige, et, de sa grace, « m'a acoustré et mis en ordre de gentil homme; vou-« loir me semond de toucher aux escuz de messire « Claude, mais je ne sçay, quant je l'auroye fait, qui « me fourniroit apres de harnoys et de chevaulx. » Alors respondit Bellabre, qui plus estoit aagé que luy et fort hardy gentil homme (car d'une chose veulx adviser tous lysans ceste hystoire, que de la nourriture de ce gentil seigneur de Ligny, sont sortiz cinquante gentilz hommes, dont les trente ont esté tous vaillans et vertueux cappitaines en leur vie): « mon compaignon, « mon amy, vous souciez vous de cela; n'avez vous « pas vostre oncle, ce gros abbé d'Esnay (1)? Je faiz « veu à Dieu que nous yrons à luy, et s'il ne veult « fournir deniers, nous prendrons crosse et mictre; « mais je croy que quant il congnoistra vostre bon « vouloir, il le fera voulentiers. » Et sur ces parolles il va toucher aux escuz. Montjoye, roy d'armes, qui estoit là pour escripre les noms, luy commencea à dire : « Comment, Picquet mon amy, vous n'aurez « barbe de trois ans, et entreprenez vous à com-« battre contre messire Claude, qui est ung des plus « rudes chevaliers qu'on sache ? » Lequel luy respondit : « Montjoye mon amy, ce que j'en faiz n'est « pas orgueil, ne oultrecuydance, mais seullement « desir d'aprendre les armes peu à peu avecques « ceulx qui me les peuvent monstrer; et Dieu, si luy

(1) *Vostre oncle, ce gros abbé d'Esnay* : Guyard de Berville observe que l'abbé d'Esnay n'étoit pas oncle de Bayard, et qu'il y avoit entre eux la distance du troisième au cinquième degré. Il s'appeloit Théodore Terrail. Il mourut en 1505.

« plaist, me fera la grace que je pourray faire quel-
« que chose qui plaira aux dames. » Dequoy Montjoye se prist à rire, et s'en contenta tresfort. Si courut incontinent, par tout Lyon, le bruit que Picquet avoit touché aux escuz de messire Claude, et vint jusques aux oreilles dudit seigneur de Ligny, qui n'en eust pas voulu tenir dix mille escuz. Si s'en alla le dire au Roy incontinent, qui en fut tresjoyeulx, et luy dist : « Par la foy de mon corps, cousin de Ligny, vostre « nourriture vous fera une fois de l'honneur, car le « cueur le me juge. — Nous verrons que ce sera, res- « pondit le seigneur de Ligny; il est encores bien « jeune pour endurer les coups de messire Claude. »

Or ne fut ce pas le plus fort pour le bon Chevalier d'avoir touché aux escuz, mais de trouver argent pour avoir chevaulx et acoustremens. Si vint à son compaignon Bellabre, auquel il dist : « Mon compaignon, « mon amy, je vous prie estre mon moyen envers « monseigneur d'Esnay mon oncle, qu'il me donne « de l'argent; je sçay bien que si mon bon oncle, « monseigneur de Grenoble, estoit icy, il ne me lais- « seroit pour riens; mais il est en son abbaye de « Sainct Surnyn à Thoulouze; c'est bien loing; jamais « ung homme n'y seroit allé et venu à temps. — Ne « vous chaille, dist Bellabre, nous yrons vous et moy « demain matin parler à luy, et j'espere que nous fe- « rons bien nostre cas. » Cela resjouyt quelque peu le bon Chevalier; toutesfois il ne reposa gueres la nuyt. Bellabre et luy couchoient ensemble, leverent matin, et puis se misrent en ung de ces petis bateaux de Lyon, et se firent mener à Esnay. Eulx descenduz, le premier homme qu'ilz trouverent dedans le pré, ce fut l'abbé, qui disoit ses heures avecques ung de ses religieux. Si l'allerent saluer les deux gentilz hommes; mais luy qui desja avoit ouy parler comment son nepveu avoit touché aux escuz de messire Claude de Vauldray, et se doubtoit bien qu'il fauldroit foncer (1), ne leur fist pas grant recueil, mais s'adressa à son nepveu, et luy dist : « Hé! maistre breneux, qui vous a donné « ceste hardiesse, de toucher aux escuz de messire « Claude de Vauldray? Il n'y a que trois jours qu'estiez « paige, et n'avez pas dixsept ou dixhuyt ans, on vous « deust encores donner des verges, qui montez en si « grant orgueil. » A quoy respondit le bon Chevalier : « Monseigneur, je vous asseure ma foy qu'oncques or- « gueil ne me le fist faire; mais desir et vouloir de « parvenir par faictz vertueux à l'honneur que voz pre- « decesseurs et les myens ont fait, m'en ont donné la « hardiesse. Si vous supplie, monseigneur, tant que je « puis, veu que je n'ay parent ny amy à qui je peusse « presentement avoir recours, sinon à vous, que vostre « bon plaisir soit m'ayder de quelques deniers pour re- « couvrer ce qu'il m'est necessaire. — Sur ma foy, res- « pondit l'abbé, vous yrez chercher ailleurs qui vous « prestera argent; les biens donnez par les fondateurs « de ceste abbaye a esté pour y servir Dieu, et non « pas pour despendre en joustes et tournoiz. » Laquelle parolle dicte par l'abbé, le seigneur de Bellabre reprint et luy dist : « Monseigneur, n'eust esté les « vertuz et les prouesses de voz predecesseurs, vous ne « feussiez pas abbé d'Esnay, car par leur moyen et « non par autre y estes parvenu. Il fault avoir cong- « noissance des biens qu'on a receuz par le passé, et

(1) *Fonçer* : faire des fonds, payer, débourser.

« esperance d'avoir quelque remuneration de ceulx « qu'on fait. Vostre nepveu mon compaignon est de « bonne rasse, bien aymé du Roy et de monseigneur « nostre maistre; il a vouloir de parvenir, dont deus- « siez estre bien joyeulx. Si est besoing que luy aydez, « car il ne vous sçauroit couster deux cens escus pour « le mettre en bon ordre, et il vous pourra faire de « l'honneur pour plus de dix mille. » Si y eut replicque par l'abbé, et plusieurs autres propos tenuz, mais en fin se condescendit qu'il ayderoit audit bon Chevalier.

CHAPITRE VII.

Comment l'abbé d'Esnay bailla cent escus au bon Chevalier, pour avoir deux chevaulx, et escripvit unes lettres à ung marchant de Lyon, pour luy delivrer ce qui luy seroit necessaire.

Il y eut plusieurs propos entre l'abbé et les deux gentilz hommes, mais à la fin il les mena à son logis, et fist ouvrir une petite fenestre, où d'une bourse qui dedans estoit, tira cent escuz, lesquelz il bailla à Bellabre, et luy dist : « Mon gentil homme, vela cent « escus que je vous baille, pour achapter deux che- « vaulx à ce vaillant gendarme, car il a encores la « barbe trop jeune pour manyer deniers; je m'en vois « escripre ung mot à Laurencin pour luy bailler les « habillemens qui luy seront necessaires. — C'est tres- « bien fait, monseigneur, dist Bellabre, et je vous as- « seure que quant chascun le sçaura, vous n'y aurez

« sinon honneur. » Si fut demandé incontinent ancre et papier pour escripre à Laurencin, auquel il manda bailler à son nepveu ce qui luy seroit necessaire pour s'acoustrer à ce tournoy, ymaginant en soy mesmes qu'il ne sçauroit avoir à besongner pour cent francs de marchandise; mais il alla bien autrement, comme vous orrez cy apres. Incontinent que les gentilz hommes eurent leur lettre, apres avoir pris congé de l'abbé, et par le bon Chevalier l'avoir treshumblement remercié de la courtoysie qu'il luy faisoit, s'en retournerent dedans leur petit bateau, pour revenir à Lyon, fort joyeulx de ce qu'ilz avoient si bien besongné. Si commencea à parler Bellabre et à dire : « Sçavez « vous qu'il y a, compaignon, quant Dieu envoye des « bonnes fortunes aux gens, il les fault bien et sage- « ment conduyre. Ce qu'on desrobe à moynes est pain « beneist. Nous avons une lettre à Laurencin pour « prendre ce qu'il vous fauldra; allons vistement à son « logis, avant que vostre abbé ait pensé à ce qu'il a « fait, car il n'a point limité en sadicte lettre jusques « à combien d'argent il vous baille d'acoustremens. « Par la foy de mon corps, vous serez acoustré pour « le tournoy, et pour d'icy à ung an, car aussi bien « n'en aurez vous jamais autre chose. » Le bon Chevalier, qui ne demandoit pas mieulx, se print à rire, et luy dist : « Par ma foy, mon compaignon, « la chose va bien ainsi; mais, je vous prie, hastons « nous, car j'ay grant paour que s'il s'apperçoit de ce « qu'il a fait, que incontinent n'envoye ung de ses « gens declairer pour combien d'argent il entend qu'on « me baille d'habillemens. » Tresbonne fut leur conception, comme vous entendrez. Si firent diligenter la pontonniere, qui les rendit jusques aupres des changes, où ilz se misrent à bort; et incontinent marcherent droit au logis de Laurencin, qui estoit en sa bouticque, lequel saluerent, et il qui estoit fort honneste et bon marchant, leur rendit le semblable. Bellabre commencea la parolle et dist : « Par mon ame, sire Laurencin, mon compaignon et moy venons de veoir « ung honneste abbé; c'est monseigneur d'Esnay. — « Je vous prometz c'est mon (1), dist Laurencin ; c'est « ung grant homme de bien, et me tiens du nombre de « ses bons serviteurs. J'ay eu en ma vie à faire à luy « de vingt mille francs, mais jamais ne trouvay ung « plus rond homme. — Mais ne sçavez-vous l'honnes- « teté qu'il a faicte à son nepveu, mon compaignon, « que vecy? dist Bellabre. Il a sceu qu'il avoit touché « aux escuz de messire Claude de Vauldray, et qu'il se « vouloit esprouver pour honneur acquerir, comme ont « fait ses ancestres ; et, sachant que nous couchions en- « semble, tous deux nous a envoyez querir à ce ma- « tin, et, estre arrivez, apres nous avoir fait tresbien « desjeuner, a donné trois cens beaulx escuz à son « nepveu, pour avoir des chevaulx. Et davantage, pour « s'acoustrer, de sorte qu'il n'y ait homme en la com- « paignie mieulx en ordre que luy, nous a baillé une « lettre à vous adressant, pour luy bailler ce qu'il luy « sera necessaire. » Si luy monstra la lettre ; il congneut incontinent le seing de monseigneur l'abbé. « Je « vous asseure, messeigneurs, dist Laurencin, qu'il « n'y a riens ceans qui ne soit à vostre commande- « ment et de monseigneur qui m'escript : regardez « seulement qu'il vous fault. » Si firent incontinent

(1) *C'est mon* : voyez la note de la page 158.

desployer draps d'or, d'argent, satins brochez, veloux, et autres soyes, dont ilz prindrent pour le bon Chevalier jusques à la valleur de sept ou huyt cens francs; et puis prindrent congié de luy pour s'en aller à leur logis, et incontinent envoyerent querir tailleurs pour faire leur cas.

Or retournons ung petit à l'abbé, qui fut bien aise quant il se veit despesché de son nepveu. Si commanda qu'on apportast à disner, où il eut de la compaignie. Et entre autres propos commencea à dire tout hault : « J'ay eu une terrible estrayne à ce matin; « ce garson mon nepveu de Bayart a esté si fol, que « d'aller toucher aux escuz de messire Claude, et pour « s'acoustrer est venu à ce matin demander de l'argent; « j'en ay esté pour cent escus, et encores n'esse pas « tout, car j'ay escript à Laurencin luy bailler ce qu'il « luy demandera pour s'acoustrer sur le harnois. » A quoy respondit le secretain de leans : « Sur ma foy, « monseigneur, vous avez bien fait; il veult suyvre les « prouesses de monseigneur vostre grant pere, qui fut « si vaillant homme, et tous ses parens. Je ne voy mal « en cecy que ung; il est jeune et voluntaire; vous « avez escript à Laurencin qu'il luy baille ce qu'il « luy demandera; je suis seur qu'il le fera, quant il « seroit question de deux mil escus; j'ay peur qu'il « n'en preigne plus que vous n'entendez. » L'abbé va incontinent penser là dessus, et respondit; « Par sainct « Jacques, secretain, vous dictes vray, car je n'ay point « escript jusques à combien. » Si dist: « Qu'on m'ap-« pelle le maistre d'hostel; » qui vint sur l'heure. « A coup Nicolas, dist l'abbé, ung autre servira bien « pour vous; allez à la ville chez Laurencin, et luy

« dictes que je luy ay escript à ce matin bailler quel-
« ques habillemens à mon nepveu de Bayart, pour le
« tournoy de messire Claude, qu'il luy en baille pour
« cent ou six vingtz francz, et non pour plus; et ne
« faictes que aller et venir. » Ledit maistre d'hostel alla bien tost: mais il partit bien tard. Quant il fut chez Laurencin, il estoit à table, mais, pource qu'il estoit assez privé de leans, monta en hault, et salua la compaignie, qui luy rendit le semblable. « Monsei-
« gneur le maistre, dist Laurencin, vous venez à bonne
« heure; lavez la main et venez faire comme nous.
« —Je vous mercye, respondit-il, ce n'est pas ce qui
« me meine; monseigneur m'envoye icy, par ce qu'il
« vous a escript au jourd'huy bailler à son nepveu de
« Bayart quelques acoustremens. »

Laurencin n'attendit pas qu'il eust achevé, et dist : « Monseigneur le maistre, j'ay desja fait tout cela. Je
« vous asseure que je l'ay bien mis en ordre: c'est ung
« treshonneste jeune gentil homme; monseigneur fait
« bien de luy ayder. — Et pour combien luy en avez
« vous baillé ? dist le maistre d'hostel. — Je ne sçay,
« sur ma foy, dist il, si je ne veoye mon papier, et son
« recepissé au dos de la lettre de monseigneur; mais il
« m'est advis qu'il en y a pour environ huyt cens francz.
« — Ha ! par nostre Dame, vous avez tout gasté. —
« Pourquoy ? dist Laurencin. — Pource, respondit le
« maistre d'hostel, que monseigneur vous mandoit par
« moy ne luy en bailler que pour cent ou six vingtz
« francz. — Sa lettre ne dit pas cela, dist Laurencin :
« et quant il en eust demandé plus largement plus en
« eust eu, car ainsi me le mandoit monseigneur. —
« Or il n'y a remede, fist le maistre d'hostel : à Dieu

« vous command. » Si s'en retourna à Esnay, et trouva encores la compaignie où il l'avoit laissée. Quant l'abbé veit son maistre d'hostel, luy dist : « Et puis Nicolas, « avez vous dit cela à Laurencin? — Ouy bien, mon- « seigneur, mais je suis allé trop tard; vostre nepveu « avoit desja fait sa foyre, et en a seulement pris pour « huyt cens francz. — Pour huyt cens francz! saincte « Marie! dist l'abbé, velà ung mauvais paillardeau. « Acoup, vous sçavez bien son logis; allez le trouver, « et luy dictes que s'il ne va vistement rendre sur Lau- « rencin ce qu'il a pris, que jamais de moy n'amen- « dera d'ung denier. »

Le maistre d'hostel fist le commandement de monseigneur, et s'en vint à Lyon, cuydant trouver son homme, qui paravant s'estoit bien doubté de l'encloueure, et avoit dit à ses serviteurs : « Si personne « des gens de monseigneur d'Esnay me viennent de- « mander, qu'on face force excuses, en sorte que je ne « parle point à eulx; » et pareillement en fit advertir tous ceulx du logis. Quant le maistre d'hostel le vint demander, on luy fist response qu'il estoit chez monseigneur de Ligny. Il y va, et ne le trouva pas. Si retourna au logis. On luy dist qu'il estoit allé essayer des chevaulx delà le Rosne. Bref, il y fut plus de dix fois, mais jamais ne le peut trouver. Si s'en retourna, car il veit bien que c'estoit une mocquerie. Quant il fut à Esnay, il dist à monseigneur que c'estoit temps perdu de chercher son nepveu, car plus de dix fois avoit esté à son logis, mais possible n'estoit de le trouver, car il se faisoit celer. « Si, dist l'abbé, par mon « serment c'est ung mauvais garson, mais il s'en re- « pentira. » Son courroux se passa quant il voulut, mais il n'en eut autre chose. Si laisserons à parler de luy, et retournerons au bon Chevalier et à son compaignon, et comment ilz exploicterent en leurs affaires.

CHAPITRE VIII.

Comment le bon Chevalier sans paour et sans reprouche et son compaignon se monterent de chevaulx, et garnirent d'acoustremens; et comment ledit bon Chevalier se porta gentement, selon sa puissance, contre messire Claude de Vauldray.

Vous povez assez entendre que incontinent que le bon Chevalier et son compaignon eurent de Laurencin ce qu'ilz demandoient, ne firent pas grant sejour en sa maison, doubtant ce qui advint depuis, ains si bonne diligence mirent en leur affaire, qu'ilz furent pourveuz de ce qu'il leur failloit. Ilz se retirerent en leur logis, où soubdainement envoyerent querir tailleurs, pour faire à chascun trois acoustremens sur le harnoys; car le bon Chevalier vouloit que son compaignon feust de sa livrée : aussi n'avoient ilz riens party ensemble. Apres ce qu'ilz eurent donné ordre quant aux habillemens, Bellabre dist : « Compaignon, il fault que « nous allions veoir des chevaulx. Je sçay ung gentil « homme de Pyemont, logé en la Grenete, qui a ung « bas roussin bien relevé et bien remuant ; ce sera bien « vostre cas; et il me semble aussi qu'il a ung petit « courserot bay qui est fort adroit. L'on m'a dit qu'il « les veult vendre, par ce que puis huyt jours, en les

« chevauchant, s'est rompu une jambe : allons veoir « que c'est. — C'est bien advisé, respondit le bon Chevalier. »

Si s'en allerent passer l'eaue vers Nostre Dame de Confort, puis se tirerent au logis de ce gentil homme piemontoys, qu'ilz trouverent en sa chambre fort mal acoustré de sa jambe. Ilz le saluerent, et il leur rendit le semblable comme courtois chevalier. Bellabre prist la parolle, et dist : « Mon gentil homme, vecy « mon compaignon qui a desir de recouvrer une cou- « ple de chevaulx que vous avez, par ce qu'on nous a « rapporté que les voulez vendre, au moyen de l'incon- « venient qui vous est advenu, dont il nous desplaist. « — Sur ma foy, messeigneurs, respondit le gentil « homme, il est vray ; et m'en fait grant mal, car les « chevaulx sont beaulx et bons : mais, puis qu'il plaist « à Dieu, je voy bien que de trois moys ne sçaurois « partir ceste ville. Les vivres y sont chers ; mes che- « vaulx se mangeroient en l'estable ; vous me semblez « honnestes et gaillars gentilz hommes : j'ayme beau- « coup mieulx que mes chevaulx tumbent entre voz « mains que ailleurs ; montez dessus, et les allez veoir « hors la ville, avecques ung de mes gens ; et au retour, « s'ilz vous plaisent, nous en ferons marché. » Ilz trouverent le propos honneste ; et incontinent furent les chevaulx seellez, sur lesquelz le bon Chevalier et son compaignon monterent, et les menerent jusques à la prairie pres La Guillotiere, où ilz les coururent et troterent, de sorte qu'ilz s'en tindrent pour contens. Si retournerent au logis du gentil homme, pour faire le marché, et luy demanderent le pris qu'il les vouldroit vendre. « Par ma foy, dist il, si j'estois sain, il n'y a

« homme sur la terre, si je ne luy en vouloye faire « present, qui les eust pour deux cens escus, mais, « pour l'amour de vous, je suis content de les vous « laisser, le roussin pour soixante escus, et le cour- « serot pour cinquante : ce sont cent dix escus, et n'en « auray pas moins. »

Ilz virent bien qu'il estoit raisonnable, et ne dirent autre parolle sinon : « Mon gentil homme, vous les au- « rez, et toute nostre vie deux gentilz hommes à vostre « commandement; » dont il les remercia. Ilz misrent la main à la bourse, et luy baillerent ses cent dix escus, et deux pour le vin des serviteurs. Les chevaulx furent menez par leurs gens à leur logis, lesquelz firent tres-bien penser et acoustrer; car plus n'y avoit que trois jours à commencer l'emprise qu'avoit faicte messire Claude de Vauldray, parquoy tout homme s'appareilloit selon sa puissance. Si ouvrit, icelluy messire Claude, son pas, selon l'ordonnance qu'il avoit, par le congé du roy de France, fait publier, et par ung lundy se mist sur les rencs, où contre luy s'essayerent plusieurs bons et gaillars gentilz hommes de la maison du bon roy Charles : telz que le seneschal Galyot (1), pour lors fort gaillart et appert homme d'armes; le jeune Bonneval, Saudricourt, Chastillon, Bourdillon, qui estoient des plus privez de la personne du Roy, et plusieurs autres; où chascun, comme povez penser, fist le mieulx qu'il peut. Or estoit telle l'ordonnance que, quant chascun avoit fait ce en quoy il estoit tenu, convenoit que le long de la lice feust mené, veue descou-

(1) *Le seneschal Galyot :* Jacques Galliot de Genouillac. Il fut l'un des neuf preux qui veillèrent sur Charles VIII, à la bataille de Fornoue : il devint ensuite grand écuyer et grand maître de l'artillerie.

verte, affin que l'on congneust lequel c'estoit qui avoit bien ou mal fait; parquoy à ceste raison povez penser qu'il n'y avoit celluy qui ne se mist en son effort de bien faire.

Le bon Chevalier sur le dixhuytiesme an de son aage, qui estoit fort grande jeunesse (car il commençoit encores à croistre, et de sa nature estoit meigre et blesme), se mist sur les rencs, pour essayer à faire comme les autres, et là faisoit son jeu d'essay, qui estoit assez rudement commencé, car il avoit à faire à ung des plus appers et duytz chevaliers de guerre qui feust au monde. Toutesfois, je ne sçay comment ce fut, ou si Dieu luy en vouloit donner louenge, ou si messire Claude de Vaudray prist plaisir avecques luy, mais il ne se trouva homme en tout le combat, tant à cheval comme à pied, qui fist mieulx ne si bien que luy. Et de ce les dames de Lyon luy en donnerent le los: car, comme desja a esté dit dessus, il falloit apres avoir fait son debvoir, aller le long de la lice, veue descouverte; parquoy, quant il convint que le bon Chevalier le fist, assez honteux, les dames, en leur langaige lyonnois, luy en donnerent l'honneur en disant : *vey vo cestou malotru; il a mieulx fay que tous los autres*. Et de tout le reste de la compaignie acquist si bonne grace que le bon roy Charles dist à son soupper, pour plus l'honnorer : « Par la foy de mon corps[1], Picquet a « ung commencement dont à mon oppinion fera saillie « à bonne fin. » Et dist alors au seigneur de Ligny : « Mon cousin, je ne vous feiz de ma vie si bon present « que quant je le vous donnay. » A quoy respondit le dit seigneur. « Sire, s'il est homme de bien vous y « aurez plusgrant honneur que moy; car le bon los

« que luy avez donné l'a fait entreprendre tout cecy : « Dieu vueille qu'il puisse continuer ! mais son oncle « l'abbé d'Esnay n'y prent pas grant plaisir, car il a « eu ses escus et ses acoustremens à son credit, » dont desja estoit le Roy assez informé. Si se prent à rire et toute la compaignie.

CHAPITRE IX.

Comment le seigneur de Ligny envoya le bon Chevalier en garnison en Picardie, où estoit sa compaignie, et fut logé en une jolye petite ville appellée Ayre; et comment, à son arrivée, ses compaignons allerent au devant de luy.

Apres le tournoy finy, le seigneur de Ligny ung matin appella le bon Chevalier sans paour et sans reprouche, auquel il dist : « Picquet, mon amy, pour « vostre commencement avez assez eu belle et bonne « fortune ; les armes se veullent continuer; et, encores « que je vous retiengne de ma maison à trois cens « francs par an, et trois chevaulx à livrée, je vous ay « mis de ma compaignie. Si vueil que vous aillez à « la garnison veoir voz compaignons, vous advisant « que y trouverrez d'aussi gaillards hommes d'ar- « mes qu'il y en ait point en la chrestienté, et qui « souvent exercent les armes, en faisant joustes et « tournoys, pour l'amour des dames, et pour hon- « neur acquerre. Si me semble, attendant quelque « bruyt de guerre, que ne pourriez mieulx estre. » Le bon Chevalier, qui autre chose ne demandoit, respondit : « Monseigneur, de tous les biens et honneurs

« que m'avez faitz, et faictes chascun jour, ne sçauriez « pour le present tirer de moy que treshumbles re- « mercicmens, et prier nostre Seigneur qu'il le vous « vueille rendre : mais c'est au jourd'huy le plus grant « desir que j'aye d'aller veoir la compaignie que « dictes, car je n'y sçauroye si peu demourer, aux « biens que j'en ay ouy dire, que je n'en vaille mieulx « toute ma vie; et si c'est vostre bon plaisir je partiray « demain. » Le seigneur de Ligny dist : « Je le vueil « bien, mais premier veulx que preniez congé du « Roy, et je vous y meneray apres disner. » Ce qui fut fait; et trouverent le Roy comme il se vouloit lever de table, auquel le seigneur de Ligny dist en telle maniere : « Sire, vecy vostre Picquet qui s'en va veoir ses « compaignons en Picardie ; il vient prendre congé de « vous. » Si se mist, d'ung asseuré visaige, le bon Chevalier à genoulx, que le Roy voulentiers regarda, et en soubzriant luy dist : « Picquet mon amy, Dieu « vueille continuer en vous ce que je y ay veu de com- « mencement, et vous serez preud'homme. Vous allez « en ung pays où il y a de belles dames; faictes tant « que vous acquerez leur grace; et à Dieu mon amy. « — Grant mercy, sire, dist le bon Chevalier. » Si fut incontinent embrassé de tous les princes et seigneurs, au dire à Dieu, avecques plusieurs gentilz hommes qui avoient grant regret dequoy il laissoit la Court; mais non avoit pas luy, ains luy tardoit trop à son advis qu'il n'estoit desja au lieu où il devoit aller. Le Roy fist appeller ung de ses varletz de chambre, qui avoit quelques deniers en ses coffres, auquel commanda bailler au bon Chevalier trois cens escuz, et pareillement luy fist delivrer ung des beaulx coursiers qui feust en son escuyrie. Il donna au varlet de chambre trente escuz, et dix à celluy qui luy mena le coursier, dont tous ceulx qui le sceurent louerent sa liberalité à merveilles. Le seigneur de Ligny le remena à son logis, et le soir le prescha comme s'il eust esté son enfant, luy recommandant sur toutes choses avoir tousjours l'honneur devant les yeulx. Mais il a tousjours bien gardé ce commandement jusques à la mort. En fin, quant il fut temps d'aller coucher, ledit seigneur de Ligny luy dist : « Picquet mon amy, je croy que vous « partirez demain plus matin que ne seray levé; à « Dieu vous command. » Si l'embrassa les larmes aux yeulx, et le bon Chevalier, le genoil en terre, prist congé de luy et s'en alla à son logis, où il fut convoyé de tous ses compaignons, desquelz le congé ne fut pas pris sans grans embrassemens. Il monta en sa chambre, où il trouva le tailleur dudit seigneur de Ligny, qui avoit deux habillemens completz que son bon maistre luy envoyoit. Si luy dist : « Mon frere, mon amy, si « j'eusse sceu ce beau present, j'en eusse remercié « monseigneur, qui m'a tant fait d'autres biens que « jamais vers luy ne le sçauroye meriter; vous ferez, « s'il vous plaist, cela pour moy. » Si tira à sa bourse, et luy donna vingt escus.

Ung des serviteurs d'icelluy bon Chevalier luy dist : « Monseigneur, Guillaume le palefrenier a amené en « vostre estable le bon roussin de monseigneur, et « m'a dit que mondit seigneur le vous donnoit. Mais « il s'en retourne par ce qu'on le demandoit, et dit « qu'il viendra demain matin parler à vous. — Il ne « me trouverra pas, dist il, car je veulx estre à cheval « à la pointe du jour. » Si regarda le tailleur, auquel il bailla dix escus, et luy dist : « Mon amy, je vous « prie, baillez cela à Guillaume le palefrenier; et au « demourant, s'il vous plaist, me saluerez toute la belle « et noble compaignie de la maison de monseigneur, « de par moy : » ce que promist faire le tailleur. Lequel party de sa chambre, le bon Chevalier fist faire ses coffres, et acoustrer son cas, pour partir de bon matin, et puis se mist dedans le lict, où peu reposa, car il estoit pres de minuyt quant il s'y mist. Levé qu'il fut, premier fist partir ses grans chevaulx, dont il avoit six par excellence, avecques son cariage : luy, avecques cinq ou six beaulx et triumphans courtaulx, se mect apres, quant il eut prins congé de son hoste et de son hostesse, et tresbien contentez de ce qu'il avoit esté en leur maison. Son compaignon Bellabre fut aussi tost prest que luy, lequel le fut acompaigner jusques à La Breesle, où fut leur disnée. Et là, prindrent congé l'ung de l'autre; mais il n'y eut pas grant mistere, car, dedans trois ou quatre jours apres, faisoit son compte ledit Bellabre de suyvre son compaignon, et n'attendoit seullement que une couple de grans chevaulx qui luy venoient d'Espaigne.

Le bon Chevalier s'en alla tousjours à petites journées, par ce qu'il faisoit mener grans chevaulx; toutesfois il fist tant qu'il arriva à trois petites lieues de la ville d'Ayre, où de là envoya ung de ses gens pour avoir logis. Quant les gentilz hommes de la compaignie, sceurent que Picquet estoit si pres, monterent tous ou la pluspart, à cheval pour luy aller au devant, tant grant desir avoient de le veoir, car chascun estoit desja abreuvé de ses vertus. Si estoient plus de six vingtz, tous jeunes gentilz hommes, qui trouverent leur compaignon à demye lieue de la ville. Il ne fault pas demander s'ilz se firent grant chere, et le menerent joyeusement, devisans de plusieurs choses, jusques dedans la ville, où aux fenestres estoient les dames, lesquelles avoient desja entendu la noblesse du cueur du bon Chevalier Picquet : chascune desiroit à le congnoistre : elles le virent, mais non pas si à leur ayse qu'elles firent depuis. Icelluy bon Chevalier fut mené par ses compaignons, à son logis, où le soupper estoit desja prest ; car ainsi l'avoit ordonné à son homme qu'il avoit envoyé devant. Si demourerent une partie de sesditz compaignons avecques luy, qui menerent joyeuse vie, luy demandant de son estat, et comment il estoit bien heureux à son commencement, d'avoir si bien fait contre messire Claude de Vauldray, et le louoient à merveilles. Mais oncques le bon Chevalier ne monstra semblant d'en avoir joye, ains respondoit courtoysement à leurs parolles, et disoit : « Messeigneurs mes « compaignons, le los qu'on me donne est à grant tort ; « il n'y a pas encores tant de bien en moy que je « sceusse monter à grant pris : mais s'il plaist à nostre « Seigneur, moyennant vostre bonne ayde, je parvien« dray à estre ou nombre des gens de bien. » Or fut ce propos laissé, et parla on d'autres matieres.

Si commença à dire l'ung des gentilz hommes de la compaignie appellé Tardieu, homme joyeulx et facecieux, adressant ses parolles au bon Chevalier : « Com« paignon mon amy, je vous advise qu'en toute la Pi« cardie n'y a point de plus belles dames qu'en ceste « ville, dont vostre hostesse, que n'avez encores veue, « en est l'une : elle est allée aux nopces d'une sienne « niepce, demain retournera, si la verrez à vostre

« ayse. Il est impossible que soyez venu tenir garnison « sans escuz ; il fault à vostre arrivée faire parler de « vous, et par bien faire puissez acquerir la grace « des dames de ceste contrée. Il y a long temps qu'il « n'y eut pris donné en ceste ville ; je vous prie tant « que je puis qu'en vueillez donner ung entre cy et « huyt jours, et ne me reffusez pas, s'il vous plaist, « pour la premiere requeste que je vous ay jamais « faicte. » A quoy respondit le bon Chevalier : « Sur « ma foy, monseigneur de Tardieu, quant me deman- « deriez une beaucoup plus grosse chose, croyez que « n'en seriez pas esconduyt ; comment le seriez vous de « ceste cy qui me plaist autant ou plus que à vous? « Et s'il vous vient à plaisir m'envoyer demain matin « la trompette, et que nous ayons congé de nostre « cappitaine, je feray en sorte que serez content. » Tardieu luy dist : « Ne vous souciez de congé ; le cap- « pitaine Loys d'Ars (1) le nous a donné pour tous- « jours, car ce n'est point pour mal faire. Il n'est pas « à present icy, mais il y sera dedans quatre jours. Si « mal y a j'en prens la charge sur moy. — Et bien « doncques, respondit le bon Chevalier, demain sera « executé vostre vouloir. » Longuement demoura en propos la compaignie, tant qu'ilz ouyrent sonner mynuyt ; si prindrent congé les ungs des autres jusques à lendemain matin, que ledit Tardieu n'oublia pas à venir au logis du bon Chevalier, son nouveau compaignon, et luy amena une trompette de la compai-

(1) *Le cappitaine Loys d'Ars* : il étoit cousin de Bayard, et son château n'étoit pas éloigné de celui de la famille du jeune chevalier. Louis d'Ars se couvrit de gloire dans les guerres d'Italie. (Voyez le Tableau du règne de Louis XII.)

gnie ; et le premier bon jour qu'il luy donna, ce fut : « Compaignon, ne vous excusez plus, vecy vostre « homme. »

CHAPITRE X.

Comment le bon Chevalier fist crier dedans Ayre ung tournoy pour l'amour des dames, où il y avoit pour le mieulx faisant, ung bracelet d'or, et ung bel dyamant pour donner à sa dame.

Combien que grant besoing eust de repos le bon Chevalier sans paour et sans reprouche, à cause du long travail pour le propos que luy avoit tenu son compaignon Tardieu, ne dormit pas trop la nuyt, ains pensa comment seroit fondé son tournoy : ce qu'il mist en son entendement, et delibera en soy mesmes de l'executer, comme vous orrez ; car quant Tardieu le vint veoir le matin, et luy amena la trompette, trouva desja par escript l'ordonnance comment debvoit estre ledit tournoy, qui estoit telle : « C'est que « Pierre de Bayart, jeune gentil homme et apprentif « des armes, natif du Daulphiné, des ordonnances du « roy de France, soubz la charge et conduicte de hault « et puissant seigneur monseigneur de Ligny, faisoit « crier et publier ung tournoy, au dehors de la ville « d'Ayre, et joignant les murailles à tous venans, au « vingtiesme jour de juillet, de trois coups de lance sans « lice, à fer esmolu, et en harnoys de guerre, et douze « coups d'espée, le tout à cheval. Et au mieulx faisant « donnoit ung brasselet d'or esmaillé de sa livrée, et

« du poix de trente escuz. Le lendemain seroit combatu « à pied, à poux de lance, à une barriere de la haul- « teur du nombril ; et apres la lance rompue, à coups « de hache, jusques à la discretion des juges et de ceulx « qui garderoient le camp. Et au mieulx faisant don- « noit ung dyamant du pris de quarante escus. »

Quant Tardieu eut veu l'ordonnance, il dist : « Par « Dieu, compaignon, jamais Lancelot, Tristan ne Gau- « vain ne firent mieulx. Trompette, allez crier cela « en ceste ville, et puis yrez de garnison en garnison, « d'icy à trois jours, pour en advertir tous noz amys. » Il fault entendre qu'en la Picardie y avoit pour lors sept ou huyt cens hommes d'armes, comme la compaignie du mareschal des Cordes, celles des Escossoys, du seigneur de La Palisse (1), vertueux et triumphant cappitaine, et de plusieurs autres, qui par ladicte trompette furent informez du tournoy. Si se misrent en ordre ceulx qui s'y voulurent trouver, car le terme n'estoit que de huyt ou dix jours; toutesfois il ne s'en trouva pas si peu qu'ilz ne feussent quarante ou cinquante hommes d'armes sur les rencs. En ces entrefaictes, et en attendant le desiré jour, arriva ce gentil chevalier, le cappitaine Loys d'Ars, lequel fut tresjoyeulx d'estre venu d'heure, pour en avoir son passetemps. Sa venue sceue par le bon Chevalier, luy alla faire la reverence, et se firent grant chere l'ung à l'autre. Encores pour mieulx renforcer la feste, le lendemain arriva son compaignon Bellabre, qui donna grant esjouyssement à toute la compaignie. Si se delectoient tous les jours à essayer leurs chevaulx,

(1) *Du seigneur de La Palisse :* Jacques de Chabannes. Il fut grand-maître, et ensuite maréchal de France

et faire bancquetz aux dames, où entre autres le bon Chevalier fist tresbien son debvoir; de sorte que les dames de la ville, et plusieurs autres de alentour, qui estoient venues pour estre au tournoy, luy donnoient le los sur tous les autres, dont toutesfois ne se mettoit en orgueil.

Or vint le jour ordonné pour commencer ledit tournoy, que chascun se mist sur les rencs. L'ung des juges estoit le bon cappitaine Loys d'Ars; et le seigneur de Sainct Quentin esçossoys, l'autre. Si se trouverent les gentilz hommes sur les rencs, qui furent nombrez à quarantesix, et par sort sans tromperie furent partis vingt et trois d'ung costé, et vingt et trois d'ung autre. Et eulx estans prestz, pour commencer à bien faire la trompette va sonner, et apres declaira de point en point l'ordre du tournoy. Si convint au bon Chevalier se presenter le premier sur les rencz, et contre luy vint ung sien voisin du Daulphiné, nommé Tartarin, qui estoit fort rude homme d'armes. Si laisserent courre l'ung à l'autre, de sorte que ledit Tartarin rompit sa lance à demy pied du fer, et le bon Chevalier l'assena au hault du grant gardebras, et mist sa lance en cinq ou six pieces; dont trompettes sonnerent impetueusement, car la jouste fut belle à merveilles. Et apres avoir parfourny leur poindre, retournerent pour la seconde; et fut telle l'adventure de Tartarin, que de sa lance faulsa le gardebras du bon Chevalier, à l'endroit du canon, et cuydoient tous ceulx de la compaignie qu'il eust le bras percé.

Ledit bon Chevalier luy donna au dessus de la veue, et luy emporta ung petit chapelet plein de plumes. La tierce lance fut aussi bien ou mieulx rompue que les deux autres. Leurs courses faictes, vint Bellabre, et contre luy se prepara ung homme d'armes escossoys, qu'on nommoit le cappitaine David de Fougas, qui pareillement firent de leurs trois lances ce qu'il estoit possible à gentilz hommes de faire. Et ainsi deux contre deux jousterent, jusques à ce que chascun eust parfourny ses courses. Apres convint combatre à l'espée, et commencea, selon la premiere ordonnance, le bon Chevalier, qui du troisiesme coup qu'il donna rompit son espée en deux pieces, et du reste fist si bien son debvoir jusques au nombre des coups ordonnez, que mieulx n'eust sceu faire. Apres vindrent les autres selon leur ordre. Et pour ung jour, au rapport de tous les voyans, mesmes ainsi que dirent les deux juges, ne fut jamais mieulx couru de lance, ne combatu à l'espée. Et, combien que chascun le fist fort bien, les mieulx faisans furent le bon Chevalier, Bellabre, Tartarin, le cappitaine David, ung de la compaignie de monseigneur des Cordes, nommé le Bastard de Chimay, et Tardieu.

Quant vint sur le soir, que chascun eut fait son debvoir, se retirerent tous au logis du bon Chevalier, qui avoit fait dresser le soupper triumphamment, où il y eut force dames ; car de dix lieues alentour toutes celles de Picardie, ou la pluspart, estoient venuz veoir ce beau tournoy, et y fut fait grande et triumphante chere. Apres le soupper y eut dances, et plusieurs autres esbatemens, tant qu'il fut si tard avant que personne se voulsist ennuyer, que une heure apres minuyt sonna. Alors s'en allerent les ungs apres les autres à leurs logis, menans les dames jusques au lieu où elles devoient reposer. Si fut assez tard le lendemain avant qu'elles feussent bien esveillées, et croyez qu'il n'y en avoit nulles qui se lassassent de donner merveilleuse louenge audit bon Chevalier, tant des armes que de l'honnesteté qui estoit en luy, car nul plus gracieux ne courtois gentil homme n'eust on sceu trouver en ce monde.

Or, pour parfaire ce qui estoit commencé, le lendemain les souldars tous ensemble se trouverent au logis de leur cappitaine Loys d'Ars, où estoit desja le bon Chevalier, qui l'estoit venu prier de disner en son logis, avecques le seigneur de Sainct Quentin, en la compaignie des dames du soir precedent, qui luy fut accordé. Il convint aller ouyr messe, laquelle chantée, eussiez veu les jeunes gentilz hommes prendre les dames par dessoubz les bras, et icelles mener, parlans d'amours et autres joyeulx devis, jusques au logis dudit bon Chevalier, où, s'ilz avoient fait bonne chere le soir devant, à disner la firent encores meilleur. Gueres ne demourerent seigneurs ne dames au logis depuis le disner, car, environ les deux heures, chascun qui estoit du tournoy se tira sur les rencs, pour achever l'ordonnance du second jour, où celluy qui, à son penser, n'estoit pas pour avoir le pris de la premiere journée, esperoit avoir la seconde. Les juges, seigneurs et dames arrivez sur le lieu, commencea le bon Chevalier sans paour et sans reprouche le pas, en la maniere acoustumée; et contre luy vint ung gentil homme de Haynault, fort estimé, qui s'appelloit Hanotin de Sucre (1), qui par dessus la barriere, à poux de lance, se ruerent de grans coups, et jusques à ce qu'ilz feussent par pieces. Apres prindrent leurs haches

(1) Hanotin de Sucker.

qu'ilz avoient chascun de leur costé, et se ruerent de grans et rudes horions, tellement qu'il sembloit la bataille estre mortelle. Toutesfois en fin le bon Chevalier donna ung coup sur son adversaire, à l'endroit de l'oreille, de sorte qu'il le fist tout chanceler, et qui pis est, agenouiller des deux genoulx, et en rechargeant par dessus la barriere, luy fist baiser la terre, voulsist ou non. Quoy voyant par les juges, cryerent : *Hola! hola! c'est assez ; qu'on se retire.*

Apres ces deux, vindrent Bellabre et Arnaulton de Pierreforade, ung gentil homme de Gascongne, lesquelz firent merveilles aux lances, qui furent incontinent rompues ; puis vindrent aux haches, et se donnerent de grans coups ; mais Bellabre rompit la sienne, parquoy les juges les departirent. Apres ces deux vindrent sur les rencs Tardieu et David l'Escossoys, qui firent tresbien leur devoir. Si fist chascun en son endroit, de sorte qu'il estoit sept heures devant que chascun eust achevé. Et pour ung petit tournoy, ceulx qui y estoient veirent aussi bien faire qu'ilz avoient veu de leur vie. Quant tout fut achevé chascun se retira à son logis pour soy desarmer. Puis apres vindrent tous à celluy du bon Chevalier, où estoit le bancquet apresté, et ja y estoient les deux juges, les seigneurs d'Ars et de Sainct Quentin, et toutes les dames. S'il y eut devisé des deux journées ne fault pas demander ; chascun en disoit ce qu'il luy sembloit. Toutesfois, apres le soupper, convint en donner resolution, et par les juges declairer qui devoit avoir les pris. Si en demanderent à plusieurs gentilz hommes experimentez aux armes, en leur foy, et puis apres aux dames, en leur conscience, et sans favoriser l'ung plus que l'autre.

En fin, tant par les gentilz hommes que par les dames, fut dit que, combien que chascun eust fait si bien son devoir que mieulx ne pourroit, ce neantmoins, à leur jugement, de toutes les deux journées le bon Chevalier avoit esté le mieulx faisant, parquoy remectoient à luy mesmes, comme celluy qui avoit gaigné les pris, de donner ses presens où bon luy sembloit.

Si y eut grande altercation entre les deux juges, à qui prononceroit la sentence : mais le bon cappitaine Loys d'Ars pria tant le seigneur de Sainct Quentin, qu'en fin promist de le faire. Si sonna la trompette pour faire silence, qui fut faict. Si dist ledit seigneur de Sainct Quentin : « Messeigneurs qui estes icy tous « assemblez, et mesmement ceulx qui ont esté du tour- « noy, dont messire Pierre de Bayart a donné le pris « par deux journées, monseigneur d'Ars et moy, ju- « ges deleguez par vous tous à donner sentence rai- « sonnable où seront lesditz pris mieulx employez; « vous faisons assavoir que, apres nous estre bien et « deuement enquis à tous les vertueux et honnestes « gentilz hommes qui ont esté presens à veoir faire « voz armes, et semblablement aux nobles dames que « voyez cy en presence, avons trouvé que chascun « a tresbien et honnestement fait son devoir; mais « sur tous la commune voix est que le seigneur de « Bayart, sans blasmer les autres, a esté de toutes les « deux journées le mieulx faisant : parquoy les sei- « gneurs et dames luy remettent l'honneur à donner « le pris où bon luy semblera. » Et s'adressant au bon Chevalier, luy dist : « Seigneur de Bayart, advisez où « vous les delivrerez. » Il en fut tout honteux, et demoura ung peu pensif. Puis apres dist : « Monsei-

« gneur, je ne sçay par quelle faveur cest honneur « m'est fait; il me semble qu'il en y a qui l'ont trop « mieulx merité que moy : mais, puis qu'il plaist aux « seigneurs et dames que j'en soyes juge, suppliant « à tous messeigneurs mes compaignons et qui ont « mieulx fait que moy, n'en estre desplaisans, je « donne le pris de la premiere journée à monseigneur « de Bellabre, et de la seconde au cappitaine David « l'Escossoys. »

Si leur fist incontinent delivrer les presens, ny depuis homme ne femme n'en murmura, ains commencerent les dances et passetemps. Et ne se povoient saouller les dames de bien dire du bon Chevalier, qui tant fut aymé en la Picardie qu'oncques homme ne le fut plus. Il y fut deux ans, durant lequel temps se fist plusieurs tournois et esbatemens, où, en la plus part, emporta tousjours le bruyt. Et la plus grande occasion pourquoy tout le monde l'aymoit, c'estoit pource que de plus liberal ne gracieuse personne n'eust on sceu trouver sur la terre; car jamais nul de ses compaignons n'estoit desmonté qu'il ne remontast. S'il avoit ung escu, chascun y partissoit. Quelque jeunesse qu'il eust, la premiere chose qu'il faisoit quant il estoit levé, c'estoit de servir Dieu. Il estoit grant aulmosnier, et ne se trouva durant sa vie homme qui sceust dire avoir esté reffusé de luy en chose dont il ait esté requis, s'il a esté en son possible. Au bout des deux ans, le jeune roy de France Charles entreprint son voyage de Naples, où le seigneur de Ligny alla: parquoy envoya de bonne heure querir le bon Chevalier; car, congnoissant ses vertus et les honnestes propos qu'on tenoit de luy, ne le vouloit pas laisser derriere.

CHAPITRE XI.

Comment le roy de France, Charles huytiesme, fist son appareil pour aller à la conqueste du royaulme de Naples, lequel il gaigna par sa prouesse et vaillance, sans grande effusion de sang.

Deux ans apres ou environ delibera le bon roy Charles d'aller conquester le royaulme de Naples. Les occasions et moyens pourquoy il entreprint le voyage sont assez contenuz en autres histoires et cronicques; parquoy d'en faire icy long recit ne seroit que ennuyer les escoutans, et gaster papier. Ce neantmoins, comme chascun peult avoir clerement leu et entendu, ledit bon roy Charles fist sondit voyage tant honnorablement que impossible seroit de plus; planta ses justices dedans Rome; fist venir le Pape à raison; et entierement gaigna le royaulme de Naples, et y laissa pour son lieutenant general et visroy le seigneur de Monpensier. Puis se mist au retour pour venir en France, et n'eut nul empeschement jusques en ung lieu appellé Fournoue, où il trouva bien soixante (1) mille combatans, tous Italiens et de plusieurs potentatz, comme du Pape, des Veniciens, du duc de Milan, et plusieurs autres seigneurs, lesquelz estoient deliberez deffaire le bon Roy à son retour, et le prendre prisonnier, par ce qu'ilz estoient asseurez qu'il avoit laissé une partie de sa puissance ou royaulme

(1) Ce nombre est exagéré; il n'y avoit que trente-cinq mille hommes. (Voyez le Tableau du régne de Charles VIII, tom. 14, p. 238.)

qu'il venoit de conquerir, et n'avoit avecques luy point plus de dix mille hommes.

Ce neantmoins, le bon et gentil prince, qui avoit cueur de lyon, comme certain d'estre bien servy de si peu qu'il avoit de gens, se delibera les attendre et les combatre : ce qu'il fist avecques l'ayde de nostre Seigneur; et y eurent sesditz ennemys lourde honte et grosse perte, et luy gloire inestimable, car il ne perdit point sept cens de ses gens. Les ennemys en perdirent huyt ou dix mille, et des plus apparens; mesmement les plus grans cappitaines de la seigneurie de Venise y demourerent, et plusieurs de la maison de Gonzague, dont est chief le marquis de Mantoue, qui pareillement y estoit; mais ses esprons luy ayderent bien, et le bon cheval surquoy il estoit monté; et n'eust esté que une petite riviere creut merveilleusement, il y eust eu plus gros eschec. A la premiere charge, le bon Chevalier sans paour et sans reprouche se porta triumphamment par dessus tous, en la compaignie du gentil seigneur de Ligny son bon maistre, et luy fut tué deux chevaulx soubz luy, le jour. Le Roy en fut adverty, qui luy fist donner cinq cens escuz ; mais, en recompense, le bon Chevalier luy presenta une enseigne de gens de cheval qu'il avoit gaignée à la chasse.

De là le Roy s'en vint par ses journées jusques à Verseil, où il trouva une belle troppe de Suysses qui estoient descenduz pour le secourir s'il en avoit besoing. Il demoura là quelques jours avecques son camp, car il vouloit secourir le duc d'Orleans, son beau frere, que le duc de Milan Ludovic Sforce et les Veniciens tenoient assiegé dedans Novarre. Il y eut plusieurs allées et venues par gens qui se mesloient de faire la paix : de façon qu'en fin se traicta quelque appoinctement. Parquoy le Roy s'en retourna par ses journées à Lyon, où il trouva la bonne Royne sa loyalle espouse, et en sa compaignie la duchesse de Bourbon sa seur. Il y eut plusieurs gentilz hommes qui n'apporterent pas de grans biens de ce voyage de Naples; aucuns aussi en apporterent quelque chose dont ilz se sentirent toute leur vie. Ce fut une maniere de maladie qui eut plusieurs noms : d'aucuns fut nommée le mal de Naples, la grosse verolle; les autres l'ont appellée le mal françois; et plusieurs autres noms a eu ladicte maladie; mais de moy je l'appelle le mal de celluy qui l'a.

Le bon roy de France partit de Lyon, pour s'en aller à Sainct Denys en France visiter le bon patron où ses predecesseurs sont ensepulturez. Et fut deux ans ou trois, visitant son royaulme deçà et delà, menant tresbonne et saincte vie, et maintenant justice, tant que tous ses subjectz en avoient contentement : car luy mesmes seoit en chaire de justice, deux fois la sepmaine, pour ouyr les plainctes et doleances d'ung chascun, et les plus povres expedioit. Il eut nouvelles comment les Neapolitains s'estoient revoltez pour Ferrand, filz du roy Alphonse, et aussi de la mort de son lieutenant general le conte de Monpensier, et que tous ses cappitaines s'en retournoient en France. Si proposa y retourner luy mesmes en personne, mais qu'il veist le temps oportun : ce pendant vesquit en son royaulme tresvertueusement, et de sa femme eut trois enfans, mais ilz moururent.

Ou moys de septembre 1497, le bon prince partit de Tours pour tirer à Lyon, cuydant faire son voyage de Naples : mais il se rompit, ne sçay à quelle occasion. Il s'en retourna à Amboise ; et le septiesme jour d'avril oudit an (1), en une gallerie où il regardoit jouer à la paulme, luy print une foiblesse, dont il mourut tantost apres; qui fut ung dommage irreparable pour le royaulme de France ; car depuis qu'il y a eu roy, ne s'en est point trouvé de meilleur nature, plus doulx, plus gracieux, plus clement ne plus pitoyable. Je croy que Dieu l'a retiré avec les bienheureuz, car le bon prince n'estoit taché d'ung tout seul villain vice. Je n'ay pas fait grant discours de sa vie, car elle est assez escripte ailleurs.

CHAPITRE XII.

Comment Loys, duc d'Orleans, vint à la couronne de France, comme le plus prochain hoir, et fut appellé Loys douziesme.

PAR le trespas du bon roy Charles, et au moyen de ce qu'il n'avoit point d'hoir masle, Loys duc d'Orleans, plus prochain de la Couronne, succeda au royaulme, et fut sacré à Reims, le vingt septiesme jour de may 1498, et print sa couronne à Sainct Denys en France, le premier jour de juillet ensuyvant. Il avoit espousé madame Jehanne de France, seur de son predecesseur; mais, au moyen de ce qu'on tenoit que d'elle ne pour-

(1) *Oudit an* : l'année commençoit à Pâque. D'après notre manière actuelle de compter, Charles VIII mourut le 7 avril 1498.

roit sortir lignée, et que par force l'avoit espousée, craignant la fureur du roy Loys unziesme son pere, la fist appeller en justice. Et à ceste occasion le Pape delegua juges qui firent et parfirent le proces, et en fin adjugerent qu'elle n'estoit point sa femme. Parquoy, apres luy avoir laissé le duché de Berry pour son estat, espousa la royne duchesse de Bretaigne, veufve du feu roy Charles : si ce fut bien ou mal fait, Dieu est tout seul qui le congnoist. La bonne duchesse de Berry Jehanne de France a toute sa vie vescu en saincteté, et a l'on voulu dire depuis son trespas que Dieu a fait des miracles pour l'amour d'elle. A l'advenement du roy, Loys douziesme voulut vendre tous les offices royaulx qui n'estoient point de judicature, et en retira plusieurs deniers; car il craignoit à merveilles de fouller son peuple par tailles ne autres subsides. Il avoit tousjours son vouloir, sur toutes choses, de recouvrer sa duché de Milan, qui luy appartenoit à cause de madame Valentine, sa grant mere, que pour lors luy detenoit Ludovic Sforce, et paravant son pere : mais ceulx de la maison d'Orleans, au moyen des guerres qui si longuement ont duré en France contre les Anglois, et aussi la querelle de la mort tant du duc d'Orleans que du duc de Bourgongne, n'y avoient jamais peu entendre. Or à present se voyoit il en estat d'avoir la raison de son ennemy. Il alla faire son entrée à Lyon, le dixiesme jour de juillet 1499, puis fist passer son armée en l'Astizanne (1), soubz la conduicte du seigneur Jehan Jacques de Trevolz (2) et du sei-

(1) *L'Astizanne :* le comté d'Ast. — (2) *Jehan Jacques de Trevolz :* lisez, *Trivulce*. C'étoit un gentilhomme de Milan, ennemi personnel de Ludovic. Il devint maréchal de France.

gneur d'Aubigny, qui estoient deux sages et vaillans chevaliers; lesquelz d'entrée prindrent et misrent à sac deux petites places appellées Non et La Rocque. De là tirerent à Alexandrie, et assiegerent ceulx qui estoient dedans pour le seigneur Ludovic, qui fort bien se deffendirent, mais en fin elle fut prinse. Ceulx de Pavye, de ce advertis, se misrent en l'obeyssance du roy de France. Ledit seigneur Ludovic, se voyant en ce party ainsi delaissé de ses subjectz, habandonna Milan, et se retira en Almaigne, devers le roy des Rommains Maximilian, qui le receut joyeusement, car de tout temps avoient eu grandes aliances ensemble. Incontinent apres son partement, ceulx de Milan se rendirent aux François, dont nouvelles allerent au roy de France, qui à diligence y alla faire son entrée.

Et peu de jours apres fut trouvé expedient, par force de deniers et autres promesses, d'avoir le chasteau de celluy qui l'avoit en garde du seigneur Ludovic, qui fist ung lasche et meschant tour à son maistre; car par là esperoit tousjours ledit seigneur recouvrer la duché. Quant les autres places entendirent le chasteau de Milan estre rendu, n'eurent plus d'espoir, et se misrent toutes en l'obeyssance du roy de France; mesmement ceulx de Gennes, ausquelz il bailla pour gouverneur le seigneur de Ravastain (1), son prochain parent du costé maternel. En l'année mesmes, et le quatorziesme jour d'octobre, acoucha la royne de France d'une belle fille, qui fut nommée Claude. Gueres ne sejourna le Roy en la duché de Milan; mais, apres y avoir laissé gouverneur le seigneur Jehan Jacques, la garde du chasteau au seigneur d'Espy, et La Rocquete à ung

(1) *Le seigneur de Ravastain* : Philippe de Clèves.

gentil homme escossoys, prochain parent du seigneur d'Aubigny, s'en retourna à Lyon. Si bien fist il en la duché, avant son partement, qu'il amoindrit les daxes et impositions de la tierce partie; dont tout le peuple le loua merveilleusement, et en attira beaucoup le cueur d'aucuns. Gueres ne sejourna ledit seigneur à Lyon, mais marcha plus avant en son royaulme, vint jusques à Orleans, où il appoincta certain differend entre les ducz de Gueldres et de Julliers, pour le blason de leurs armes, et les fist amys.

CHAPITRE XIII.

Comment, apres la conqueste de la duché de Milan, le bon Chevalier demoura en Ytalie; et comment il dressa ung tournoy en la ville de Carignan, ou Pyemont, dont il emporta le pris.

Au retour d'Ytalie, que fist le roy de France Loys douziesme en joye et lyesse, pour avoir conquesté sa duché de Milan, et rendu son ennemy Ludovic Sforce fuytif dedans les Almaignes, cherchans secours vers le roy des Rommains, demourerent les garnisons des François en la Lombardie, en tout plaisir, à faire joustes, tournoys, et tous autres passetemps. Le bon Chevalier, qui en son jeune aage avoit esté nourry en la maison de Savoye, alla visiter une vaillant dame que avoit espousée son premier maistre le duc Charles de Savoye. Blanche s'appelloit la dame [1], et se tenoit ou

(1) *Blanche s'appelloit la dame:* Charles II, fils de Blanche, étoit mort en 1496, âgé de huit ans. Son grand-oncle lui avoit succédé.

Piemont, en une ville de son douaire, dicte Carignan. Elle, qui de toute courtoysie estoit remplie, le receut joyeusement, et le fist traicter comme s'il eust esté parent de la maison. Or fault il entendre que pour lors n'y avoit maison de prince ne princesse en France, Ytalie ny ailleurs, où tous gentilz hommes feussent mieulx receuz, ne où il y eust plus de passetemps. Leans avoit une fort honneste dame qui l'avoit gouvernée de jeunesse, et faisoit encores, laquelle se nommoit madame de Fluxas; elle y avoit aussi son mary, honneste gentil homme soubz lequel se manyoit toute la maison. Il fault sçavoir que quant le bon Chevalier fut donné paige au duc Charles de Savoye, ceste dame de Fluxas estoit jeune damoyselle en la maison avecques sa femme; et ainsi, comme jeunes gens frequentent voulentiers ensemble, se prisrent en amour l'ung l'autre, voire si grande, gardant toute honnesteté, que s'ilz eussent esté en leur simple vouloir, ayant peu de regard à ce qui s'en feust peu ensuyvre, se feussent pris par nom de mariage. Mais vous avez entendu par cy devant comment le duc Charles alla à Lyon veoir le roy de France Charles huictiesme, et luy donna icelluy bon Chevalier pour son paige, qui fut occasion dont les deux jeunes amans se perdirent de veue pour long temps : car, ce pendant, le voyage de Naples se fist, et plusieurs autres choses se desmeslerent, qui durerent trois ou quatre ans, sans eulx veoir sinon par lettre.

Durant ce temps, fut mariée ceste damoyselle à ce seigneur de Fluxas, qui avoit beaucoup de biens; et il la prist pour sa bonne grace, car des biens de fortune n'en eut pas grandement. Mais, comme femme vertueuse, voulant donner à congnoistre au bon chevalier que l'amour honneste qu'elle luy avoit porté de jeunesse, duroit encores, à son arrivée à Carignan, luy fist toutes les gracieusetez et courtoysies que possible eust esté faire à gentil homme; et deviserent longuement de leur jeunesse, et plusieurs autres choses. Ceste gente dame de Fluxas estoit autant acomplie en beaulté, doulx et gracieux parler, que femme qu'on eust sceu trouver; en son langaige louoit si tresfort le bon Chevalier, que possible n'eust esté de plus. Elle luy ramentevoit son bien faire, quant il s'essaya à messire Claude de Vauldray, le tournoy qu'il gaigna à Ayre en Picardie, et l'honneur qu'il receut à la journée de Fournoue, dont de tout ce estoit si grant bruit en France et Ytalie; et tellement le louoit et blasonnoit que le povre gentil homme en rougissoit de honte. Puis en apres luy disoit: « Monseigneur de Bayart mon amy, vecy la premiere « maison où avez esté nourry; ce vous seroit grant « honte si ne vous y faisiez congnoistre aussi bien « qu'avez fait ailleurs. » Le bon Chevalier respondit : « Madame, vous sçavez bien que dés ma jeunesse « vous ay aymée, prisée et honnorée; et si vous tiens « à si sage et bien enseignée que ne voulez mal à « personne, et encores à moy moins que à ung autre. « Dictes moy, s'il vous plaist, que voulez que je face « pour donner plaisir à madame ma bonne maistresse, « à vous sur toutes, et au reste de la bonne et belle « compaignie qui est ceans? » La dame de Fluxas luy dist alors : « Il me semble, monseigneur de Bayart, « mais que je ne vous ennuye point, que ferez fort « bien de faire quelque tournoy en ceste ville, pour « l'honneur de Madame, qui vous en sçaura tresbon « gré. Vous avez icy à l'entour force de voz compai-

« gnons, gentilz hommes françois, et autres gentilz « hommes de ce pays, lesquelz s'y trouverront de bon « cueur, et j'en suis asseurée. — Vrayement, dist le « bon Chevalier, puis que le voulez, il sera fait. Vous « estes la dame en ce monde qui a premierement con- « quis mon cueur à son service, par le moyen de « vostre bonne grace : je suis tout asseuré que je n'en « auray jamais que la bouche et les mains, car de vous « requerir d'autre chose je perdrois ma peine ; aussi « sur mon ame j'aymerois mieulx mourir que vous « presser de deshonneur. Bien vous prie que vous me « vueillez donner ung de voz manchons, car j'en ay « à besongner. » La dame, qui ne sçavoit qu'il en vouloit faire, le luy bailla, et il le mist en la manche de son pourpoint, sans en faire autre bruit.

Le soupper fut prest, où chascun fist bonne chere, puis apres commencerent les dances, où tout homme s'acquita le mieulx qu'il peut. Madame Blanche devisa longuement avecques sa nourriture le bon Chevalier, tant que la minuyt sonna, qui fut temps de se retirer. Mais il fault penser qu'il ne dormit pas toute la nuyt, car il songea à ce qu'il avoit à faire ; et fut resolu du tout en son entendement ; car le matin envoya une trompette à toutes les villes de là à l'entour où il y avoit garnisons, signifier aux gentilz hommes que, s'ilz se vouloient trouver dedans quatre jours apres, qui estoit ung dimenche, en la ville de Carignan, et en habillement d'homme d'armes, il donnoit ung pris, qui estoit ung menchon de sa dame, où il pendoit ung ruby de l'estimation de cent ducatz, à celluy qui seroit trouvé le mieulx faisant à trois courses de lance sans lice, et à douze coups d'espée. La trompette fist son devoir, et rapporta par escript quinze gentilz hommes qui avoient promis eulx y trouver. Cela vint à la congnoissance de madame Blanche, qui en fut tresjoyeuse, et fist acoustrer son eschauffault sur la place où se devoient faire les courses et le combat. Le jour assigné, environ une heure apres midy, se trouva sur les rencs le bon Chevalier armé de toutes armes, et trois ou quatre de ses compaignons, comme le seigneur de Bonvent, le seigneur de Mondragon, et autres, où gueres ne furent, que tous ceulx qui devoient courir ne se presentassent. Premier commença le bon Chevalier, et contre luy vint le seigneur de Rovastre, ung gaillart gentil homme qui portoit l'enseigne du duc Philibert de Savoye, fort hardy et adroit chevalier, qui donna ung beau coup de lance, car il en fist trois ou quatre pieces. Mais le bon Chevalier luy bailla si grant coup sur le hault de sa grant buffe, qu'il l'en desarma, la perça à jour, et fist voller sa lance en cinq ou six pieces. Ledit seigneur de Rovastre reprist sa grant buffe, et courut la seconde lance, dont il fist tresbien son devoir, car il la rompit aussi bien ou mieulx que la premiere. Mais le bon Chevalier luy donna dedans la veue, et luy emporta de ce coup son pannache, et le fist tout chanceler; toutesfois il demoura à cheval. A la tierce lance, croysa le seigneur de Rovastre, et le bon Chevalier rompit la sienne, qui s'en alla par esclatz. Apres eulx vindrent Mondragon, et le seigneur de Chevron, qui tant bien firent leurs courses que tout le monde les loua. Deux autres les suyvirent. Et finablement tous se porterent si bien, que la compaignie s'en contenta.

Les lances rompues, convint venir aux espées : mais

le bon Chevalier ne frappa que deux coups qu'il ne rompist la sienne, et qu'il ne fist voller hors des poings celle que tenoit celluy qui combatoit contre luy. Puis les ungs apres les autres vindrent sur les rencs; et si bien firent tous que possible n'eust esté de l'amender; et fut fort tard quant chascun eut achevé. Madame fist, par le seigneur de Fluxas, convoyer tous les gentilz hommes pour aller soupper au chasteau, qui ne reffuserent pas la priere; et croyez qu'ilz furent bien traictez, car leans en sçavoit on bien la maniere. Apres soupper, commencerent à sonner les haulx boys et menestriers, où, avant que l'on se mist en train de dancer, convint donner le pris à celluy qui par raison l'avoit gaigné. Les seigneurs de Grantmont et de Fluxas, qui juges en estoient, demanderent à tous les assistans, tant gentilz hommes, dames, que aux combatans mesmes; mais tous furent d'oppinion que le bon Chevalier avoit, par le droit des armes, gaigné le pris : parquoy lesditz juges le luy vindrent presenter. Mais, tout rougissant de honte, le reffusa, en disant que à tort et sans cause luy estoit attribué cest honneur; mais que s'il avoit aucune chose bien faicte, madame de Fluxas en estoit cause, qui luy avoit presté son menchon, et que à elle pour luy remectoit de donner le pris où bon luy sembleroit. Le seigneur de Fluxas, qui congnoissoit la grande honnesteté du bon Chevalier, n'en entra aucunement en jalousie, et vint droit à sa femme, avecques le seigneur de Grantmont, qui luy dist : « Madame, present vostre mary que vecy, « monseigneur de Bayart, à qui on donne le pris du « tournoy, a dit que c'est vous qui l'avez gaigné, au « moyen de vostre menchon que luy donnastes; par-

« quoy il le vous envoye pour en faire ce qu'il vous « plaira. » Elle, qui tant sçavoit d'honneur que merveilles, ne s'en effraya aucunement, ains treshumblement remercia le bon Chevalier de l'honneur qu'il luy faisoit, et dist ces motz : « Puis qu'ainsi est que mon- « seigneur de Bayart me fait ce bien de dire que mon « menchon luy a fait gaigner le pris, je le garderay « toute ma vie pour l'amour de luy; mais du ruby, « puis que pour le mieulx faisant ne le veult accep- « ter, je suis d'advis qu'il soit donné à monseigneur « de Mondragon; car on tient que c'est celluy qui a « mieulx fait apres luy. » Ainsi qu'elle ordonna fut acomply, sans ce qu'on en ouyst aucun murmurer. Si fut madame Blanche bien joyeuse d'avoir fait telle nourriture que du bon Chevalier dont tout le monde disoit bien. Le pris donné, les dances commencerent, qui durerent jusques apres mynuyt, que chascun se retira. Les gentilz hommes françois furent encores cinq ou six jours à Carignan, en joye, et desduyt, faisans grant chere, puis s'en retournerent en leurs garnisons. Le bon Chevalier print aussi congé de madame sa bonne maistresse, à laquelle il dist qu'il n'y avoit prince ne princesse en ce monde, apres son souverain seigneur, qui eust plus de commandement sur luy qu'elle y en avoit, dont il fut remercié grandement. Ce fait, convint aller prendre congé de ses premieres amours, la dame de Fluxas, qui ne fut pas sans tumber larmes de la part d'elle, et de son costé estoit le cueur bien serré. L'amour honneste a duré entre eulx deux jusques à la mort, et n'estoit année qu'ilz ne s'envoyassent presens l'ung à l'autre. En la ville de Carignan ne au chasteau, durant ung moys, ne fut autre propos tenu que de la prouesse, honneur, doulceur et courtoisie du bon Chevalier; et estoit autant prisé et aymé leans, que s'il en eust deu estre heritier. Il y trouva, luy y estant servant en quelque office, Pizou de Chenas, qui avoit esté maistre palefrenier du duc Charles de Savoye son maistre, et duquel il avoit eu autresfois du plaisir; ce qu'il vouloit alors recongnoistre; car, apres l'avoir mené à son logis et fait bien traicter, luy donna ung cheval qui valloit bien cinquante escus, dont le bon homme de bon cueur le remercia. Il luy demanda qu'estoit devenu son escuyer du temps qu'il estoit en la maison de monseigneur de Savoye. Pizou de Chenas luy dist qu'il se tenoit à Moncallier, où il estoit maryé et retiré, et qu'il estoit devenu fort gouteux. Le bon Chevalier, non ingrat des gracieusetez que par le passé luy avoit faictes, par ledit Pizou mesmes luy envoya une fort bonne et belle mulle. Et monstroit bien, en ce faisant, qu'il n'avoit pas mis en oubly les biens qu'on luy avoit faitz en jeunesse.

CHAPITRE XIV.

Comment le seigneur Ludovic Sforce retourna d'Almaigne, avecques bon nombre de lansquenetz, et reprint la ville de Milan sur les François.

Vous avez entendu comment le seigneur Ludovic se retira en Almaigne, devers le roy des Rommains; et fault entendre qu'il n'y alla pas sans porter deniers, car, au faict qu'il vouloit entreprendre, en avoit bien à besongner; et le monstra par effect, car, peu de temps apres son chassement, retourna en Lombardie, avecques bon nombre de lansquenetz et quelques Suysses, aucuns hommes d'armes Bourgongnons, et force chevaulx d'Almaigne.

Et le troisiesme jour de janvier, par quelque intelligence, reprint la ville de Milan, dont furent les François chassez, combien que le chasteau demoura tousjours entre les mains du Roy. A l'exemple de Milan, se revolterent plusieurs villes en la duché, entre les autres, toutes celles du chemin de Gennes, comme Tortonne, Vaugayre, et plusieurs chasteaulx. Quant le roy de France eut entendu le trouble de sa duché, comme prince magnanime et vertueux, dressa une grosse armée pour y envoyer, dont il fist chiefz le seigneur de Ligny et le seigneur Jehan Jacques, qui assemblerent leur armée en l'Astizanne; et commencerent à marcher. Or, durant que le seigneur Ludovic fut dedans Milan, et peu apres qu'il l'eut repris, fault que je vous face ung compte du bon Chevalier sans paour et sans reprouche. Il estoit demouré, par le congé de son maistre, en Ytalie, quant le roy de France s'en retourna, pource qu'il desiroit, sur toutes choses, les armes, et ymaginoit bien qu'il ne povoit demourer longuement que le seigneur Ludovic, qui estoit allé chercher secours en Almaigne, ne retournast avecques puissance, et par ce moyen y auroit combatu; car, à la premiere conqueste de la duché, ne s'estoit pas fait grans armes. Il estoit en garnison à vingt mille de Milan, avecques d'autres jeunes gentilz hommes, et faisoient chascun jour courses, les ungs sur les autres, belles à merveilles.

Ung jour fut ledit bon Chevalier adverty que dedans

Binaz y avoit trois cens chevaulx, qui seroient bien aysez à deffaire : si pria ses compaignons que leur plaisir feust luy tenir compaignie à les aller visiter. Il estoit tant aymé de tous, que facillement luy fut sa requeste accordée. Si s'apresterent de bon matin, et s'en allerent, jusques au nombre de quarante ou cinquante hommes d'armes, pour essayer s'ilz feroient quelque bonne chose. Le cappitaine qui estoit dedans Binaz estoit tresgentil chevalier, sage et advisé à la guerre, et s'appelloit messire Jehan Bernardin Cazache. Il avoit bonnes espies, par lesquelz entendit comment les François chevauchoient pour le venir trouver. Il ne voulut pas attendre d'estre pris au nyt. Si se mist de sa part en ordre, et se tira hors des barrieres, la portée de deux ou trois getz d'arc. Si va adviser ses ennemys, qui luy donnerent grant joye ; car, selon son jugement, au peu de nombre qu'ilz estoient, pensoit bien qu'ilz ne luy feroient point de deshonneur. Ilz commencerent à approcher les ungs contre les autres, crians : *France! France! More! More!* et à l'aborder y eut grosse et perilleuse charge; car de tous les deux costez en fut porté par terre, qui remonterent à grant peine. Qui eust veu le bon Chevalier faire faictz d'armes, entamer testes, coupper bras et jambes, eust plustost esté pris pour lyon furieux que pour damoisel amoureux. Brief, ce combat dura une heure, qu'on n'eust sceu dire qui avoit du meilleur, qui faschoit fort à icelluy bon Chevalier. Lequel parla à ses compaignons, disant: « Hé, messeigneurs, nous tiendrons tout au jour« d'huy ce petit nombre de gens. Si ceulx qui sont « dedans Milan en estoient advertiz, jamais nul de nous « ne se sauveroit. Acoup prenons courage, je vous

« supplie, et poussons cecy par terre. » Aux parolles du bon Chevalier, s'esvertuerent ses compaignons, et en cryant tous d'une voix : *France! France!* livrerent ung aspre et merveilleux assault aux Lombars. Lesquelz commencerent à perdre place, et à eulx reculler tousjours, eulx deffendans tresbien. Mais en ce reculement firent plus de quatre ou cinq mille, tirant vers Milan, où, quant ilz se veirent si pres, tournerent bride; et, à course de cheval, à qui mieulx mieulx, prindrent la fuyte vers la ville.

Les François chasserent tant qu'ilz en furent bien pres. Alors fut cryé par quelcun des plus anciens, et qui fort bien entendoit la guerre : *Tourne, homme d'armes! tourne* ; à quoy chascun entendit, excepté le bon Chevalier, qui, tout eschauffé, tousjours chassoit et poursuyvit ses ennemys : de sorte que, pesle mesle parmy eulx, entra dedans Milan, et les suyvit jusques devant le palais, où estoit logé le seigneur Ludovic. Et pource qu'il avoit les croix blanches, tout le monde cryoit apres luy : *Pille! pille!* Il fut environné de toutes pars, et prins prisonnier du seigneur Jehan Bernardin Cazache, qui le mena à son logis, et le fist desarmer. Si le trouva fort jeune gentil homme, comme de l'aage de vingt et deux à vingt et trois ans, dont il s'esmerveilla, et mesmement comment en tel aage povoit avoir en luy tant de prouesse qu'il en avoit congneue. Le seigneur Ludovic, qui avoit ouy le bruyt, demanda que c'estoit : aucuns qui avoient entendu l'affaire, le luy compterent, et comment le seigneur Jehan Bernardin, estant à Bynas, avoit esté chargé des François, qui en fin l'avoient repoussé jusques dedans Milan, et, parmy eulx à la chasse, estoit entré pesle mesle ung desditz François, qu'on tenoit à merveilles vaillant et hardy gentil homme, et n'estoit riens si jeune. Alors commanda qu'on l'allast querir, et qu'il luy feust amené; ce qui fut fait incontinent.

CHAPITRE XV.

Comment le seigneur Ludovic voulut veoir le bon Chevalier sans paour et sans reprouche; et comment, apres avoir devisé avecques luy, le renvoya, et luy fist rendre son cheval et ses armes.

On alla incontinent au logis du seigneur Jehan Bernardin, chercher son prisonnier, pour l'amener au seigneur Ludovic qui le demandoit. Il eut paour que en la fureur icelluy seigneur Ludovic luy fist faire quelque desplaisir. Il estoit courtois et gracieux gentil homme: si le voulut mener luy mesmes, apres l'avoir vestu d'une de ses robes, et mis en estat de gentil homme. Si le vint presenter au seigneur, qui s'esmerveilla quant il le veit si jeune et on luy donnoit si grant los. Toutesfois luy adressa son parler, en disant: « Venez ça, mon gentil homme: qui vous a amené en « ceste ville? » Le bon Chevalier, qui ne fut de riens esbahy, luy respondit: « Par ma foy, monseigneur, « je n'y pensois pas entrer tout seul, et cuydois bien « estre suyvy de mes compaignons, lesquelz ont mieulx « entendu la guerre que moy, car s'ilz eussent fait ainsi « que j'ay, ilz feussent comme moy prisonniers. Toutes- « fois, apres mon inconvenient, je me loue de fortune, « de m'avoir fait tumber entre les mains d'ung si bon

« maistre que celluy qui me tient; car c'est ung tres-« vaillant et advisé chevalier. »

Apres luy demanda le seigneur Ludovic, par sa foy, de combien estoit l'armée du roy de France. « Sur mon « ame, monseigneur, respondit-il, à ce que je puis « entendre, il y a quatorze ou quinze cens hommes « d'armes, et seize ou dixhuyt mille hommes de pied; « mais ce sont tous gens d'eslite, qui sont deliberez si « bien besongner à ceste fois qu'ilz asseureront l'Estat « de Milan au Roy nostre maistre; et me semble, « monseigneur, que seriez bien en aussi grande seu-« reté en Almaigne que vous estes icy, car voz gens « ne sont pas pour nous combatre. » Tant asseurée-ment parloit le bon Chevalier, que le seigneur Ludovic y prenoit grant plaisir, ce neantmoins que son dire feust assez pour l'estonner. Mais, pour monstrer qu'il ne se soucioit pas grandement du retour des François, luy dist, comme par risée : « Sur ma foy, « mon gentil homme, j'ay belle envie que l'armée du « roy de France et la mienne se trouvent ensemble, à « celle fin que par la bataille se puisse congnoistre à « qui de droit appartient cest heritage : car je n'y voy « point d'autre moyen.—Par mon serment, monsei-« gneur, dist le bon Chevalier, je vouldrois que ce feust « dés demain, pourveu que je feusse hors de prison. « — Vrayement à cela ne tiendra pas, respondit le « seigneur, car je vous en metz dehors presentement, « et feray à vostre maistre : mais davantage deman-« dez moy ce que vous vouldrez, et je le vous donne-« ray. »

Le bon Chevalier, qui le genoil en terre remercia le seigneur des offres qu'il luy faisoit, comme estoit bien raison, luy dist : « Monseigneur, je ne vous demande autre « chose sinon que, si vostre courtoisie se vouloit tant « estendre que de me faire rendre mon cheval et mes « armes, que j'ay apportées dedans ceste ville, et m'en « envoyer ainsi devers ma garnison, qui est à vingt « mille d'icy, me feriez ung tresgrant bien, dont toute ma « vie me sentiroys obligé à vous; et, hors le service du « Roy mon maistre, et mon honneur saufve, le voul- « droys recongnoistre en ce qu'il vous plairoit me com- « mander. — En bonne foy, dist le seigneur Ludovic, « vous aurez presentement ce que demandez. » Si dist au seigneur Jehan Bernardin : « Acoup, cappitaine, « qu'on luy trouve cheval, armes et tout son cas. — « Monseigneur, dist le cappitaine, il est bien aisé à trou- « ver; tout est à mon logis. » Si y envoya incontinent deux ou trois serviteurs, qui apporterent ses armes, et amenerent son cheval; et le fist armer le seigneur Ludovic devant luy. Quant il fut acoustré, monta sur son cheval sans mestre pied à l'estrief; puis demanda une lance, qui luy fut baillée; et, levant sa veue, dist au seigneur : « Monseigneur, je vous remercie de la cour- « toysie que m'avez faicte; Dieu le vous vueille ren- « dre. » Il estoit en une belle grande court. Si commencea à donner de l'esperon au cheval, lequel fist quatre ou cinq saulx, tant gaillardement que impossible seroit de mieulx; et puis luy donna une petite course, en laquelle contre terre rompit sa lance en cinq ou six pieces, dont le seigneur Ludovic ne s'esjouyt pas trop, et dist tout hault ces parolles : « Si « tous les hommes d'armes de France estoient pareilz « à cestuy cy, j'aurois mauvais party. » Ce neantmoins, luy fist bailler une trompette pour le conduyre jusques à sa garnison; mais il ne fut pas si avant, car ja estoit l'armée des François à dix ou douze mille de Milan, qui estoit toute abreuvée de ce que le bon Chevalier estoit pris, et par sa hardiesse : toutesfois il y avoit eu de la jeunesse meslée parmy. Quant il fut arrivé au camp, s'en alla incontinent devers son bon maistre le seigneur de Ligny, qui, en riant, luy dist : « Hé! comment, Picquet, qui vous a mis hors de « prison? Avez vous payé vostre rançon? Vrayement, « je voulois envoyer ung de mes trompettes pour vous « chercher, et la payer. — Monseigneur, dist le bon « Chevalier, je vous remercie treshumblement de vos- « tre bon vouloir; le seigneur Ludovic m'a delivré par « sa grande courtoysie. » Si leur compta, de point en point, comme tout estoit allé de sa prinse et de sa delivrance. Tous ses compaignons le vindrent veoir, qui luy firent grant chere. Le seigneur Jehan Jacques luy demanda s'il esperoit, à veoir la contenance du seigneur Ludovic, et à l'ouyr parler, s'il donneroit la bataille : à quoy il respondit : « Monseigneur, il ne m'a « pas tant declairé de ses affaires, ne si avant. Toutes- « fois, à le veoir, il est homme qui pour peu de chose « n'est pas aysé à estonner; vous verrez que ce pourra « estre en peu de jours. De luy ne me sauroye plaindre, « car il m'a fait tresbon et honneste party. La pluspart « de ses gens sont dedans Novarre; il a deliberé les « faire venir à Milan, ou aller à eulx. »

CHAPITRE XVI.

Comment le seigneur Ludovic se retira dedans Novarre, doubtant que les François entrassent dedans Milan par le chasteau; et comment il fut prins.

Quant le seigneur Ludovic congneut l'armée du roy de France si pres de Milan, et que le chasteau estoit hors de ses mains, il se doubta d'estre surpris dedans la ville. Si se desroba de nuyt avecques ce qu'il avoit de gens dedans Milan, aumoins peu y en laissa avecques son frere le cardinal d'Escaigne, et s'en alla veoir son armée qui estoit dedans Novarre; où, quant il fut sceu au camp du roy de France, ses lieuxtenans, où peu de jours avoit que le seigneur de La Trimoille y estoit arrivé, delibererent l'aller assaillir audit lieu de Novarre. Le seigneur Ludovic avoit beaucoup de gens; mais ilz estoient de nations fort differentes, comme Bourgongnons, lansquenetz et Suysses, et par ce trop plus mal aisez à gouverner; car, en quelque sorte que les choses allassent, peu de jours apres fut rendue la ville de Novarre es mains des lieuxtenans dudit roy de France. Et, pource qu'on faisoit courir le bruyt que le seigneur Ludovic n'estoit pas dedans la ville, et qu'il s'estoit retiré en Almaigne, pour la seconde fois, fut ordonné que les gens de pied passeroient par dessoubz la picque, ce qu'ilz firent. Et parmy eulx fut congneu le povre seigneur Ludovic, qui se rendit, quant il veit que force luy estoit, au seigneur de Ligny. Je ne sçay qui fist l'affaire, mais il fut plus que mal servy. Ce fut le vendredy devant Pasques flories, oudit an 1500. Le reste de son armée s'en alla bagues saufves. Je croy bien qu'ilz eurent quelque payement, car on disoit que les Suysses que le seigneur Ludovic avoit avecques luy s'estoient mutinez, à faulte de payement: mais depuis j'ay entendu du contraire, et que le bailly de Dyjon (1), qui avoit gros credit avecques eulx, les avoit gaignez : joinct aussi qu'en l'armée du Roy y en avoit beaucoup plus gros nombre qu'ilz n'estoient dedans Novarre, et s'excusoient de ne combatre point les ungs contre les autres. J'ay veu advenir plusieurs fois cela, qui a porté beaucoup de dommage en France.

Or, quoy que ce feust, le seigneur Ludovic demoura prisonnier, fut mené en France droit à Lyon, depuis au liz Sainct George, et en fin au chasteau de Loches, ouquel il a finé ses jours. Ce fut une grosse pitié, car il avoit esté triumphant prince en sa vie : mais fortune luy monstra au derrenier son rigoureux visage. Le cardinal d'Escaigne, son frere, lequel estoit demouré dedans Milan, quant il sceut l'inconvenient, feist saulver en Almaigne ses deux nepveux, enfans dudit seigneur Ludovic, devers le roy des Rommains; et de luy se mist en fuyte, bien et grossement acompaigné, comme de quatre à cinq cens chevaulx, vers Boulongne; mais en chemin, par ung cappitaine venicien, nommé Soussin de Gonzago, fut pris prisonnier; et depuis le mist entre les mains des François : mais il ne rendit pas les meubles (2) et son cariage, qu'on

(1) *Le bailly de Dyjon :* Antoine de Bessey, baron de Trichastel. — (2) On a vu le contraire dans les Mémoires de La Trémouille : il y est dit que les Véniticns en rendirent la majeure partie.

estimoit valloir deux cens mille ducatz. Ne demoura gueres de temps apres, quant ceulx de la duché de Milan sceurent la prinse de leur seigneur, j'entendz ceulx lesquelz à son retour s'estoient revoltez, ne se retournassent François, en grant crainte d'estre pillez et sacayez; mais ilz y trouverent toute doulceur et amytié, car ilz avoient affaire à bon prince et à vertueux cappitaines.

CHAPITRE XVII.

Comment le seigneur de Ligny alla visiter Vaugayre, Tortonne, et autres places en la duché de Milan, que le Roy luy avoit données; et d'ung gentil tour qu'y fist le bon Chevalier.

Il fault entendre que quant le roy de France eut fait sa premiere conqueste de la duché de Milan, il voulut recompenser ses bons serviteurs, en leur donnant terres et seigneuries oudit duché, mesmement au seigneur de Ligny, Tortonne, Vaugayre, et quelques autres places, où ilz s'estoient revoltez quant le seigneur Ludovic revint d'Almaigne, qui avoit fort fasché audit seigneur de Ligny. Si se delibera de les aller veoir, et mena en sa compaignie le vertueux cappitaine Loys d'Ars, son lieutenant, le bon Chevalier sans paour et sans reprouche, qui portoit son guydon alors, et plusieurs autres gentilz hommes. Si vint jusques à Alexandrie, et faisoit courir le bruyt qu'il mettroit Tortonne et Vaugayre à sac, combien qu'il n'en avoit nulle voulenté, car il estoit de trop bonne nature. Quant ses subgectz sceurent sa venue, et le bruyt qui couroit de leur destruction, furent, et non sans cause, bien estonnez. Si eurent conseil ensemble qu'ilz envoyeroient au devant de leur seigneur, le plus humblement qu'ilz pourroient, pour impetrer misericorde; ce qu'ilz firent; et jusques au nombre de vingt des plus apparens le vindrent trouver à deux mille de Vaugayre, pour luy cuyder faire la reverence, et eulx excuser: mais, combien qu'on les monstrast audit seigneur de Ligny, et les congneust assez, ne fist pas semblant de les veoir, et tira oultre, jusques dedans la ville, au logis qui estoit pris pour luy.

Les povres gens qui estoient allez au devant furent bien estonnez de si estrange recueil. Si se retirerent en leur ville le plus doulcement qu'ilz peurent, et chercherent moyen de parler au cappitaine Loys d'Ars pour faire leur appoinctement envers le seigneur; ce qu'il promist à son possible faire, car jamais ne fut gentil homme de meilleur nature. Si leur assigna jour à lendemain; ce pendant alla faire ses remonstrances au seigneur de Ligny, luy suppliant qu'en sa faveur il les voulsist escouter; qui luy fut accordé. Et le lendemain, apres le disner, cinquante des plus apparens de la ville vindrent à son logis, et, testes nues, se gecterent à genoulx devant luy, en criant *misericorde;* puis commencea à parler l'ung d'entre eulx, homme fort eloquent, et en langage ytalien profera telles ou semblables parolles : « Monseigneur, voz treshumbles et « tresobeyssans subjectz et serviteurs de ceste povre « ville vostre, de tout leur cueur se recommandent « treshumblement à vostre bonne grace, vous sup- « pliant, par vostre gentillesse, leur vouloir pardonner

« l'offense qu'ilz ont faicte, tant envers le roy de France « leur souverain, que vous, pour eulx estre revoltez. « Et ayez à considerer en vostre cueur que la ville « n'est pas pour tenir contre une puissance ; et que, « quelque chose qu'ilz ayent faicte, leur cueur n'est « jamais mué qu'il ne soit demouré bon François. Et « si par leur povreté d'esperit ilz ont fait une lourde « faulte, par vostre grant bonté leur vueille estre « appaisée. Vous asseurant, monseigneur, que jamais « plus ne les y trouverrez; et où, comme de Dieu « habandonnez, une autre fois ilz retourneroient, « se mectent eulx, leurs enfans et femmes, avecques « tous leurs biens, pour en disposer ainsi qu'il vous « plaira. Et en signe qu'ilz veullent demourer envers « vous telz que je vous dis, vous font en toute humi« lité ung petit present, selon leur puissance, qui « est de trois cens marcs de vaisselle d'argent, lequel « il vous plaira prendre, en demonstrant que vostre « yre est cessée sur eulx. »

Alors se teut, et fist apparoistre sur deux tables, bassins, tasses, gobeletz, et autre maniere de vaisselle d'argent, que ledit seigneur de Ligny ne daigna regarder. Mais, en homme courroucé, fierement respondit : « Comment, meschans, lasches et infames, estes « vous si hardis d'entrer en ma presence, qui, comme « failliz de cueur, sans cause ni moyen, vous estes revol« tez ? Quelle foy desormais pourray je avoir en vous ? « Si on feust venu mettre le siege devant vostre ville, « icelle canonner et assaillir, c'eust esté autre chose : « mais ennemy ne s'est jamais monstré ; qui fait assez « apparoistre que de vostre propre voulenté estes re« tournez à l'usurpateur de ceste duché. Si je faisois

« mon devoir, ne vous ferois je pendre et estrangler, « comme traystres et desloyaulx, aux croysées de voz « fenestres? Allez, fuyez de devant moy ; que jamais « ne vous voye. » En disant lesquelles parolles, les povres citoyens estoient tousjours à genoulx.

Alors le vaillant et prudent cappitaine Loys d'Ars mist le bonnet hors de la teste, et, ung genoil en terre, dist : « Monseigneur, pour l'honneur de Dieu et de sa « passion, faictes moy ceste grace que à ma requeste « leur vueillez pardonner vostre maltalent ; car je « leur ay promis, et jamais n'auroient fiance en moy, « si m'aviez reffusé. J'espere, monseigneur, que toute « vostre vie les trouverrez bons et vrais subjectz. » Et les povres gens, sans attendre qu'on replicquast, commencerent tous d'une voix à crier : *Monseigneur, il sera ainsi que dit le cappitaine, au plaisir de monseigneur.* Le bon seigneur de Ligny, ouye leur clameur, meu de pitié, et quasi larmoyant, les fist lever, et leur declaira deux propos, l'ung d'amytié et l'autre de rudesse, pour monstrer qu'ilz avoient grandement failly.

Quant à l'ung dist : « Allez, pour l'amour du cap- « pitaine Loys d'Ars, qui tant m'a fait de services que « pour beaucoup plus grosse chose ne le vouldrois ref- « fuser, je vous pardonne, et n'y retournez plus. Mais « au regard de vostre present, je ne le daignerois « prendre, car vous ne le vallez pas. » Si regarda autour de luy, et advisa le bon Chevalier, auquel il dist : « Picquet, prenez toute ceste vaisselle ; je la vous donne « pour vostre cuysine. » A quoy soubdainement respondit : « Monseigneur, du bien que me faictes tres- « humblement vous remercie; mais ja Dieu ne plaise

« que biens qui viennent de si meschans gens que ceulx « cy, entrent en ma maison: ilz me porteroient mal- « heur. » Si prent piece à piece toute ceste vaisselle, et à chascun qui estoit là en fist present, sans que pour luy en retiensist la valleur d'ung denier : qui fist esbahir toute la compaignie, car alors il n'eust sceu finer de dix escus.

Quant il eut tout donné, partit hors de la chambre ; aussi firent les habitans. Si commença à dire le seigneur de Ligny à ceulx qui estoient demourez : « Que « voulez vous dire, messeigneurs? avez vous veu le « cueur de Picquet et sa liberalité? Ne luy fist pas « Dieu grant tort, qu'il ne le fist roy de quelque « puissant royaulme? il eust acquis tout le monde à « luy par sa grace. Croyez moy que ce sera une fois « ung des plus parfaictz hommes du monde. » Brief, toute la compaignie donna grande louenge au bon Chevalier. Quant le seigneur de Ligny eut ung peu pensé pour ce jour, et consideré que ne luy estoit riens demouré du present qu'il luy avoit fait, le lendemain à son lever luy envoya une belle robbe de veloux cramoisy, doublée de satin broché, ung fort excellent coursier, et trois cens escus en une bourse, qui ne luy durerent gueres ; car ses compaignons y eurent part comme luy (1). Peu de jours demoura le

(1) *Y eurent part comme luy :* Pendant cette campagne, Bayard vainquit en combat singulier Hyacinthe Simonetta, parent du chancelier de Milan que Ludovic avoit fait périr. Cette anecdote ne se trouve que dans Alcyat, jurisconsulte italien, qui reproche à Simonetta son imprudence, et qui regarde sa défaite comme un présage funeste pour la maison de Sforce. *Cognovi strenuos equites, dum nimium elegantiæ student, in armis conclusos, victoriam è manibus emisisse : ex quibus vel minime insignis fecit Hyacinthus Simonetta, mediola-*

seigneur de Ligny qu'il ne retournast à Milan, où estoit venu le cardinal d'Amboyse, lieutenant general pour le Roy; et de là s'en vint en France.

CHAPITRE XVIII.

Comment le Roy de France envoya grosse armée à Naples, où il fist son lieutenant general le seigneur d'Aubigny.

Vous avez entendu, par cy devant, comment, apres la mort de monseigneur de Monpensier, les Neapolitains se revolterent, et s'en vindrent tous les François en France; dont le roy Charles huytiesme fut fort desplaisant, et s'en feust vengé s'il eust vescu: mais mort le prevint. Incontinent que le roy Loys douziesme vint au regne, il voulut entendre à la conqueste de sa duché de Milan; parquoy les affaires dudit royaulme de Naples demourerent long temps en suspens; et estoit desja mort Ferrand, filz d'Alphonce, et regnoit oudit royaulme son oncle Federic. Entendre devez une chose, c'est que quant le feu roy Charles conquesta le royaulme, il maria son cousin, le seigneur de Ligny, à une grant dame du pays, appellée la princesse d'Altemore (1); mais gueres ne vesquit, car quant ledit roy

nensis, Bayardo gallo congressus, quo tempore primum Franci in Italiam prorupere: manifestum calamitatis sfortiacæ, quæ mox subsecuta est, præsagium.

(1) *La princesse d'Altemore:* Eléonore de Baux, d'une illustre maison de Provence, qui avoit autrefois possédé la principauté d'Orange. Champier parle ainsi de cette femme intéressante: « Ligny épousa à « Naples une princesse, laquelle depuis mourut de mélancolie, à cause « que ledict seigneur retournoit en France, devers le roy Charles. »

[v]oulut retourner en France, amena avecques luy le[d]it seigneur de Ligny, dont bien tost apres, ainsi que [l]e bruit fut, ladicte dame mourut de dueil.

Par le trespas d'elle, et aussi par don que icelluy [r]oy Charles en avoit fait, estoient demourées oudit [r]oyaulme plusieurs terres audit seigneur de Ligny, [m]esmement en la Pouille, comme Venoze, Canoze, Monervyne, Bezeille, et plusieurs autres. Si print [v]oulenté au roy Loys douziesme d'envoyer reconquester sondit royaulme de Naples, et y cuydoit bien [a]ller ledit seigneur de Ligny : mais par deux fois luy [f]ut le voyage rompu, dont aucuns voulurent dire que [d]e dueil il en mourut. Si y fut envoyé pour lieute[n]ant general le seigneur d'Aubigny, ung tresgentil et [v]ertueux cappitaine, tresbien acompaigné de gens de [c]heval et de pied; entre lesquels estoit la compaignie [d]u seigneur de Ligny, que mena et conduyt son bon [l]ieutenant, le cappitaine Loys d'A[r]s. Or n'avoit garde [d]e demourer le bon Chevalier derrie[r]e, ains demanda [c]ongé à son bon seigneur de maistre, qui à grant re[g]ret le luy donna, car desja l'avoit pris en grant [a]mour; et depuis ne se veirent l'ung l'autre.

Ainsi marcha ce vaillant cappitaine le seigneur [d]'Aubigny (1) droit audit royaulme, où il fist si bonne [d]iligence, et trouva domp Federic si peu de secours [e]t d'amytié parmy ses hommes, qu'il fut contrainct [d']abandonner le royaulme; et fist quelque composi[ti]on avecques icelluy seigneur d'Aubigny, qui l'en[v]oya avecques sa femme et enfans en France, où il fut [r]eceu tresbien du Roy. Et luy fut baillé la duché d'An-

(1) *Le seigneur d'Aubigny* : Berault Stuart, de la maison royale d'E[c]osse. Il commandoit la garde écossaise de Louis XII.

jou et d'autres terres, suyvant la composition faicte, et dont il a jouy jusques à sa mort. Depuis, sa femme ne fut pas trop bien traictée (1), dont il me semble que ce fut mal fait, et pour une femme de roy a esté depuis veue en grande necessité. Le royaulme de Naples pris par ce seigneur d'Aubigny, assist ses garnisons par compaignies; et fut celle du seigneur de Ligny mise sur ses terres, dont le cappitaine Loys d'Ars bailla le gouvernement d'aucunes au bon Chevalier, qui en fist tresbien son devoir. Et furent quelque temps en paix le roy d'Arragon qui y pretendoit quelque droit, et le roy de France qui luy en avoit laissé quelque porcion. Et fut icelle paix criée, l'année mesmes, à Lyon, entre France, Espaigne et le roy des Rommains, par le moyen de l'archeduc d'Autriche, qui avoit à femme l'aisnée fille d'Espaigne; et avecques elle en retournoit, passa par Lyon, et alla veoir sa seur, alors duchesse de Savoye. Mais ce fut une paix fourrée; car en ce mesme instant le roy d'Arragon envoya grosse puissance à Gonssalle Ferrande, estant audit royaulme par l'intelligence du pape Alexandre, qui reprist la ville de Naples, et la pluspart dudit royaulme fut revolté. Ledit seigneur d'Aubigny y fist ce qu'il peut: mais en fin fut contrainct de se retirer en la Pouille.

Je ne suis pas deliberé de traicter autrement de ce qui advint oudit royaulme de Naples durant deux ou trois ans, ne des batailles de la Sezignolle, de Joye, du Garillan, et plusieurs autres, dont en aucunes gaignerent les François, et en autres perdirent; car il est assez escript

(1) *Sa femme ne fut pas trop bien traictée* : Frédéric avoit eu deux femmes, Anne, princesse de Savoie, et Isabelle, fille du duc d'Andria: C'est cette dernière dont il est question.

ailleurs. Combien que au derrenier ne sçay si ce fut par faulte d'ordre, ou de bien combatre, les François en furent chassez de tous pointz l'an 1524, et depuis n'y retournerent. Je ne sçay si tel estoit le vouloir de Dieu : mais sans difficulté celluy qui les en chassa ne celluy qui le tient à present n'y ont aucun droit, sinon par la force, qui est le poinct où tous princes taschent en fin de venir. Je veulx seullement parler des fortunes qui advindrent au bon Chevalier sans paour et sans reprouche, durant la guerre guerroyable que eurent ensemble François et Espaignolz. Et premier vous diray d'une fortune qui luy advint.

CHAPITRE XIX.

Comment le bon Chevalier sans paour et sans reprouche sortit de sa garnison de Monervyne ; comment il trouva Espaignolz sur les champs, et ce qu'il en advint.

Estant le bon Chevalier en une garnison, où le vaillant cappitaine Loys d'Ars l'avoit logé, qui s'appelloit Monervyne, avecques aucuns de ses compaignons, ennuyé d'estre si longuement en caige, sans aller veoir les champs, leur dist ung soir : « Messei« gneurs, il me semble que nous cropissons trop en « ce lieu, sans aller veoir noz ennemys; il en pour« roit de trop demourer advenir deux inconveniens : « l'ung, que par faulte d'exercer les armes souvent, « deviendrions tous effeminez ; l'autre, que à noz en« nemys le cueur pourroit croistre, pensant entre eulx « que, pour la crainte qu'en avons, n'osons partir de « nostre fort. Parquoy je suis deliberé d'aller demain

« faire une course entre cy et Andre, ou Barlete :
« peult estre aussi que nous trouverrons de leur costé
« coureurs, ce que je desireroys à merveille; car nous
« nous pourrons mesler ensemble, et à qui Dieu en
« donnera l'honneur si l'emporte. »

A ces parolles, n'y eut celluy qui respondist autrement que à sa voulenté. Si firent le soir ceulx qui devoient estre de la course regarder si riens failloit à leurs chevaulx, et se misrent en ordre comme pour achever ce qu'ilz avoient entrepris. Si se leverent assez matin, et se misrent aux champs, environ trente chevaulx, tous jeunes gentilz hommes et bien deliberez, chevaucherent vers les garnisons de leurs ennemys, esperans d'avoir quelque bonne rencontre. Le jour mesmes estoit sorty de la ville d'Andre, pour pareillement courir sur les François, ung gentil homme espaignol, parent prochain du grant cappitaine Gonssalle Ferrande, qui s'appelloit domp Alonce de Soto majore, ung fort gentil chevalier, et expert aux armes, qui en sa compaignie avoit quarante ou cinquante chevaulx d'Espaigne, sur lesquelz estoient gentilz hommes tous esleuz aux armes. Et telle fut la fortune des deux cappitaines, que au descendre d'ung tertre se vont veoir les ungs les autres, environ la portée d'ung canon. Je ne vous sçauroye dire lequel fut le plus joyeulx, mesmement quant ilz apperceurent que leur puissance estoit pareille. Si commencea le bon Chevalier, apres ce qu'il eut au vray apperceu les croix rouges, parler à ses gens, ausquelz il dist : « Mes amys,
« au combat sommes venuz. Je vous prie que chascun
« ait son honneur pour recommandé, et si vous ne me
« voyez faire aujourd'huy mon debvoir, reputez moy

« lasche et meschant toute ma vie. » Tous respondirent : « Allons, cappitaine, donnons dedans, n'attendons pas qu'ilz ayent l'honneur de commencer. »

Alors baisserent la veue, et, en criant *France! France!* se mettent au grant galop pour charger leurs ennemys; lesquelz, d'une asseurée et fiere contenance, à course de cheval, criant *Espaigne! Sant yago!* à la pointe de leurs lances gaillardement les receurent. Et en ceste premiere rencontre en furent portez par terre de tous les deux costez, qui furent relevez par leurs compaignons à bien grant peine. Le combat dura une bonne demye heure, qu'on n'eust sceu juger qui avoit du meilleur; et, comme chascun en desiroit l'yssue à sa gloire, se livrerent les ungz aux autres, comme s'ilz feussent tous fraiz, ung tresperilleux assault. Mais, comme chascun peult assez entendre, en telles choses est de necessité que l'ung ou l'autre demoure vaincqueur; si advint si bien au bon Chevalier, avecques la grant peine qu'il y mist et le courage qu'il donnoit à ses gens, qu'en ce derrenier assault rompit les Espaignolz; et y demoura sur le champ de mors jusques au nombre de sept, et bien autant de prisonniers. Le reste se mist à la fuyte, desquelz estoit ledit cappitaine domp Alonce; mais, de pres poursuivy par le bon Chevalier, qui souvent luy escrioit : *Tourne, homme d'armes, grand honte te sera mourir en fuyant,* voulut plustost eslire honneste mort, que honteuse fuyte; et, comme ung lyon eschauffé, se retourna contre ledit bon Chevalier, auquel il livra aspre assault, car sans eulx reposer se donnerent cinquante coups d'espée. Ce pendant fuyoient tousjours les autres Espaignolz, qui avoient habandonné leur cappitaine, et laissé seul. Ce neantmoins gaillardement se combatoit; et si tous les siens eussent fait comme luy, je ne sçay qui en fin eust eu du meilleur. Bref, apres avoir longuement combatu par les deux cappitaines, le cheval de domp Alonce se recreut, et ne vouloit tirer avant. Quoy voyant par icelluy bon Chevalier, dist ces parolles : *Rendz toy, homme d'armes, ou tu es mort.* — *A qui,* respondit-il, *me rendray-je?* — *Au cappitaine Bayart,* dist le bon Chevalier.

Alors domp Alonce, qui desja avoit ouy parler de ses faictz vertueux, aussi qu'il congnoissoit bien ne povoir eschapper, pour estre de toutes pars enclos, se rendit, et luy bailla son espée, qui fut receue à grant joye. Puis se misrent les compaignons au retour vers leur garnison, joyeulx de la bonne fortune que Dieu leur avoit ce jour donnée; car ilz n'y perdirent ung seul homme; bien y en fut blessé cinq ou six, et deux chevaulx tuez, mais ilz avoient des prisonniers pour les recompenser. Eulx arrivez à la garnison, le bon Chevalier, filz adoptif de dame courtoisie, qui desja par le chemin avoit entendu de quelle maison estoit le seigneur domp Alonce, le fist loger en une des belles chambres du chasteau; et luy donna une de ses robes, en luy disant ces parolles : « Seigneur domp Alonce, « je suis informé par les autres prisonniers qui sont « ceans, que vous estes de bonne et grosse maison, et, « qui mieulx vault, de vostre personne grandement « renommé en prouesse; parquoy ne suis pas deliberé « vous traicter en prisonnier; et, si vous me voulez « promettre vostre foy de ne partir de ce chasteau sans « mon congé, je le vous bailleray pour toute prison. Il « est grand : vous vous y esbatrez parmy nous autres,

« jusques à ce que vous ayez composé de vostre raen-« çon, et icelle payée, en quoy me trouverrez tout gra-« cieux. — Cappitaine, respondit domp Alonce, je vous « remercie de vostre courtoisie, vous asseurant sur ma « foy ne partir jamais de ceans sans vostre congé. » Mais il ne tint pas bien sa promesse, dont mal luy en print à la fin, comme vous orrez cy apres. Toutesfois ung jour, comme ilz devisoient ensemble, composa domp Alonce de sa raençon à mil escus.

CHAPITRE XX.

Comment domp Alonce de Soto majore se voulut desrober, par le moyen d'ung Albanoys qui le garnit d'ung cheval, mais il fut repris sur le chemin, et resserré en plus forte prison.

Quinze ou vingt jours fut domp Alonce avecques le cappitaine Bayart dit le bon Chevalier, et ses compaignons, faisant grant chere, allant et venant par tout le chasteau, sans ce que personne luy dist riens; car il y estoit sur sa foy, qu'on estimoit qu'il ne romproit jamais. Il en alla autrement, combien que de luy, ainsi qu'il dist apres, n'y avoit aucune faulte, ains s'excusoit que, pource qu'il ne venoit nulz de ses gens devers luy, alloit querir sa raençon luy mesmes pour icelle envoyer au bon Chevalier, qui estoit de mil escus. Toutesfois le cas fut tel: Domp Alonce, allant et venant par le chasteau, se fascha. Et ung jour, devisant avecques ung Albanoys qui estoit de la garnison du chasteau, luy dist: « Viença, Theode; si tu me veulx faire ung bon « tour, tu me le feras bien, et je te prometz ma foy

« que tant que je vivray n'auras faulte de biens. Il « m'ennuye d'estre icy, et encores plus que je n'ay « nouvelles de mes gens. Si tu veulx faire provision « d'ung cheval pour moy, considere que je ne suis en « ceste place aucunement gardé, je me sauveray bien « demain matin. Il n'y a que quinze ou vingt mille « jusques à la garnison de mes gens, j'auray fait cela « en quatre heures, et tu viendras avecques moy. Je « te feray fort bien appoincter, et si te donneray cin-« quante ducatz. »

L'Albanoys, qui fut avaricieux, le promist, combien qu'il luy dist devant : « Seigneur, j'ay entendu que « vous estes sur vostre foy par ce chasteau : nostre « cappitaine vous en feroit querelle. — Je ne veulx « pas rompre ma foy, dist domp Alonce; il m'a mis « à mil ducatz de raençon, je les luy envoyeray : je ne « suis obligé à autre chose. — Bien doncques, dist « Theode l'Albanoys; il n'y aura point de faulte que « demain au point du jour je ne soye à cheval à la « porte du chasteau : quant elle ouvrera, faictes sem-« blant de venir à l'esbat, et vous trouverrez le vos-« tre. » Cela fut accordé entre eulx, et executé le lendemain; car, ainsi qu'il fut proposé, se trouverent si bien à point, que sans ce que le portier s'en donnast autrement garde, pource que desja estoit adverty qu'il estoit sur sa foy, parquoy le laissoit aller et venir, domp Alonce monta à cheval, et s'en alla tant qu'il peut. Ne demoura gueres, que le bon Chevalier, qui estoit vigillant, vint en la basse court du chasteau, et demanda où estoit son prisonnier, car tous les matins se desduysoit avecques luy; mais personne ne luy peut enseigner. Si fut esbahy, et vint au portier, auquel il demanda s'il l'avoit point veu. Il dist que ouy, dés le point du jour, et pres de la porte. La guete sonna pour sçavoir où il estoit; mais il ne fut point trouvé, ne aussi ledit Theode Albanoys. Qui fut bien marry? ce fut le bon Chevalier.

Si commanda à ung de ses souldars, nommé Le Basco, et luy dist : « Acoup, montez à diligence à cheval, « vous dixiesme, et picquez droit vers Andre, veoir « si trouverez nostre prisonnier ; et si le trouvez, faic- « tes qu'il soit ramené mort ou vif; et si ce mes- « chant Albanoys est empoigné, qu'il soit ramené « aussi ; car il sera pendu aux creneaulx de ceans, « pour exemple de ceulx qui vouldroient ung autre « fois faire le lasche tour qu'il a fait. »

Le Basque ne fist autre delay, mais incontinent monta à cheval, et à pointe d'esperon, sans regarder qui alloit apres luy, combien qu'il fut tresbien suyvy, prist son chemin vers Andre, où à environ deux mille trouva domp Alonce descendu, qui habilloit les sangles de son cheval, qui estoient rompues ; lequel, quant il apperceut qu'il estoit poursuyvy, cuyda remonter, mais il ne peut. Si fut actainct, repris, et remonté. Theode ne fut pas si fol de se laisser prendre ; car il sçavoit bien qu'il y alloit de la vie. Si se sauva dedans Andre, et domp Alonce remené à Monervyne, où quant le seigneur bon Chevalier le veit, luy dist : « Hé ! com- « ment, seigneur domp Alonce ; vous m'avez pro- « mis vostre foy ne partir de ceans sans mon congé, « et vous avez fait le contraire ! Je ne me fieray plus en « vous ; car ce n'est pas honnestement fait en gentil « homme de se desrober d'une place quant on y est « sur sa foy. » Domp Alonce respondit : « Je n'estois

« pas deliberé en riens vous faire tort; vous m'avez « mis à mil escus de rançon, dedans deux jours les « vous eusse envoyez, et ce qui m'en a fait partir a « esté de desplaisir que j'ay pris pour n'avoir aucunes « nouvelles de mes gens. »

Le bon Chevalier, qui estoit encores tout courroucé, ne prist pas ses excuses en payement, ains le fist mener en une tour, et en icelle le tint quinze jours, sans toutesfois le mettre en fers, ne faire autre injure ; ains de son boire et manger estoit si bien traicté que par raison s'en povoit bien contenter. Au bout de quinze jours, vint une trompette demander sauf conduyt pour ung de ses gens qui luy vouloit apporter l'argent de sa rançon. Il fut baillé et par ainsi l'argent apporté deux jours apres: parquoy le seigneur domp Alonce fut de tous pointz delivré. Si print congé du bon Chevalier, et de toute la compaignie, assez honnestement, puis s'en retourna à Andre. Mais devant son partement il veit comme icelluy bon Chevalier donna entierement l'argent de sa rançon à ses souldars, sans pour luy en retenir ung seul denier.

CHAPITRE XXI.

Comment le seigneur domp Alonce de Soto majore se plaignit à tort du traictement que luy avoit fait le bon Chevalier, dont ilz vindrent au combat.

QUANT le seigneur domp Alonce fut arrivé à Andre, de tous ses compaignons et amys eut recueil merveilleux; car, à dire la verité, il n'y avoit homme en toute l'armée des Espaignolz plus estimé que luy, ne qui plus desirast les armes. Si le confortcrent le mieulx qu'ilz peurent, luy remonstrant qu'il ne se devoit point fascher d'avoir esté prisonnier; que c'estoient fortunes de guerre perdre une fois, et gaigner l'autre; et qu'il suffisoit que Dieu l'eust rendu sain et sauf parmy ses amys. Apres plusieurs propos, luy fut demandé de la façon et maniere de vivre du bon Chevalier; quel homme c'estoit, et comment durant sa prison il avoit esté traicté avecques luy. A quoy respondit domp Alonce : « Je vous prometz « ma foy, messeigneurs, que quant à la personne « du seigneur de Bayart, je ne cuyde point que ou « monde il y ait ung plus hardy gentil homme, ne qui « moins soit oyseux; car s'il ne va à la guerre, sans « cesse fait quelque chose en sa place avecques ses « souldars, soit à luyter, saulter, gecter la barre, et « tous autres honnestes passe temps que sçavent faire « gentilz hommes pour eulx exercer. De liberalité il « n'est point son pareil; car cela ay je veu en plusieurs « manieres, mesmement quant il receut les mil ducatz « de ma rançon, devant moy les departit à ses soul- « dars, et n'en retint ung seul ducat; brief, à vray « dire, s'il vit longuement il est pour parvenir à haul- « tes choses; mais, quant à ce que me demandez du « traictement qu'il m'a fait, je ne m'en sçauroye trop « louer; je ne sçay si ce a esté de son commandement, « mais ses gens ne m'ont pas traicté en gentil homme, « ains trop plus rudement qu'ilz ne devoient, et ne « m'en contenteray de ma vie. »

Les ungs s'esbahissoient de ses parolles, consideré l'honnesteté que l'on disoit estre au bon Chevalier; les autres disoient qu'on ne trouve jamais belle prison;

aucuns luy en donnoient blasme. Et furent tant avant ces parolles, que, par ung prisonnier de la garnison de Monervyne qui retourna, fut amplement informé le bon Chevalier comment domp Alonce se plaignoit oultrageusement du mauvais traictement qu'il disoit luy avoir esté fait, et en jectoit grosses parolles peu honnestes; dont il s'esmerveilla grandement. Et sur l'heure fist appeller tous ses gens, ausquelz il dist : « Messeigneurs, velà domp Alonce qui se plainct « parmy les Espaignolz que je l'ay si meschamment « traicté que plus n'eusse peu. Vous sçavez tous com- « ment il en va. Il m'est advis qu'on n'eust sceu mieulx « traicter prisonnier qu'on a fait luy devant qu'il s'es- « forçast d'eschapper; ne depuis, combien qu'il ait « esté plus reserré, ne luy a l'on fait chose dont il se « doive plaindre. Et sur ma foy si je pensois qu'on luy « eust fait tort, je le vouldrois amender envers luy : « parquoy, je vous prie, dictes moy si vous en avez « apperceu quelque chose que je n'aye point en- « tendu. » A quoy tous respondirent : « Cappitaine, « quant c'eust esté le plusgrant prince d'Espaigne, « vous ne l'eussiez sceu mieulx traicter; et fait mal et « peché de s'en plaindre; [mais les Espaignolz font tant « les braves, et sont si plains de gloire, que c'est une « dyablerie (1).] — Par ma foy, dist le bon Chevalier, « je luy veulx bien escripre, et l'advertir, combien « que j'aye la fiebvre quarte, que, s'il veult dire que « je l'aye mal traicté, je luy prouveray le contraire, « par le combat de sa personne à la mienne, à pied « ou à cheval, ainsi qu'il luy plaira. »

(1) Ce qui est entre deux crochets n'existe que dans l'édition gothique et dans celle-ci.

Si demanda incontinent ung clerc, et escripvit unes lettres en ceste substance : « Seigneur Alonce, j'ay « entendu que, apres vostre retour de ma prison, vous « estes plainct de moy, et avez semé parmy voz gens « que je ne vous ay pas traicté en gentil homme; « Vous sçavez bien le contraire; mais pource que, si « cela estoit vray, me seroit gros deshonneur, je vous « ay bien voulu escripre ceste lettre, par laquelle « vous prie rabiller autrement voz parolles devant « ceulx qui les ont ouyes, en confessant, comme la « raison veult, le bon et honneste traictement que je « vous ay fait; et ce faisant, ferez vostre honneur, et « rabillerez le mien, lequel contre raison avez foullé; « et où seriez reffusant de le faire, je vous declaire que « je suis deliberé le vous faire desdire par combat « mortel de vostre personne à la mienne, soit à pied, « ou à cheval, ainsi que mieulx vous plairont les « armes; et à Dieu. De Monervyne, ce dixiesme juil- « let. » Par une trompette, qui estoit au vaillant et noble seigneur de La Palisse, qu'on appelloit La Lune, fut envoyée ceste lettre à ce seigneur domp Alonce, dedans la ville d'Andre : laquelle, quant il l'eut leue, sans en demander conseil à personne, luy fit responce par la mesme trompette, et escripvit unes lettres contenant ces motz : « Seigneur de Bayart, « j'ay veu vostre lettre que ce porteur m'a baillée, et « entre autres choses dictes dedans icelle, avoir esté « par moy semé parolles devant ceulx de ma nation, « que ne m'avez pas traicté en gentil homme, moy es- « tant vostre prisonnier, et que, se ne m'en desdiz, « estes deliberé de me combatre. Je vous declaire « qu'oncques ne me desdiz de chose que j'aye dicte,

« et n'estes pas homme pour m'en faire desdire. Par-« quoy du combat que me presentez de vous à moy, je « l'accepte entre cy et douze ou quinze jours, à deux « mille de ceste ville d'Andre, ou ailleurs que bon « vous semblera. » La Lune donna ceste responce au bon Chevalier, qui n'en eust pas voulu tenir dix mil escus, quelque maladie qu'il eust. Si luy remanda incontinent qu'il acceptoit le combat, sans se trouver en faulte au jour de l'assignation. La chose ainsi promise et accordée, le bon Chevalier en advertit incontinent le seigneur de La Palisse, qui estoit homme fort experimenté en telles choses, et le prist apres Dieu pour son guydon et son ancien compaignon Bellabre. Si commença à approcher le jour du combat, qui fut tel que vous orrez.

CHAPITRE XXII.

Comment le bon Chevalier sans paour et sans reprouche combatit contre domp Alonce de Soto majore, et le vaincquit.

Quant ce vint au jour assigné du combat, le seigneur de La Palisse, acompaigné de deux cens hommes d'armes (car desja avoient les deux combatans cest accord l'ung à l'autre), amena son champion sur le camp, monté sur ung fort bel et bon coursier, et vestu tout de blanc, par humilité. Encores n'estoit point venu le seigneur Alonce. Si alla La Lune le haster; auquel il demanda en quel estat estoit le seigneur de Bayart. Il respondit qu'il estoit à cheval, en habillement d'homme d'armes. « Comment, dist il, c'est à moy à « eslire les armes, et à luy le camp. Trompette, va luy « dire que je veux combatre à pied. » Or, quelque hardiesse que monstrast le seigneur Alonce, il eust bien voulu n'en estre pas venu si avant; car jamais n'eust pensé, veu la maladie qu'avoit alors le bon Chevalier, qu'il eust jamais voulu combatre à pied. Mais, quant il veit que desja estoient les choses prestes à vuyder, s'advisa d'y combatre pour beaucoup de raisons : l'une, que à cheval, en tout le monde, on n'eust sceu trouver ung plus adroit gentil homme que le bon Chevalier; l'autre, que pour la maladie qu'il avoit, en seroit beaucoup plus foible, et cela le mettoit en grant espoir de demourer vaincqueur. La Lune vint vers le bon Chevalier, auquel il dist : « Cappitaine, il y a bien « des nouvelles; vostre homme dit à ceste heure qu'il « veult combatre à pied, et qu'il doit eslire les armes. » Aussi estoit il vray; mais toutesfois avoit desja esté au paravant conclud que le combat se feroit à cheval, en acoustrement d'homme d'armes; mais par là sembloit advis que le seigneur domp Alonce voulsist fuyr la lice.

Quant icelluy bon Chevalier eut escouté la trompette, demoura pensif ung bien peu, car le jour mesmes avoit eu sa fiebvre. Neantmoins d'ung courage lyonicque respondit : « La Lune mon amy, allez le « haster, et luy dictes qu'il ne demourera pas pour « cela que aujourd'huy ne repare mon honneur, ay- « dant Dieu; et si le combat ne luy plaist à pied, je « le feray tout ainsi qu'il advisera. » Si fist, ce pendant, le bon Chevalier dresser son camp, qui ne fut que de pierres grosses mises l'une pres de l'autre; et s'en vint mettre à l'ung des boutz, acompaigné de plusieurs bons, hardis et vaillans cappitaines, comme les seigneurs de La Palisse, d'Oroze, d'Hymbercourt, de Fontrailles, le baron de Bearn, et plusieurs autres, lesquelz tous pryoient nostre Seigneur qu'il voulsist estre en ayde à leur champion.

Quant La Lune fut retourné devers le seigneur Alonce, et qu'il congneut que plus n'y avoit de remede que, pour son honneur, ne viensist au combat, s'en vint tresbien acompaigné, comme du marquis de Licite, de domp Diego de Guynonnes, lieutenant du grand cappitaine Gonssalle Ferrande, domp Pedro de Haldes, domp Francesque d'Altemeze, et plusieurs autres, qui l'acompaignerent jusques sur camp; où luy arrivé, envoya les armes au bon Chevalier, pour en avoir le choix, qui estoient d'ung estoc et d'ung poignart. Eulx armez de gorgerin et secrete, il ne s'amusa point à choisir; mais quant il eut ce qui luy falloit, ne fist autre dilation, ains par ung des boutz fut mis dedans le camp, par son compaignon Bellabre, qu'il print pour son parrain, et le seigneur de La Palisse pour la garde du camp de son costé. Le seigneur domp Alonce entra par l'autre bout, où le mist son parrain domp Diego de Guynonnes, et pour la garde du camp de sa part fut domp Francesque d'Altemeze. Quant tous deux furent entrez, le bon Chevalier se mist à deux genoulx, et fist son oraison à Dieu; puis se coucha de son long, et baisa la terre; et, en se relevant, fist le signe de la croix, marchant droit à son ennemy, aussi asseuré que s'il eust esté en ung palais à dancer parmy les dames. Domp Alonce ne monstroit pas aussi qu'il feust de riens espoventé: ains venant de droit fil au bon Chevalier, luy dist ces parolles: *Seignor de Bayardo, que me querez?* Lequel en son langaige respondit : *Je veulx deffendre mon honneur.* Et sans plus de parolles se vont approcher, et de venue se ruerent chascun ung merveilleux coup d'estoc, dont de celluy du bon Chevalier fut ung peu blessé le seigneur Alonce au visaige, en coulant. Croyez que tous deux avoient bon pied et bon œil, et ne vouloient ruer coup qui feust perdu. Si jamais furent veuz en camp deux champions mieulx semblans preud'hommes, croyez que non. Plusieurs coups se ruerent, l'ung sur l'autre, sans eulx attaindre. Le bon Chevalier, qui congnut incontinent la ruze de son ennemy qui incontinent ses coups ruez se couvroit du visaige, de sorte qu'il ne luy povoit porter dommage, s'advisa d'une finesse ; c'est que, ainsi que domp Alonce leva le bras pour ruer ung coup, le bon Chevalier leva aussi le sien; mais il tint l'estoc en l'air sans jecter son coup; et comme homme asseuré, quant celluy de son ennemy fut passé, et il le peut choisir à descouvert, luy va donner ung si merveilleux coup dedans la gorge, que, nonobstant la bonté du gorgerin, l'estoc entra dedans la gorge, quatre bons doys, de sorte qu'il ne le povoit retirer. Domp Alonce, se sentant frappé à mort, laissa son estoc, et va saisir au corps le bon Chevalier, qui le prist aussi, comme par maniere de luyte, et se promenerent si bien, que tous deux tumberent à terre, l'ung pres de l'autre. Le bon Chevalier, diligent et soubdain, prent son poignart, et le mect dedans les nazeaulx de son ennemy, en luy escriant : *Rendez vous, seigneur Alonce, ou vous estes mort.* Mais il n'avoit garde de parler, car desja estoit passé. Alors son parrain, domp Diego de Guynones commença à dire: *Seignor Bayardo, ja es moerto, vincido aveiz*. Ce qui fut trouvé incontinent; car plus ne remua pied ne main. Qui fut bien desplaisant, ce fut le bon Chevalier; car s'il eust eu cent mil escus, il les eust voulu avoir donnez, et il l'eust pu vaincre vif. Ce neantmoins, en congnoissant la grace que Dieu luy avoit faicte, se mist à genoulx, le remerciant treshumblement, puis baisa par trois fois la terre. Apres, tira son ennemy hors du camp, et dist à son parrain : « Seigneur domp Diego, en ay-je assez fait? » Lequel respondit piteusement : *Tropo, seignor Bayardo, per l'ondre d'Espaigne*. « Vous sçavez, dist le bon Chevalier, qu'il est à moy de faire du corps à ma voulenté : toutesfois je le vous rends ; et vrayement je vouldrois, mon honneur saufve, qu'il feust autrement. »

Brief, les Espaignolz emporterent leur champion en lamentables plains, et les François emmenerent le leur avecques trompettes et clerons, jusques en la garnison du bon seigneur de La Palisse, où, avant que faire autre chose, le bon Chevalier alla à l'eglise remercier nostre Seigneur; et puis apres firent la plus grant joye du monde (1); et ne se povoient, tous les

(1) *Firent la plus grant joye du monde :* Champier donne sur ce combat des détails très-curieux, qui ne sont pas dans les Mémoires du loyal serviteur. « Quand le seigneur Alonce, dit Champier, sceut que Bayard « estoit allé au lieu du combat, fut moult desplaisant, et, pour évader « tousjours et eslongner, luy escript une epistre, laquelle je trouvay moy « mesme dedans la bourse de la mere du noble Bayard, laquelle l'avoit « emblée à son filz, escrite en espagnol. » Cette lettre porte qu'Alonce exige que, si, vu l'état de maladie où se trouve son adversaire, quelque Français veut s'opposer au combat, Bayard sera prisonnier. Elle est

gentilz hommes françois, saouller de donner louenge au bon Chevalier; tellement que, par tout le royaulme,

datée du 26 novembre 1503; ce qui ne s'accorde pas avec le récit du loyal serviteur, qui date la lettre par laquelle Bayard défie Alonce, du 10 juillet. Voici la réponse de Bayard : « Seigneur Alonce, j'ay veu ce « que m'avez escript, et suis content que s'il y a aulcun François, ni « aultre, qui donne empesche à vous, que je soye vostre prisonnier : « aussy, en semblable, si les vostres me donnent empesche, serez mon « prisonnier, car je ne veulx que défendre mon honneur de ce que « dictes et avez publié que ne vous ay pas bien traicté, quand estiez « mon prisonnier, ni en gentil'homme. » Champier dit qu'au moment du combat, La Palice, parrain de Bayard, luy parla ainsi : « Capitaine « Bayard, ne vous troublez en rien, mais froidement combattez, et « surtout suivez vostre coup tant que vous pourrez, tirant vers la face « visiere. — Monseigneur, respondit Bayard, je le feray ainsi que me « conseillez, sans point faillir. » Le même auteur raconte la conversation qu'eurent Bayard et Alonce, avant de se battre. « Or ça, seigneur « Alonce, dit Bayard, pour vos paroles vainement proferées et legierement dictes, sommes au lieu où il faut deux chrestiens combattre, « qu'est chose moult contraire aux commandemens que Jesus-Christ « nous a donnez, c'est d'aimer son frere chrestien comme soy-mesme, « et ne mentir aulcunement. Neantmoins, pour ce que suis innocent « des injures et laschetez que avez boutées sur moy, et que naturellement « tout homme est tenu de soy défendre, quand on le veult tuer ou « meurdrir, à cette cause, comme défendeur, en sauvant mon honneur, « et pour donner exemple à tous chrestiens ne imposer crime sur son « frere chrestien, à ceste heure, comme chrestien, chevalier de verité, « descends de dessus mon cheval, lequel, seigneur Alonce, craignez « plus que moy. Or descendez, et faictes ainsy comme l'entendez; car « j'ay esperance à celuy qui colloca victoire à son serviteur David contre le geant Golias, que ainsy, à ce jour, me donnera victoire contre « vous. — Capitaine, respondit Alonce, il n'appartient pas à ung chevalier tel que vous estes, de moy blasmer; et vous dis que veez moy « cy tout prest. Si vous voulez paix, vous l'aurez à moy; et si voulez « combat, vous l'aurez semblablement. — Sire Alonce, repliqua le « gentil Bayard, je ne suis pas icy venu, fors pour mon honneur défendre; et pourtant gardez-vous de moy, et ferez que saige; et moy de « vous pareillement; car je suis certain, à l'ayde de Dieu, que je abattray aujourd'huy votre orgueil qui est si grand. »

non seullement entre les François, mais aussi entre les Espaignolz, estoit tenu pour ung des acompliz gentilz hommes qu'on sceust trouver.

CHAPITRE XXIII.

D'ung combat qui fut au royaulme de Naples, de treize Espaignolz contre treize François, où le bon Chevalier fist tant d'armes qu'il emporta le pris sur tous.

On scet assez que, entre toutes autres nations, Espaignolz sont gens qui d'eulx mesmes ne se veullent pas abaisser, et ont tousjours l'honneur à la bouche : et, combien que la nation soit hardie, s'ilz avoient autant de prouesse que de bonne myne, il n'y auroit gens en ce monde qui durast à eux (1). Ja avez entendu comment le bon Chevalier deffist le seigneur domp Alonce de Soto majore, dont les Espaignolz avoient grant dueil au cueur, et cherchoient chascun jour le moyen pour eulx venger. Il y eut entre les François et eulx, peu de jours apres le trespas du seigneur Alonce, une trefve de deux moys. La raison pourquoy, je ne la sçay pas. Tant y a que, durant icelle trefve, les Espaignolz s'alloient esbatre pres des garnisons françoises, où hors des places trouvoient aucunesfois des François qui pareillement s'esbatoient; et avoient souvent parolles ensemble : mais tousjours lesditz Espaignolz ne demandoient que riote. Ung jour entre les autres, une bende de treize gentilz

(1) Les six lignes qu'on vient de lire sont supprimées dans les autres éditions.

hommes espaignolz, hommes d'armes, et tous bien montez, se va embatre jusques pres de la garnison du bon Chevalier, où l'estoit venu veoir le seigneur d'Oroze (1), de la maison d'Urfé, ung tres gentil cappitaine, qui eulx deux de compaignie estoient saillis de la place pour prendre l'air jusques à une demye lieue, où ilz vont rencontrer lesditz Espaignolz, qu'ilz saluerent, et les autres leur rendirent le semblable. Ilz entrerent en propos de plusieurs choses; et, entre autres parolles, ung Espaignol hardy et courageux, qui se nommoit Diego de Bisaigne, lequel avoit esté de la compaignie du feu seigneur domp Alonce de Soto majore, et luy souvenoit encore de sa mort, dist : « Messeigneurs les François, je ne sçay si ceste trefve « vous fasche point; il n'y a que huyt jours qu'elle « est commencée, mais elle nous ennuye merveilleu- « sement. Si, ce pendant qu'elle durera, il y avoit point « une bende de vous autres, dix contre dix, vingt « contre vingt, ou plus, ou moins, qui se voulsissent « combatre sur la querelle de noz maistres, me ferois « bien fort les trouver de mon costé, et ceulx qui se- « ront vaincuz demoureront prisonniers des autres. » Sur ces parolles se regarderent le seigneur d'Oroze, et le bon Chevalier, qui dist : « Monseigneur d'Oroze, « que vous semble de ces parolles? — Autre chose, « dist il, sinon que ce gentil homme parle tres hones- « tement. Je sçaurois bien que luy respondre, mais je « vous prie tant que je puis que luy respondez selon « vostre oppinion. — Puis qu'il vous plaist, dist le bon « Chevalier, je luy en diray mon advis. Seigneur, mon

(1) *Le seigneur d'Oroze* : François d'Urfé. Le célèbre marquis d'Urfé, auteur de l'Astrée, fut un de ses descendans.

« compaignon et moy avons tresbien entendu voz pa-« rolles ; et, à vous ouyr, desirez merveilleusement les « armes, nombre contre nombre. Vous estes icy treize « hommes d'armes. Si vous avez vouloir d'aujourd'huy « en huyt jours vous trouver à deux mille d'icy, mon-« tez et armez, mon compaignon et moy vous en ame-« nerons treize autres. Et qui aura bon cueur si le « monstre. » Alors tous les Espaignolz en leur lan-gage respondirent : *Nous le voulons*. Ilz s'en retour-nerent ; et le seigneur d'Oroze et le bon Chevalier aussi dedans Monervyne. Lesquelz assemblerent leurs compaignons, et au jour assigné se trouverent sur le lieu promis aux Espaignolz, qui pareillement s'y rendirent. De toutes les deux nations y en avoit plusieurs autres, qui les estoient venuz veoir. Ilz limiterent leur camp, soubz condition que celluy qui passeroit oultre demoureroit pour prisonnier, et ne combatroit plus du jour ; pareillement, celluy qui seroit mis à pied ne pourroit plus combatre ; et où cas que jusques à la nuyt l'une bende n'eust peu vaincre l'autre, et n'en demourast il que l'ung à cheval, le camp seroit finy, et pourroit remmener tous ses compaignons francz et quictes, lesquelz sortiroient en pareil honneur que les autres, hors dudit camp. Pour faire fin, les François se misrent d'ung costé, et les Espaignolz d'ung autre. Tous avoient lance en l'arrest. Si picquerent leurs chevaulx : mais lesditz Espaignolz ne tascherent pas aux hommes, ains à tuer les chevaulx, ce qu'ilz firent jusques au nombre de unze, et ne resta à cheval que le seigneur d'Oroze et le bon Chevalier ; mais ceste tromperie ne servit de gueres aux Espaignolz ; car oncques puis leurs chevaulx ne voulurent passer oultre, quelque coup d'espron qu'ilz sceussent bailler. Et lesditz seigneur d'Oroze et bon Chevalier, menu et souvent, leur livroient aspres assaulx; puis, quant la grosse troppe les vouloit charger, se retiroient derriere les chevaulx mors de leurs compaignons, où ilz estoient comme contre ung rempart. Pour conclusion, les Espaignolz furent bien frotez; et, combien qu'ilz feussent treize à cheval contre deux, ne sceurent obtenir le camp, jusques à ce que la nuyt feust survenue, sans riens avoir gaigné : parquoy convint à chascun sortir, suyvant ce qu'ilz avoient accordé ensemble. Et demoura l'honneur du combat (1) aux François; car ce fut tresbien combatu durant quatre heures, deux contre treize, sans estre vaincuz. Le bon Chevalier sur tous y fist d'armes, tant que son bruyt et renommée en augmenterent assez.

CHAPITRE XXIV.

Comment le bon Chevalier print ung tresorier, et son homme, qui portoient quinze mille ducatz au grand cappitaine Gonssales Ferrande; et ce qu'il en fist.

Environ ung moys apres ce combat, que les trefves furent faillies, fut le bon Chevalier adverty par ses espies, que à Naples avoit ung tresorier, qui changeoit monnoye à or, pour l'apporter là par où estoit le grant cappitaine Gonssale Ferrande, et ne povoit bon-

(1) *L'honneur du combat* : selon Jean d'Auton, contemporain, il y eut deux combats, l'un près de Trani, l'autre entre Barlette et Carastro.

nement passer, que ce ne feust à trois ou quatre mille pres de sa garnison. Il ne dormit pas depuis qu'il le sceut, sans y faire faire si bon guet, que l'on le vint advertir qu'il estoit arrivé en une place que tenoient les Espaignolz, laquelle estoit seulement à quinze mille de Monervyne, et que le matin, acompaigné de quelques genetaires (1) pour sa seureté, estoit deliberé se retirer devers le grant cappitaine. Le bon Chevalier, qui grant desir avoit d'empoigner cest argent, non pas pour luy, mais pour en departir à ses souldars, se leva deux heures devant jour, et s'en alla embuscher entre deux petites montaignetes, acompaigné de vingt chevaulx, et non plus, et envoya d'ung autre costé son compaignon Tardieu, avecques vingtcinq Albanoys, affin que, s'il eschappoit par ung costé, ne peust eschapper par l'autre. Or le cas advint tel : c'est que, environ les sept heures au matin, les escoutes dudit bon Chevalier vont ouyr bruyt de chevaulx, qui le luy vindrent dire. Il estoit si à couvert entre ces deux roches, qu'on feust aiséement passé sans l'appercevoir; ce que firent les Espaignolz, qui au meillieu d'entre eulx avoient leur tresorier et son homme, lesquelz en bouges derriere leurs chevaulx avoient leur argent. Quant ilz furent oultre passez, ne fut fait autre demeure, sinon par le bon Chevalier, et ses gens donner dedans, en criant : *France! France! à mort! à mort!* Quant lesditz Espaignolz se veirent ainsi chargez, et pris en desarroy, cuydant qu'il y eust beaucoup plus grant nombre de gens qu'il n'y avoit, se misrent en fuyte vers Barlete. Ilz furent ung peu chassez, et non pas

(1) *Genetaires :* c'étoient des cavaliers dont les lances avoient une forme particulière.

loing, car on n'en vouloit que au povre tresorier, lequel fut prins avecques son homme, et menez à Monervyne. Eulx arrivez, furent desployées leurs bouges, où on trouva de beaulx ducatz. Le bon Chevalier les vouloit faire compter; mais ledit tresorier en son langage espaignol luy dist : *Non contaeiz, seignor, sono quinze milia ducados*; qui tresjoyeulx fut de ceste prise. Sur ces entrefaictes, va arriver Tardieu, qui, quant il veit ceste belle monnoye, fut bien desplaisant qu'il n'avoit fait la prise. Toutesfois il dist au bon Chevalier : « Mon compaignon, je y ay ma part comme « vous, car j'ay esté de l'entreprise. — Il est vray, « respondit le bon Chevalier en soubzriant; mais vous « n'avez pas esté de la prise. » Et pour le faire debatre, dist encores : « Et quant bien vous en eussiez « esté, vous estes soubz ma charge : je ne vous donne« ray que ce qu'il me plaira. » Sur cela se courroucea ledit Tardieu, et en jurant le nom de Dieu, dist qu'il en auroit la raison. Si s'en alla plaindre au lieutenant general du roy de France, qui manda le bon Chevalier, lequel vint incontinent. Luy arrivé, chascun dist sa raison. Lesquelles ouyes, ledit lieutenant general demanda les oppinions à tous les cappitaines : mais en fin fut par luy, suyvant ce qu'il avoit trouvé, dit que Tardieu n'y avoit riens; dont il fut bien marry. Toutesfois il estoit joyeulx et fort plaisant homme; si se print à dire : « Par le sang sainct George! je suis bien « malheureux. » Et puis s'adressa au bon Chevalier, en disant : « Par Dieu! c'est tout ung, car aussi bien « me nourrirez vous tant que serons en ce pays. » Lequel se print à rire; et pour cela ne laisserent pas de retourner ensemble à Monervyne, où, quant ilz furent arrivez, le bon Chevalier, devant Tardieu, et pour plus le faire debatre, fist les ducatz apporter, et iceulx desployer sur une table; et puis dist : « Compaignon, que « vous en semble, vecy pas belle dragée? — Et ouy, de « par tous les dyables, respondist il, mais je n'y ay « riens. Je vouldrois estre pendu, par le sang Dieu! « car, si j'avoye seulement la moytié de cela, jamais « n'auroye faulte de biens, et serois homme de bien « toute ma vie. — Comment, compaignon, dist le bon « Chevalier, ne tiendra il que à cela que ne soyez as« seuré de vostre vie en ce monde? Et vrayement ce « que n'avez peu ne sceu avoir par force, je le vous « donne de bon cueur et de bonne voulenté, et en « aurez la droicte moytié. » Si les fist incontinent compter, et luy livra sept mil cinq cens ducatz.

Tardieu, qui cuydoit au paravant que ce feust une mocquerie, quant il se veit saisy, se gecta à deux genoulx, ayant de joie les larmes aux yeulx, et dist : « Helas! mon maistre, mon amy, comment pourray je « jamais satisfaire les biens que me faictes? Oncques « Alexandre ne fist pareille liberalité. — Taisez-vous, « compaignon : si j'avoye la puissance je ferois beau« coup mieulx pour vous. » De fait, toute sa vie en fut riche Tardieu; car, au moyen de cest argent, apres qu'ilz furent retournez de Naples, vint en France, où, en son pays, espousa une heritiere, fille d'ung seigneur de Sainct Martin, qui avoit trois mille livres de rente. Il fault sçavoir que devindrent les autres sept mil cinq cens ducatz. Le bon Chevalier sans paour et sans reprouche, le cueur nect comme la perle, fist appeller tous ceulx de la garnison, et chascun, selon sa qualité, les departit, sans en retenir ung seul denier.

Puis dist au tresorier : « Mon amy, je sçay bien que, « si je vouloye, j'auroys bonne rançon de vous, mais « je me tiens contant de ce que j'ay eu. Quant vous « et vostre homme vouldrez partir, je vous feray con- « duyre seurement en quelque place de voz gens que « vouldrez ; et si ne vous sera riens osté de ce qui est « sur vous, ne vous fouillera l'on point. » Si avoit il vaillant à luy, en bagues ou en argent, cinq cens ducatz et mieulx. Qui fut bien aise ? fut ce povre tresorier ; lequel, par une trompette du bon Chevalier auquel il donna trois escuz, fut conduyt jusques à Barlete, avecques son homme ; bien eureux, veu la fortune qui luy estoit advenue, d'estre tumbé en si bonne main.

CHAPITRE XXV.

Comment le bon Chevalier garda ung pont sur la riviere du Garillan, luy seul, l'espace de demye heure, contre deux cens Espaignolz.

Assez avez peu veoir en autre histoire comment ou royaulme de Naples, et vers la fin de la guerre qui fut entre François et Espaignolz, se tint longuement l'armée desditz François sur le bort d'une riviere, dicte le Garillan, et l'armée des Espaignolz estoit de l'autre costé. Il fault entendre que s'il y avoit du costé des François de vertueux et gaillards cappitaines, aussi avoit il du costé des Espaignolz, et entre autres le grant cappitaine Gonssalle Ferrande, homme sage et vigilant, et ung autre appellé Pedro de Pas, lequel n'avoit pas deux couldées de hault, mais de plus hardye creature n'eust on sceu trouver; et si estoit si fort bossu, et si petit, que quant il estoit à cheval, on ne luy voyoit que la teste au dessus de la selle. Ung jour s'advisa ledit Pedro de Pas de faire ung alarme aux François, et, avecques cent ou six vingtz chevaulx, se mist à passer la riviere du Garillan, en ung certain lieu où il sçavoit le gué, et avoit mis ung homme de pied derriere chascun cheval, garny de hacquebute. Il faisoit cest alarme affin que l'armée y courust, qu'on habandonnast le pont, et que, ce pendant, leur force y vint, et le gaignast. Il executa tresbien son entreprise, et fist au camp des François ung aspre et chault alarme, où ung chascun se retiroit, cuydant que ce feust tout l'effort des Espaignolz: mais non estoit.

Le bon Chevalier, qui desiroit tousjours estre pres des coups, s'estoit logé joignant du pont, et avecques luy ung hardy gentil homme, qui se nommoit l'escuyer Le Basco, escuyer d'escuyrie du roy de France Loy douziesme. Lesquelz commencerent à eulx armer, quant ilz ouyrent le bruyt (s'ilz furent bien tost pretz et montez à cheval ne fault pas demander), deliberez d'aller où l'affaire estoit. Mais en regardant le bon Chevalier par delà la riviere, va adviser environ deux cens chevaulx des Espaignolz, qui venoient droit au pont pour le gaigner: ce qu'ilz eussent fait sans grande resistance, et cela estoit la totalle destruction de l'armée françoise. Si commença à dire à son compaignon: « Monseigneur l'escuyer mon « amy, allez vistement querir de noz gens pour garder

« ce pont, ou nous sommes tous perduz ; ce pendant « je mettray peine de les amuser jusques à vostre « venue : mais hastez vous ; » ce qu'il fist. Et le bon Chevalier, la lance au poing, s'en va au bout dudit pont, où de l'autre costé estoient desja les Espaignolz prestz à passer ; mais comme lyon furieux, va mettre sa lance en arrest, et donna en la troppe qui desja estoit sur ledit pont. De sorte que trois ou quatre se vont esbranler, desquelz en cheut deux en l'eaue, qui oncques puis n'en releverent, car la riviere estoit grosse et profonde. Cela fait, on luy tailla beaucoup d'affaires, car si durement fut assailly, que sans trop grande chevalerie n'eust sceu resister : mais, comme ung tigre eschauffé, s'acula à la barriere du pont, à ce qu'ilz ne gaignassent le derriere, et à coup d'espée se deffendit si tresbien, que les Espaignolz ne sçavoient que dire, et ne cuydoient point que ce feust ung homme, mais ung ennemy. Brief, tant bien et si longuement se maintint, que l'escuyer Le Basco, son compaignon, luy amena assez noble secours, comme de cent hommes d'armes ; lesquelz arrivez, firent ausditz Espaignolz habandonner du tout le pont, et les chasserent ung grant mille delà. Et plus eussent fait, quant ilz apperceurent une grosse troppe de leurs gens, de sept à huyt cens chevaulx, qui les venoient secourir. Si dist le bon Chevalier à ses compaignons : « Messeigneurs, nous avons au jourd'huy assez fait « d'avoir sauvé nostre pont ; retirons nous le plus ser« réement que nous pourrons. »

Son conseil fut tenu à bon ; si commencerent à eulx retirer le beau pas. Tousjours estoit le bon Chevalier le derrenier, qui soustenoit toute la charge, ou la pluspart, dont au long aller se trouva fort pressé, à l'occasion de son cheval, qui si las estoit que plus ne se povoit soustenir, car tout le jour avoit combatu dessus. Si vint de rechief une grosse envahie des ennemys, qui tous d'ung floc donnerent sur les François, en façon que aucuns furent versez par terre. Le cheval du bon Chevalier fut aculé contre ung fossé, où il fut environné de vingt ou trente, qui cryoient : *Rende, rende, seignor.* Il combatoit tousjours, et ne sçavoit que dire, sinon : « Messeigneurs, il me fault « bien rendre, car moy tout seul ne sçaurois combatre « vostre puissance. »

Or estoient desja fort eslongnez ses compaignons, qui se retiroient droit à leur pont, cuydans tousjours avoir le bon Chevalier parmy eulx. Et quant ilz furent ung peu eslongnez, l'ung d'entre eulx, nommé le chevalier Guyfray, gentil homme du Daulphiné, et son voisin, commença à dire : « Hé ! messeigneurs, « nous avons tout perdu ! Le bon cappitaine Bayart « est mort ou pris, car il n'est point avecques nous. « N'en sçaurons nous autre chose ? Et au jourd'huy il « nous a si bien conduitz, et fait recevoir tant d'hon- « neur. Je faiz veu à Dieu que s'il n'y devoit aller « que moy seul, je y retourneray, et plustost seray « mort ou pris, que je n'en aye des nouvelles. » Je ne sçay qui de toute la troppe fut plus marry, quant ilz congneurent que le chevalier Guyfray disoit vray. Chascun se mist à pied pour resangler son cheval, puis remonterent ; et, d'ung courage invaincu, se vont mettre au grant galop apres les Espaignolz, qui emmenoient la fleur et l'eslite de toute gentillesse, et seullement par la faulte de son cheval ; car, s'il eust autant peu endurer de peine que luy, jamais n'eust esté pris. Il fault entendre que, ainsi que les Espaignolz se retiroient, et qu'ilz emmenoient le bon Chevalier, pour le grant nombre qu'ilz estoient, ne se daignerent amuser à le desrober de ses armes, ne luy oster son espée, qu'il avoit au costé : bien le dessaisirent d'une hache d'armes qu'il avoit en la main. Et en marchant, tousjours luy demandoient qui il estoit. Il qui sçavoit bien que, s'il se nommoit par son droit nom, jamais vif il n'eschapperoit, par ce que plus le doubtoient Espaignolz que homme de la nation françoise, si le sceut bien changer; tousjours disoit il qu'il estoit gentil homme. Ce pendant vont arriver les François ses compaignons, cryant : *France! France! tournez, tournez, Espaignolz; ainsi n'emmenerez vous pas la fleur de chevalerie :* auquel cry les Espaignolz, combien qu'ilz feussent grant nombre, se trouverent estonnez. Neantmoins que d'ung visage asseuré receurent ceste lourde charge des François, mais ce ne peut si bien estre, que plusieurs d'entre eulx, et des mieulx montez, ne feussent portez par terre. Quoy voyant par le bon Chevalier, qui encores estoit tout armé, et n'avoit faulte que de cheval, car le sien estoit recreu, mist pied à terre, et, sans le mettre en l'estrier, remonta sur ung gaillart coursier dessus lequel avoit esté mis par terre, de la main de l'escuyer Le Basco, Salvador de Borgia, lieutenant de la compaignie du marquis de La Padule, gaillard gentil homme. Quant il se veit dessus monté, commença à faire choses plus que merveilleuses, cryant : *France! France! Bayart! Bayart! que vous avez laissé aller.* Quant les Espaignolz ouyrent le nom, et la faulte qu'ilz avoient faicte, de luy avoir laissé ses armes apres l'avoir pris, sans dire recours, ou non (car si une fois eust baillé la foy, jamais ne l'eust faulsée), le cueur leur faillit du tout; et dirent entre eulx : « Tirons oultre vers « nostre camp, nous ne ferons meshuy beau fait. » Quoy disant, se gecterent au galop, et les François, qui voyoient la nuyt approcher, tresjoyeulx d'avoir recouvert leur vray guydon d'honneur, s'en retournerent lyement en leur camp; où durant huyt jours ne cesserent de parler de leur belle adventure, et mesmement des prouesses du bon Chevalier.

En ceste mesme année, envoya le roy de France Loys douziesme en la conté de Roussillon bon nombre de gens, soubz la conduicte du seigneur de Dunoys, pour la remettre entre ses mains: mais ilz s'en retournerent sans grans choses faire qui à honneur montast. Et si y mourut, de la part desditz François, ung gentil chevalier, appellé le seigneur de La Rochepot.

Depuis je ne sçay de qui fut la faulte, les François ne sejournerent gueres ou royaulme de Naples, qu'ilz ne retournassent en leur pays, les plusieurs en assez povre estat. Et en passant par Romme, le pape Julles leur fist tout plain de courtoysies : mais depuis les a bien vendues. Le vaillant cappitaine Loys d'Ars, qui encores tenoit quelques places en la Pouille, et en sa compaignie le bon Chevalier sans paour et sans reprouche, apres l'armée des François retournée, demourerent o. dit royaulme, en despit de toute la puissance yspanicque, environ ung an; ouquel temps ilz firent plusieurs belles saillies et lourdes escarmouches, dont de la pluspart emporterent tousjours l'honneur; et plus eussent tenu leursdictes places, n'eust esté que le roy Loys, leur maistre et souverain, leur manda les laisser, et eulx en venir; ce qu'ilz firent à grant regret, en l'an 1504. Et furent treshonnorablement receuz d'ung chascun, comme bien l'avoient merité, mesmement de leur bon maistre, le roy de France, qui, comme sage et prudent, print les fortunes de la guerre ainsi que pleut à Dieu les envoyer, auquel il avoit son principal recours.

Je vous laisseray ung peu à parler de la guerre, et viendray à desduire ce qui advint en France et autres pays voisins, durant deux ans.

CHAPITRE XXVI.

De plusieurs choses qui advindrent en deux années, tant en France, Ytalie, que Espaigne.

Apres toutes ces choses passées, y eut quelque abstinence de guerre entre France et Espaigne, qui n'estoit gueres bien à propos : car les ungs avoient ce qu'ilz demandoient, et les autres non.

En l'an 1505, mourut Jehanne de France, duchesse de Berry, qui avoit esté mariée au roy Loys douziesme; lequel, en celle mesme année, en sa ville de Bloys, fut si griefvement malade, qu'on ne luy esperoit vie, habandonné de tous ses medecins, et de tout remede humain; mais je croy que, à la requeste de son peuple et par leurs prieres (car il estoit bien aymé, au moyen que jamais ne les avoit oppressez ne foullez de tailles), nostre Seigneur luy prolongea ses jours.

Oudit an, mourut domp Federic d'Arragon, au Plessis lez Tours, jadis roy de Naples, qui fut le dernier de la lignée de Pierre d'Arragon, lequel, sans raison ny moyen, usurpa ledit royaulme de Naples; et ne l'ont ceulx qui l'ont tenu depuis, et tiennent encores, à autre tiltre.

L'an 1506, une des plus triumphantes et glorieuses dames qui puis mille ans ait esté sur terre, alla de vie à trespas: ce fut la royne Ysabel de Castille, qui ayda, le bras armé, à conquester le royaulme de Grenade sur les Mores, et print prisonniers les enfans du roy Chico qui occupoit ledit royaulme, lesquelz elle fist baptiser. Je veulx bien asseurer aux lecteurs de ceste presente hystoire, que sa vie a esté telle, qu'elle a bien merité couronne de laurier apres sa mort.

L'année mesmes, trespassa son gendre, qui par le deces d'elle avoit esté son heritier, Philippes, roy des Espaignes, à cause de sa femme, archeduc d'Austriche et conte de Flandres. France ne perdit gueres à sa mort, car il y avoit semé ung grain qui peu y eust prouffité.

Le pape Julles, par le secours du roy de France, et à l'ayde de son lieutenant general ou duché de Milan, le seigneur de Chaumont, messire Charles d'Amboise, homme diligent et vertueux, conquesta Boulongne, sur messire Jehan de Benetevoille (1), oudit an; où, pour recompense et pour payement, bailla en France de beaulx pardons. Je ne sçay qui donna ce conseil, mais oncques puis les François ne furent fort asseurez en Ytalie; car avecques ce que ledit pape n'estoit pas trop bon François, il se fortiffia deça les Alpes,

(1) *Benetevoille*: Bentivoglio.

à l'encontre des terres du roy de France qu'il tenoit en Lombardie : je m'en rapporte à ce qui s'en est ensuyvy depuis. Plusieurs pour l'heure s'en trouverent bons marchans ; car aucuns cappitaines qui gouvernoient ce seigneur de Chaumont, en eurent deniers de present, et aucuns de la plume, benefices. Bref c'est une diablerie quant avarice precede l'honneur ; et cela a tousjours beaucoup plus regné en France qu'en autre lieu ; si est ce le plus excellent pays de l'Europe, mais toutes bonnes terres n'apportent pas bon fruict, en quelque sorte que ce soit. Je me tiendray avecques celluy qui a fait le rommant de la Roze, qu'on nomme maistre Jehan de Meung, lequel dit que beaulx dons donnent loz aux donneurs, mais ilz empirent les preneurs.

Le roy d'Arragon, veuf par le trespas d'Ysabel sa femme, print, l'année mesmes, la niepce du roy de France, Germaine de Foix, qui fut emmenée en grant triumphe en Espaigne ; et la vint querir le conte de Siffoyntes, et ung evesque jacobin. Depuis qu'elle fut en Espaigne, elle a bien rendu aux François les honneurs qu'elle avoit receuz du pays, car jamais ne fut veu de tous ceulx qui depuis l'ont congneue une plus mauvaise françoise.

CHAPITRE XXVII.

Comment les Genevoys se revolterent ; et comment le Roy de France passa les montz, et les remist à la raison.

Je ne veulx pas dire que tous vrays chrestiens ne soient subjectz à l'Eglise, et qu'ilz n'y doivent obeyr, mais je ne dis pas aussi que tous les ministres d'icelle soient gens de bien : et de ce je puis bailler exemple assez ample du pape Julles, qui, pour recompense des bons tours que le roy Loys luy avoit faiz, de le faire mettre, je ne sçay pas bien à quel tiltre, dedans Boulongne, pour commencer à chasser les François d'Ytalie, par subtilz et sinistres moyens, fist revolter les Genevoys, et mutiner le populaire contre les nobles; lesquelz ilz chasserent tous hors de la ville, et esleurent entre eulx ung duc, appellé messire Paule de Nouy, homme mecanique, et de mestier de tainturier.

Ung gentil homme genevoys, nommé messire Jehan Loys de Flisco, qui estoit fort bon François, le seigneur de Las, qui tenoit le Chastellet, et plusieurs autres en advertirent le roy de France. Et pource que le sage prince, qui en telz affaires estoit assez congnoissant, veoit bien que si cela n'estoit bien tost rabillé, il en pourroit sortir de gros inconveniens, delibera de passer les montz, avecques bonne et grosse puissance; ce qu'il fist à grande diligence, car pour beaucoup de raisons la matiere le requeroit. Le bon Chevalier estoit alors à Lyon, malade de sa fiebvre quarte (1), qui sans la perdre, l'a gardée sept ans, et

(1) *Malade de sa fiebvre quarte :* ung jour, dit Champier, je donnay à soupper en ma maison audict capitaine Bayard, et à sa cousine, « damoyselle Magdaleine de Terrail, femme de feu escuyer noble « Claude de Verray, pannetier pour lors de la Royne. Or advint ung « soir, en souppant, que je luy dis : Monsieur le capitaine, je me « esmerveille de vous, qui estes si fort malade de la fiebvre, et oultre « avez un bras ulceré moult dangereux, comme voulez aller à la guerre « vous bouter en dangier. Si me respond : Certes, vous dictes verité, « mais à la necessité, on ne doit laisser pour aulcune chose son prince; « et mieulx aymerois mourir avecques luy, que de mourir icy de honte. »

davantage. Il avoit en ung bras ung gros inconvenient d'ung coup de picque que autresfois il avoit eu, et en avoit esté si mal pensé que ung ulcere luy en estoit demouré, qui n'estoit encores du tout bien guery.

Au retour du royaulme de Naples, le Roy son maistre l'avoit retenu pour ung de ses escuyers d'escuyrie, attendant qu'il y eust quelque compaignie de gensd'armes vacquant pour l'en pourveoir. Si pensa en soymesmes que, neantmoins qu'il ne feust bien sain, si luy tourneroit il à grande lascheté, où il ne suyvroit son prince; et, ne regardant à nul inconvenient, se delibera marcher avecques luy. En deux ou trois jours eut donné ordre à son cas, et se mist au passage des montaignes, comme les autres. Tant et si diligemment chemina l'armée, qu'elle approcha la ville de Gennes, dont les habitans furent fort estonnez, car ilz esperoient en peu de jours avoir gros secours du Pape et de la Rommaigne, mesmement de sept ou huyt mille hommes, qu'on appelle en Ytalie Bresignelz, qui sont les meilleurs gens de pied qui soient aux Ytales, et fort hardis à la guerre. Ce neantmoins faisoient tousjours leur debvoir; et mesmement au hault de la montaigne par laquelle convenoit aux François passer pour aller à la ville, avoient fait et construit ung fort bastillon à merveilles, garny de bonnes gens et d'artillerie, qui donna tiltre d'esbahissement à toute l'armée : dont le Roy fist assembler les cappitaines, sçavoir qu'il estoit de faire. Plusieurs furent de diverses oppinions : les ungs disoient que par là se pourroit l'armée mettre en hazart, et que au hault pourroit avoir grosse puissance qu'on ne povoit veoir, qui les pourroient repousser, s'on y alloit foibles, et faire recevoir une honte; autres disoient que ce n'estoit que canaille, et qu'ilz ne dureroient point. Le Roy regarda le bon Chevalier, auquel il dist : « Bayart, que vous « en semble? — Sur ma foy, sire, dist il, je ne vous « en sçaurois encores que dire; il fault aller veoir qu'ilz « font là hault; et de ma part, s'il vous plaist m'en donner congé, devant qu'il soit une heure, si je ne suis « mort ou pris, vous en sçaurez des nouvelles. — Et je « vous en prie, dist le Roy, car assez vous entendez « en telz affaires. » Ne sejourna gueres le bon Chevalier, que, avec plusieurs de ses amys et compaignons, comme le viconte de Roddes, le cappitaine Maugiron (1), le seigneur de Beaudysner, le bastard de Luppe, et plusieurs autres, jusques au nombre de cent, ou six vingtz, entre lesquelz estoient deux nobles seigneurs de la maison de Fouez; les seigneurs de Barbazan et d'Esparros, enfans du seigneur de Lautrec, il ne fist sonner l'alarme; et, ses compaignons tous assemblez, commença le beau premier à gravir ceste montaigne. Quant on le veit devant, il fut assez qui le suyvit; et travaillerent fort, avant qu'ilz feussent parvenuz jusques au hault, où ilz prindrent ung peu d'aleyne. Puis marcherent droit au bastillon, où en chemin trouverent forte resistance, et y eut aspre combat. Mais en fin les Genevoys tournerent le dos,

(1) *Le cappitaine Maugiron :* Champier raconte que Bayard dit à cet officier : « Capitaine Maugiron, venez avecques moy, car nous sommes « d'ung pays, et de longtemps nous nous congnoissons. Suivez moy, et « si le bras est foible, si sera aujourd'huy experimenté. Quant aux « jambes, elles sont agiles et legieres pour bien monter en gravissant « la montaigne. » Il crioit aux Génois : « Or, marchands, defendez-vous « avec vos aulnes, et laissez les piques et lances, lesquelles n'avez ac- « coustumées. »

où apres vouloient courir les François; mais le bon Chevalier s'escria : « Non, messeigneurs, allons droit « au bastillon; possible est qu'il y a encores des gens « dedans, qui nous pourroient enclorre; il fault veoir « qu'il y a. » A ce conseil se tint ung chascun, et y marcherent. Ainsi qu'il avoit dit advint; car encores dedans avoit deux ou trois cens hommes, qui se misrent en deffense assez rude pour le commencement; mais en fin guerpirent le fort, fuyant comme fouldre au bas de la montaigne, pour gaigner leur ville.

Ainsi fut pris le bastillon; et depuis ne firent les Genevoys beau fait, ains se rendirent à la mercy du Roy, qui y entra, et fist aux habitans payer le deffroy de son armée; et à leurs despens fist construire contre la ville ung fort chasteau, qu'on nomma Godefa; à leur duc fut la teste couppée, et à ung autre nommé Justinien. Bref ilz furent assez bien chastiez pour ung coup.

Peu apres se virent le roy de France, et le roy d'Arragon, retournant de Naples en Espaigne, en la ville de Savonne; et y estoit sa femme, Germaine de Fouez, qui tenoit une merveilleuse audace. Elle fist peu de compte de tous les François, mesmement de son frere le gentil duc de Nemours, dont ceste histoire fera cy apres mention. Le roy de France festoya fort bien le grant cappitaine Gonssalles Ferrande; et le roy d'Arragon porta gros honneur au cappitaine Loys d'Ars et au bon Chevalier sans paour et sans reprouche, et dist au roy de France ces motz : « Mon« seigneur mon frere, bien est heureux le prince qui « nourrist deux telz chevaliers. » Les deux princes, apres avoir esté quelques jours ensemble, prindrent congé. L'ung alla en Espaigne, et l'autre retourna en sa duché de Milan.

CHAPITRE XXVIII.

Comment l'empereur Maximilian fist la guerre aux Veniciens, où le roy de France envoya le seigneur Jehan Jacques, avecques grosse puissance, pour les secourir.

Apres la prinse de Gennes, et la veue des deux roys à Savonne, celluy de France repassa par sa ville de Milan, où le seigneur Jehan Jacques luy fist ung des triumphans bancquetz (1) qui jamais fut veu pour ung simple seigneur; car, quant on cherchera bien par tout, se trouverra qu'il y avoit plus de cinq cens personnes d'assiete, sans les dames qui estoient cent ou six vingtz: et n'eust esté possible d'estre mieulx servis qu'ilz furent de metz, entremetz, mommeries, comedies, et toutes autres choses de passetemps.

Apres s'en retourna le Roy en France, où l'année ensuyvant fut adverty par les Veniciens, qui estoient ses alliez, comment l'empereur Maximilian descen-

(1) *Ung des triumphans bancquetz :* « En ce voyage, dit Saint-Gelais, « Jean Jacques Trivulce fist un banquet au Roy, où il y avoit autant de « dames avecques leurs panaches pour éventer le visaige, que on « pourroit veoir de plumeaux en une compagnie de mille hommes « d'armes. » « Apres le souper, ajoute Jean d'Auton, les dames vindrent « en place, où le Roy mesme voulut danser, qui tres-bien sçavoit s'en « ayder. Toutesfois il ne dansa gueres; et, comme il fut dict, il dansa « avec la marquise de Mantoue, belle dame à merveilles; et puis feit « danser les princes et seigneurs qui là estoient, voire les cardinaulx « de Narbonne et de Saint-Severin, et aulcuns aultres qui s'en acqui- « terent comme ils sceurent. »

doit en leur pays, et leur vouloit faire la guerre. A ceste cause, par ung leur ambassadeur qui estoit devers luy, appellé messire Anthonio Gondelmarre, luy faisoient supplier leur donner secours : ce qu'il fist voulentiers. Et manda au seigneur Jehan Jacques y aller, avec six cens hommes d'armes et six mille hommes de pied ; à quoy il obeyt ; et se vint joindre avec la puissance desditz Veniciens, en ung lieu appellé la Pedre, où l'armée de l'Empereur estoit desja arrivée, qui eust bientost passé plus oultre, n'eust esté la venue dudit seigneur Jehan Jacques qui l'arresta. Et depuis ne fist pas l'armée de l'Empereur grans choses; Veniciens, qui sont subtilz et caulx, adviserent qu'il valloit mieulx appoincter que d'entrer plus avant en la guerre : si en chercherent le moyen, tant qu'en fin le trouverent. Je croy bien qu'ilz fournirent quelque argent; car c'estoit la chose en ce monde dont ledit empereur Maximilian estoit le plus souffreteux. Si en fist retourner son armée. Le seigneur Jehan Jacques, qui en cest appoinctement n'avoit aucunement esté appellé, n'en fut pas trop content ; et dist bien au providadour de la seigneurie, qu'il en advertiroit le roy son maistre, et que à son oppinion trouveroit la chose assez estrange, et n'en seroit pas content. Cela demoura ung peu en suspens; où durant ce temps le roy de France Loys douziesme alla faire son entrée en sa ville de Rouen, et sa bonne compaigne la Royne, qui fut fort triumphante ; car, si les gentilz hommes y firent leur debvoir, les enfans de la ville n'en firent pas moins. Il y eut joustes et tournois, par l'espace de huyt jours. Ce pendant se dressa quelque traicté entre le Pape, l'Empereur, les roys de

France et d'Espaigne; où pour y mettre fin, fut, par eulx ou leurs ambassadeurs, conclud et accordé que l'on se trouverroit en la ville de Cambray, à certain jour par eulx prins. Et y fut envoyé de la part du roy de France, le cardinal d'Amboise, legat oudit royaulme, son nepveu le grant maistre de France, seigneur de Chaumont, et chef des armes de la maison d'Amboise, et plusieurs autres; et de chascun des autres princes, ambassadeurs avec toute puissance : à quelle fin ilz conclurent, n'est riens si certain, que ce fut pour ruyner la seigneurie de Venise, qui, en grant pompe et à peu de congnoissance de Dieu, vivoient glorieusement et en opulence, faisant peu d'estime des autres princes de la chrestienté : dont peult estre que nostre Seigneur fut courroucé, comme il apparut; car ains que ces ambassadeurs deslogeassent de ladicte ville de Tournay, firent aliance, amys d'amys, et ennemys d'ennemys, pour leurs maistres. Et là fut conclud que le roy de France en personne passeroit apres Pasques, l'année ensuyvant, qu'on diroit 1509, en Ytalie, et entreroit ou pays des Veniciens, quarante jours devant que nul des autres se meissent à la campaigne. Je ne sçay à quelle fin ilz avoient posé ce terme, sinon qu'ilz vouloient taster le gué : et peult estre que si le roy de France eust eu du pire, en lieu de courir aux Veniciens, eussent couru sur luy mesmes; car je n'ay jamais congneu qu'il y ait eu grosse amytié entre la maison de France et la maison d'Austriche, et pareillement ne s'accordoient pas bien le Pape et le roy de France[1]. Bref il me semble, à dire

[1] Ces quatre lignes, qui commencent à *car je n'ay....*, manquent dans les autres éditions.

le vray, qu'ilz vouloient faire essayer la fortune aux François, et vouloient jouer à ung jeu que jouent petis enfans à l'escolle : s'il est bon, je le prens; et s'il est mauvais, je le laisse. Toutesfois si bien advint à ce bon roy Loys, qu'il executa son entreprise, à son grant honneur et au prouffit de ses alliez, comme vous entendrez.

CHAPITRE XXIX.

Comment le roy de France Loys XII fist marcher son armée en Ytalie, contre les Veniciens; et de la victoire qu'il en obtint.

Sur la fin de l'an 1508 (1), vers le moys de mars, fist le roy de France marcher sa gendarmerie en sa duché de Milan, et pareillement ses avanturiers françois, qui estoient en nombre de quatorze à quinze mille, lesquelz il bailla à gouverner et conduyre à de bons et vertueux cappitaines, telz que le seigneur de Moulart, de Richemont, La Crote, le conte de Roussillon (2), le seigneur de Vendenesse, le cappitaine Odet (3), le capdet de Duras (4), et plusieurs autres, lesquelz chascun en leur endroit misrent peine d'avoir des plus gentilz compaignons. Le bon Chevalier sans paour et sans reprouche, en ceste saison, fut envoyé querir par le Roy, qui luy dist : « Bayart, vous sçavez

(1) *Sur la fin de l'an* 1508 : c'est-à-dire *au commencement de* 1509. — (2) *Le conte de Roussillon :* Jacques de Bourbon, fils aîné de Louis, bâtard de Bourbon. — (3) *Le cappitaine Odet :* Odet d'Aidie. — (4) *Le capdet de Duras* · Georges de Durfort.

« que je m'en vois passer les montz, pour avoir la raison « des Veniciens, qui à grant tort me tiennent la conté « de Cremonne, Lageradade, et autres pays. Je veulx « qu'en ceste entreprise, combien que dés à present « vous donne la compaignie du cappitaine Chatelart, « qu'on m'a dit qui est mort (dont je suis desplai- « sant), ayez soubz vostre charge des gens de pied; et « vostre lieutenant cappitaine Pierrepont [1], qui est tres- « homme de bien, conduira voz gensd'armes. — Sire, « respondit le bon Chevalier, je feray ce qu'il vous « plaira; mais combien me voulez vous bailler de gens « de pied à conduyre ? — Mille, dist le Roy; il n'y a « homme qui en ait plus. — Sire, dist le bon Cheva- « lier, c'est beaucoup pour mon sçavoir, vous suppliant « estre contant que j'en aye cinq cens; et je vous jure « ma foy, Sire, que je mettray peine de les choisir, « qu'ilz seront pour vous faire service : et si me semble « que pour ung homme seul, c'est bien grosse charge, « quant il en veult faire son debvoir. — Bien, dist le « Roy ; allez doncques vistement ou Daulphiné, et « faictes que soyez en ma duché de Milan à la fin de « mars. » De tous les cappitaines n'yeut celluy qui tres-bien ne fournist sa bende; et en sorte firent que à la fin de mars, ou au commencement d'avril, furent tous passez et logez par garnisons ou duché de Milan.

Les Veniciens, desja deffiez par le herault Montjoye, delibererent eulx deffendre; et, sachans la puissance du roy de France (qui n'estoit point trop grande, car en toutes gens n'avoit que trente mille hommes, dont il povoit avoir vingt mille hommes de pied, comprins

(1) *Le cappitaine de Pierrepont :* Pierre de Pont d'Ali, gentilhomme savoyard, fils de Marie de Terrail, sœur de Bayard.

six mille Suysses, et deux mille hommes d'armes), dresserent une fort gaillarde armée, où ilz eurent plus de deux mille hommes d'armes, et bien trente mille hommes de pied. Leur chef pour les conduyre estoit le conte Petilane; et le cappitaine general de leurs gens de pied estoit le seigneur Berthelome d'Alvyano, qui entre autres gens en avoit une bonne bende de ces Bresignelz qui portoient sa livrée de blanc et rouge, tous gentilz compaignons et nourriz aux armes. Je ne vous feray long recit des courses, allées et venues : mais en fin le roy de France ayant passé les montz, et arrivé en sa ville de Milan, entendit que les Veniciens avoient repris Trevy, une petite villete de la riviere d'Ade, que, puis peu de jours devant, le grant maistre, seigneur de Chaumont, avoit prise sur eulx, avecques les cappitaines Molart, La Crote, Richemont, et le bon Chevalier, qui avecques leurs gens estoient passez des premiers; en laquelle ville de Trevy les Veniciens, par ce qu'elle s'estoit tournée françoise, misrent le feu, et emmenerent les gens de cheval tous prisonniers, dont estoit chief le cappitaine Fontrailles: aussi fut prisonnier le cappitaine de La Porte, le seigneur d'Estançon; et deux autres cappitaines de gens de pied, le chevalier Blanc, et le cappitaine Ymbault. Ainsi, ces nouvelles sceues par ledit seigneur, marcha droit à Cassan, où il fist incontinent sur ceste riviere d'Ade dresser deux pontz sur bateaulx, où par l'ung faisoit passer les gens de cheval, et par l'autre les gens de pied; et luy mesmes, armé de toutes pieces, y faisoit tenir l'ordre. L'armée passée, le lendemain fut prise une petite ville, appellée Revolte, et mise à sac; et, deux jours apres, en ung village nommé

Aignadel, au partir d'ung autre appellé Paudin, se rencontrerent les deux armées des François et Veniciens. Et, combien que les cappitaines conte de Petilano et seigneur Berthelome d'Alvyano eussent expres commandement de leur seigneurie ne donner point de bataille au Roy, ains seullement temporiser à garder les villes et chasteaux, affin de les myner par fascherie et longueur de temps, icelluy d'Alvyano, plus hardy que bien advisé, se voulut adventurer, pensant en luy mesmes, comme presumptueux, qu'il ne sçauroit jamais avoir plus grant honneur, à perte ou à gaigne, que d'avoir combatu ung roy de France; et, voulant essayer sa fortune, s'en vint droit au combat, où il y eut dur assault et mortel encombre; car, à vray dire, en la premiere pointe, se monstrerent tresbien les gens de la seigneurie.

Durant ce combat, le seigneur Berthelome va adviser l'arrieregarde des François, dont estoit le bon Chevalier, qui marchoit d'ung desir merveilleux, en passant fossez plains d'eaue jusques au cul, laquelle luy venoit donner sur ung des costez, qui fort esbayrent luy et sa rotte. N'oncques puis ne firent grant effort, ains furent rompuz, et du tout deffaictz. Les rouges et blancs demourerent sur le champ; et ledit d'Alvyano, apres avoir esté blessé en plusieurs lieux, fut pris prisonnier du seigneur de Vendenesse, ung droit petit lyon, frere du gentil seigneur de La Palisse.

Le conte Petilano, voyant ses gens de pied deffaictz, ne voulut plus tempter la fortune, et à toute sa gendarmerie se retira ung petit bien tost. Il eut la chasse : mais peu y en demoura, car les gens de picd amuserent les François, lesquelz, apres avoir fait leur devoir, se retirerent chascun à son enseigne, à peu de dommage. De leurs ennemys en demoura quatorze ou quinze mille sur le camp. Le seigneur Berthelome fut mené prisonnier au logis du Roy; lequel, apres disner, fist faire ung faulx alarme, pour congnoistre si ses gens seroient diligens si ung affaire venoit. On demanda à ce seigneur d'Alvyano, que ce povoit estre. Il fist responce en son langaige : « Il « fault dire que vous voulez combatre les ungs contre « les autres, car de noz gens, je vous asseure sur ma « vie qu'ilz ne vous visiteront de quinze jours; » et en se mocquant, congnoissant sa nation, disoit ces parolles. Ladicte bataille fut le quatorziesme jour de may 1509.

CHAPITRE XXX.

Comment le roy de France, Loys XII, gaigna toutes les villes et places des Veniciens, jusques à Pesquere.

Le roy de France sejourna ung jour ou deux ou camp de la bataille. Ce pendant le chasteau de Cazavas se voulut faire batre d'artillerie; mais en deux heures il fut emporté, et y eut quelques rustres dedans pris, lesquelz essayerent si leur col pourroit par force emporter ung creneau. Cela espouventa ceulx qui estoient aux autres places; de sorte qu'oncques puis ne se trouva ville ny aucune forteresse qui voulsist combatre, excepté le chasteau de Pesquere, dont mal en print à ceulx de dedans; car tous y moururent, ou peu en eschappa, qui furent prins prisonniers : entre lesquelz estoit ung providadour de la seigneurie, et son filz, qui voulurent payer bonne et grosse rançon; mais cela ne leur servit de riens, car chascun à ung arbre furent tous deux penduz, qui me sembla grande cruaulté. Ung fort gaillart gentil homme, qu'on appelloit Le Lorrain, avoit leur foy, et en eut grosses parolles avecques le grant maistre, lieutenant general du Roy: mais il n'en amenda d'autre chose. Le roy de France se logea audit lieu de Pesquere, apres avoir eu en ses mains toutes les villes et places par luy querellées, comme Cremonne, Creme, Bresse, Bergame, et cent autres petites villes, que toutes il eut en cinq ou six jours, excepté le chasteau de Cremonne, qui tint quelque temps, mais en fin se rendit. Et bien fist davantage ledit prince; car, par le moyen de la bataille qu'il gaigna, fut rendu au pape Julles, Ravenne, Fourly, Ymole, Fayence, et plusieurs autres places que lesditz Veniciens tenoient en Rommaigne; et au roy d'Espaigne, en son royaulme de Naples, Brindis et Otrante; et à luy mesmes furent presentées les clefz des villes de Veronne, Vincence et Padoue, mais il les mist entre les mains de l'Empereur qui les querelloit. Toutesfois il ne garda gueres bien les aucunes, dont mal luy en print, comme vous verrez cy apres.

Sur ces entrefaictes, le reste de l'armée des Veniciens, bien estonnée, se retira vers le Trevizan et le Fryol, cuydans que tousjours on les deust suyvre : ce qui ne se fist pas; qui fut gros malheur pour l'Empereur, lequel de jour en jour s'attendoit par le roy de France, en ceste petite ville de Pesquere; car promis avoit se trouver dedans ung vaisseau, acompaigné comme bon luy eust semblé, sur ung lac qui environne partie de ladicte ville de Pesquere, pour parlamenter ensemble plus amplement de leurs affaires; et, à ceste cause, avoit esté envoyé vers luy le legat d'Amboise jusques à Rouvray; mais oncques ne le sceut amener. Parquoy, apres son retour, et qu'il eut amené l'evesque de Gurse (1), ambassadeur pour ledit Empereur, devers le roy de France, lequel vint tellement quellement excuser son maistre, s'en retourna par ses journées à Milan, au commencement de juillet. Ce pendant la ville de Padoue, en laquelle l'Empereur avoit seullement envoyé huyt cens lansquenetz pour la garde, laquelle a six mille de tour, fut reprise par les gens de la seigneurie de Venise. Et y entra messire André Grit, avecques ung autre cappitaine, appellé messire Luce Malleneche, par une subtillité telle que je vous diray. Tousjours avoient les Veniciens quelque intelligence en la ville. Et fault bien noter une chose, qu'oncques seigneurs ne furent sur la terre plus aymez de leurs subjectz, qu'ils ont tousjours esté, et seullement pour la grande justice en quoy ilz les maintiennent.

Or entendez, sur le commencement de juillet, qui est le temps que pour la seconde fois on fauche les foings en Ytalie, ung mardy matin, s'estoient venuz embuscher à ung gect d'arc de ladicte ville (qui est à l'entour plaine d'arbres, tellement qu'on ne sçauroit veoir gueres loing), lesditz cappitaines, messire André

(1) *L'evesque de Gurse :* Raymond Berault, cardinal, évêque de Gurtz, aujourd'hui Goritz.

Grit, et messire Luce Malleneche, avecques quatre cens hommes d'armes et deux mille hommes de pied. Or, en ceste ville de Padoue, chascun jour se recueilloit ordinairement force foings, et en ce quartier là font les charrettées grandes, de sorte que, au passer en une porte, elles y entrent quasi à force. Le jour de leur embusche, dés le point du jour, ces charrettes commençoient à entrer dedans ladicte ville : quant quatre eurent passé, apres la cinquiesme venoient six hommes d'armes veniciens, et derriere chascun de leurs chevaulx ung homme de pied, garny de hacquebute toute chargée; et parmy eulx avoient une trompette, pour sonner incontinent qu'ilz auroient gaigné la porte, affin que la grosse force qui estoit en embusche vint. Si peu de lansquenetz qui estoient dedans la ville faisoient fort bon guet, et ne tenoient que deux portes ouvertes, où pour le moins y avoit tousjours à chascune trente hommes de garde.

Il y avoit ung gentil homme de la ville, nommé messire Geralde Magurin, qui estoit adverty par la seigneurie, de ceste entreprise, et avoit en charge que, quant il verroit l'affaire commencé, se devoit mettre en armes, et tous ceulx qui tenoient leur party. Ceste cinquiesme charrette vint à passer, laquelle entrée, ces six hommes d'armes qui suyvoient commencerent à crier : *Marco! Marco!* Leurs gens de pied se gecterent à terre, et deschargerent leurs hacquebutes, de sorte que chascun tua son homme, car ilz tiroient en bute. Les povres lansquenetz, qui se virent surpris, furent bien estonnez : toutesfois ilz se misrent en deffence, et sonnerent l'alarme. Cela leur valut peu; car incontinent que la trompette eut esté entendue, la grosse flote va venir, faisant ung bruyt merveilleux, en cryant : *Marco! Marco! Ytalie! Ytalie!* D'une autre part ce gentil homme, messire Geraldo Magurin avoit fait son effort en la ville, dont des maisons sortirent plus de deux mil hommes armez avecques ronçons et javelines : de façon que les lansquenetz ne sceurent que faire, sinon qu'ilz se serrerent, et tous ensemble se vont gecter en la place, où ilz se misrent en bataille. Ne demoura gueres qu'ilz ne feussent assailliz en deux ou trois lieux : mais oncques gens ne se deffendirent mieulx, car ilz furent plus de deux heures devant qu'on les sceust rompre.

En fin il vint tant de gens qu'ilz ne peurent plus soustenir le fes. Ilz furent ouvers, rompuz, et tous mis en pieces, sans que jamais en feust pris ung à mercy ; qui fut grosse pitié : mais ilz vendirent bien leur vie ; car d'entre eulx ne peut mourir que ce qui y estoit : mais ilz tuerent plus de quinze cens hommes, tant de la ville que des gens de guerre. Toutesfois la ville de Padoue fut prise, en laquelle bien tost apres survint le conte Petilano, qui mist grosse diligence pour la faire ramparer et fortiffier, bien considerant qu'elle feroit bon besoing à la seigneurie. Ces nouvelles vindrent aux oreilles de l'Empereur, qui cuyda desesperer, et fist veu à Dieu qu'il s'en vengeroit, et que luy mesmes yroit en personne; ce qu'il fist. Il escripvit unes lettres au roy de France, qui estoit encores à Milan, que son plaisir feust luy ayder de cinq cens hommes d'armes, pour trois moys, à ce qu'il peust mettre les Veniciens à la raison. Ce qui luy fut accordé, et s'en ensuyvit ce que vous orrez.

CHAPITRE XXXI.

Comment le roy de France envoya le seigneur de La Palisse au secours de l'Empereur, avecques cinq cens hommes d'armes, et plusieurs cappitaines, desquelz estoit le bon Chevalier sans paour et sans reprouche.

Quant le roy de France entendit que Padoue estoit revoltée, fut bien marry, et encores plus de ce que c'estoit par la faulte de l'Empereur, qui, pour garder une telle ville, avoit seulement envoyé huyt cens lansquenetz. Toutesfois, à la requeste dudit Empereur, commanda au seigneur de La Palisse qu'il print cinq cens des plus gaillards hommes d'armes qui feussent en Ytalie, et qu'il s'en allast au service de l'Empereur, qui descendoit au Padouan. Ledit seigneur, qui ne demandoit que telles commissions, car c'estoit toute sa vie que la guerre, delibera faire son preparatif; et, ainsi qu'il sortoit du chasteau de Milan, trouva le bon Chevalier, auquel il dist : « Mon compaignon, mon amy, « voulez vous pas que nous soyons de compaignie? » Si luy declaira l'affaire plus au long. Il, qui ne demandoit pas mieulx, mesmement d'estre en sa compaignie, gracieusement luy respondit qu'il estoit à luy pour en disposer à son plaisir.

De ceste mesme entreprise furent le baron de Bearn, qui mena une partie de la compaignie du duc de Nemours; le baron de Conty (1), qui avoit cent

(1) *Le baron de Conty* : Frédéric de Mailly. Il laissa une fille unique,

hommes d'armes; le seigneur Theode de Trevolz (1); le seigneur Julles de Sainct Severin; le seigneur d'Ymbercourt (2); le cappitaine La Glayete; le seigneur de La Crote, lieutenant du marquis de Montferrat; et le bon Chevalier. Avecques lesquelz cinq cens hommes d'armes, se misrent en compaignie plus de deux cens gentilz hommes, et entre autres le filz aisné du seigneur de Bucy, cousin germain du grant maistre, seigneur de Chaumont, qui luy bailla vingt de ses hommes d'armes, et deux gaillars gentilz hommes, l'ung appellé le seigneur de Bonnet, breton, tres-renommé chevalier, et l'autre le seigneur de My Pont, du duché de Bourgongne; lesquelz le bon Chevalier tenoit avecques luy comme ses freres, et fort les honnoroit, pour la grande prouesse qu'il sçavoit en eulx. Le cas du gentil seigneur de La Palisse prest, commencea à marcher avecques ses compaignons, et se tira droit à Pesquere. Ce pendant le roy de France print son chemin à son retour en son royaulme, laissant sa duché et ce qu'il avoit conquis sur ses ennemys, paisible. Il fault sçavoir que, incontinent que les Veniciens eurent repris Padoue, s'en allerent courir jusques devant Vincence, qui incontinent se retourna : aussi n'est elle pas ville pour tenir contre puissance. Ilz en voulurent autant

Madeleine de Mailly, dame de Conti, qui épousa Charles de Roye, comte de Roussy, et ne laissa pareillement qu'une fille, Eléonore, dame de Conti, mariée à Charles de Bourbon, duc de Vendôme, dont elle eut Louis I, prince de Condé, cousin germain de Henri IV. (*Note de Guyard de Berville.*)

(1) *Theode de Trevolz :* neveu de Jean-Jacques Trivulce. Il devint comme lui maréchal de France. — (2) *Le seigneur d'Ymbercourt :* petit-fils de l'infortuné Imbercourt, ministre de Marie de Bourgogne, assassiné à Gand, en 1477, en présence de cette princesse.

faire de Veronne : mais le bon seigneur de La Palisse, qui en avoit esté adverty, deslogea avecques ses compaignons, deux heures devant jour, d'ung lieu appellé Villefranche, et se vint presenter devant la ville : qui leur donna craincte : et par ce moyen s'en retournerent lesditz Veniciens vers Vincence. Mais s'ilz eussent peu gaigner Veronne, le secours du seigneur de La Palisse s'en povoit bien retourner ; car la ville est forte, et passe par dedans une riviere fort impetueuse : tellement que, sans autre effort que de gendarmerie n'eust pas esté rendue si tost.

Bien en print au seigneur de La Palisse de sa bonne diligence, mesmement de celle du bon Chevalier, qui tousjours menoit les coureurs. Il n'avoit alors que trente hommes d'armes soubz luy : mais il en y avoit vingt et cinq qui meritoient d'estre cappitaines de cent. Toute ceste troppe de gendarmerie entra dedans Veronne, où l'evesque de Trente, qui y estoit pour l'Empereur, les receut à grant joye, car il avoit eu belle peur. Ilz furent seulement deux jours dedans la ville, fort bien festoyez des habitans ; et puis tirerent vers Vincence, où incontinent que ceulx que la seigneurie y avoit mis le sceurent, deslogerent, et se retirerent les ungs à Padoue et les autres à Trevize. Dedans Vincence fut le seigneur de La Palisse et ses compaignons, cinq ou six jours, attendans quelques nouvelles de l'Empereur, lequel on disoit estre desjà aux champs.

Quant ilz virent qu'il n'approchoit point, partirent de Vincence, et allerent en ung gros village appellé Castel Franc, où ilz sejournerent quinze jours. Cela estoit à dix mille de Padoue. Ce pendant arriva au camp des François le seigneur Du Ru, avecques quelques hommes d'armes bourgongnons, et environ six mille lansquenetz, que conduysoit ung seigneur d'Almaigne, gentil prince, et hardy, entreprenant à merveilles, comme il a monstré tant quil a vescu. On l'appelloit le prince de Hanno (1). Au commencement d'aoust, arriva l'Empereur au pied de la montaigne, au dessoubz d'ung chasteau appellé Bassan, et tout son equipage apres luy; lequel, combien qu'il n'y eust pas grande montaigne à passer, demoura huyt jours entiers avant qu'il feust en la plaine. L'Empereur veit le seigneur de La Palisse et les cappitaines françois, ausquelz il fist tresbonne chere. Ceste veue premiere fut aupres d'une petite ville appellée Aest, dont les ducz de Ferrare portent le surnom. Pour lors y avoit ensemble une des belles armées qu'on eust veue cent ans au paravant.

CHAPITRE XXXII.

Comment l'empereur Maximilian alla mettre le siege devant Padoue; et ce qu'il advint durant icelluy.

L'EMPEREUR se fist longuement attendre, dont il ennuyoit aux François: mais vous devez aussi entendre qu'il arriva en la plaine en empereur; et si sa puissance eust bien voulu faire son debvoir, c'estoit assez pour conquester ung monde. Parquoy est bien requis

(1) *Le prince de Hanno*: Rodolphe, prince d'Anhalt, l'un des aïeux de la célèbre impératrice de Russie, Catherine II.

que son equipage soit inscript, qui tel estoit. Il avoit cent six pieces d'artillerie sur roue, dont la moindre estoit ung faulcon, et six grosses bombardes de fonte, qui ne se povoient tirer sur affust, mais estoient portées, chascune sur une puissante charrette, chargées avecques engins. Et quant on vouloit faire quelque baterie, on les descendoit. Et quant elles estoient à terre, par le devant avecques ung engin on levoit ung peu la bouche de la piece, soubz laquelle on mettoit une grosse piece de boys, et derriere faisoit on ung merveilleux taudis, de peur qu'elle ne reculast. Ces pieces portoient bouletz de pierre, car de fonte on ne les eust sceu lever, et ne povoient tirer que quatre fois le jour au plus. Il avoit en sa compaignie que ducz, contes, marquis, et autres princes et seigneurs d'Almaigne, bien six vingtz, et environ douze mille chevaulx, cinq ou six cens hommes d'armes bourguignons et hennuyers.

De gens de pied lansquenetz, ilz estoient sans nombre; mais par estimation on les prenoit à plus de cinquante mille. Le cardinal de Ferrare (1) vint pour son frere au secours dudit Empereur, qui amena douze pieces d'artillerie, cinq cens chevaulx, et trois mille hommes de pied : et autant ou peu moins en amena le cardinal de Manthoue. Bref avecques les hommes d'armes françois on tenoit ou camp y avoir cent mille combatans. Ung grant deffault estoit quant à l'artillerie, car il n'y avoit equipage que pour la moytié; et quant on marchoit, estoit force que partie de l'armée demourast pour la garder, jusques à ce que la pre-

(1) *Le cardinal de Ferrare :* Hippolyte d'Est, frère d'Alphonse I, duc de Ferrare.

miere bende feust deschargée au camp où on vouloit sejourner, et puis le charroy retournoit querir l'autre, qui estoit grosse fascherie. Ledit Empereur se levoit fort matin, et incontinent faisoit marcher son armée; et ne se logeoit voulentiers qui ne feust deux ou trois heures apres midy; qui n'estoit pas, veu la saison, pour refreschir les gensd'armes soubz leur armet.

Le premier camp qu'il fist fut pres du palais de la royne de Chippre [1], distant de Padoue huyt mille; où arriva le seigneur de Meillault, ung jeune gentilhomme de France, hardy et entreprenant cappitaine, filz d'ung vertueux et sage chevalier, le seigneur d'Alegre [2], avecques bien mille ou douze cens avanturiers françois, tous gens d'eslite et d'escarmouche. En ce camp mesmes fut conclud d'aller mettre le siege devant la ville de Padoue; et pour ceste cause fut assemblé le conseil, où il y eut de diverses oppinions; car l'Empereur avoit ung lieutenant general, de nation grecque, qu'on appelloit le seigneur Constantin [3], qui vouloit faire toutes choses à sa teste, dont en fin tresmal en print à son maistre, comme vous orrez. Il fut ung peu souspeçonné de trahison, et l'en voulut le seigneur de La Palisse combatre; mais il ne fut possible le faire venir au point. Or laissons ce propos jusques à ce qu'il sera besoing d'en parler. Conclusion

[1] *Du palais de la royne de Chippre :* ce palais avoit appartenu à Charlotte Cornaro, vénitienne, reine de Chypre, qui avoit abdiqué en faveur de la république, et qui avoit reçu en échange le titre de fille de Saint-Marc. — [2] *Le seigneur d'Alegre :* Yves II, baron d'Alègre, en Auvergne. Il s'étoit distingué dans les précédentes campagnes. — [3] *Le seigneur Constantin :* ce seigneur étoit originaire de Macédoine. Il étoit oncle de la marquise de Montferrat dont il a été parlé dans le Tableau du règne de Charles VIII.

fut prise à ce conseil d'aller mettre le siege audit Padoue, et que pour les approuches les gensd'armes françois feroient la pointe, avecques le prince de Hanno et ses lansquenetz, qui estoit la plus triumphante bende de tous les Almans; mais que premier il estoit tresnecessaire prendre une petite ville, appellée Montselles, où il y avoit ung chasteau tresfort, à six ou sept mille de Padoue, par ce que la garnison qui estoit dedans pour la seigneurie, eust peu merveilleusement fascher le camp et les vivres qui y venoient.

Le lendemain matin se partit l'armée, et vint loger à demy mille de ceste petite ville, qui ne tint point, car gueres ne valloit; mais le chasteau estoit deffensable pour ung long temps si les coquins qui estoient dedans eussent riens valu : mais le cueur leur faillit incontinent; car les approuches faictes, et que l'artillerie eut fait bien peu de berche, et malaisée, fut sonné l'alarme pour aller à l'assault. Il falloit bien monter ung grant gect d'arc; mais ces aventuriers françois du cappitaine Meillault y furent soubdainement, et sembloit qu'ilz n'eussent mangé de huyt jours, tant legiers estoient. Ceulx de dedans firent quelque resistance ; mais gueres ne continuerent, car en moins d'ung quart d'heure ilz furent emportez, et tous mis en pieces. Ces aventuriers y firent assez bon butin, et entre autres choses y avoit sept ou huyt vingtz fort beaulx chevaulx. La ville et chasteau furent renduz es mains du duc de Ferrare, qui les querelloit : mais il presta trente mille ducatz. Deux jours apres ceste prinse de Montselles, deslogea l'armée, qui s'en alla droit devant Padoue, où fut assis le siege.

CHAPITRE XXXIII.

Comment l'empereur Maximilian planta son siege devant Padoue; et des gaillardes approuches faictes par les gentilz hommes françois; et d'une grande hardiesse que monstra le bon Chevalier sans paour et sans reprouche.

Apres la prinse de la ville et chasteau de Montselles, et icelluy baillé entre les mains du cardinal de Ferrare, qui là estoit pour son frere, y mist bonne garnison. Le duc de Ferrare estoit d'ung autre costé, faisant la guerre aux Veniciens. Et en la mesme année leur donna une rotte sur le Pau, qui ne leur porta gueres moins de dommage que le jour qu'ilz perdirent la bataille contre le roy de France; car ainsi que lesditz Veniciens estoient deliberez luy destruire ung quartier de pays sur le Ferraroys, appellé le Polesme de Rovigo, misrent sur le Pau quatorze ou quinze galleres, et trois ou quatre mille hommes dedans; et vindrent, partans de Quyoze, jusques à Francolin. Mais le duc de Ferrare avoit fait faire deux bastillons, l'ung à l'endroit de la tour de Loiselin, et l'autre Alpopos, qui sont l'ung devant l'autre; et avoit trois ou quatre mille bons hommes dedans, et quatre bonnes galleres sur le Pau, bien armées et equippées. Il sceut que ses ennemys estoient descenduz en terre, où la pluspart il les alla trouver, et les deffist, sans que nul en eschappast.

Depuis, avecques ses galleres et autres grosses barques, alla combatre les galleres, qui quasi estoyent toutes desnuées de gens; desquelles, deux furent effondrées, et six prises avecques tout l'esquipage et artillerie qui estoit dessus, dont il y avoit trente bonnes pieces de fonte, sans les hacquebuttes. Ce fut une triumphante victoire, et à peu de perte, sinon que le conte Ludovic de La Virandolle y fut tué d'ung coup d'artillerie. Les Veniciens y porterent gros et merveilleux dommage.

Or retournons au camp de l'Empereur. L'armée deslogea de devant Montselles, et tout d'une traicte s'en vint à ung mille de Padoue, qui est une fort grosse cité, et fiere à l'aborder. Dedans estoit le conte Petilano, acompaigné de mille hommes d'armes, douze mille hommes de pied, et bien deux cens pieces d'artillerie. Et quelque siege qu'il y eust, jamais ne leur peut estre osté la voye d'ung canal qui va à Venize, lequel passe par la ville, et y a seullement dixhuit mille de l'une à l'autre. Quant l'armée eut ainsi approché la ville, l'Empereur assembla tous ses cappitaines, mesmement les François à qui il portoit gros honneur, pour entendre à quelle porte seroit planté le siege : chascun en dist son advis : mais pour conclusion fut ordonné que le gros camp, ouquel seroit la personne de l'Empereur, se logeroit à la porte qui va à Vincence, et auroit les François avecques luy ; à une autre porte plushault seroit le cardinal de Ferrare, les Bourguignons et Hennuyers, avecques dix mille lansquenetz ; et à une au dessoubz, seroit le cardinal de Manthoue, le seigneur Jehan de Manthoue son frere (1), et la troppe des lansquenetz du prince de Hanno ; affin que chascune

(1) *Le cardinal de Manthoue, le seigneur Jehan de Manthoue son frere :* ils étoient fils de Frédéric, marquis de Mantoue.

desdictes deux bendes feust secourue du gros camp, si besoing estoit. Cela fut trouvé tresbon, et n'y eut plus que du marcher.

Le bon Chevalier sans paour et sans reprouche fut ordonné pour les approches, lequel eut en sa compaignie le jeune seigneur de Bucy et les cappitaines La Clayete et La Crote. Or, pour venir devant ceste porte de Vincence, falloit entrer en ung grant chemin droit comme une ligne, où ilz avoient fait quatre grosses barrieres, à deux cens pas l'une de l'autre, et à chascune avoit à qui combatre. Des deux costez de ce chemin, comme sçavent ceulx qui ont esté en Ytalie, y avoit fossez, parquoy on ne les povoit prendre que par le devant. Sur les murailles de la ville avoient force artillerie, où ilz batoient sur ce grant chemin, par dessus leurs gens, à la venue des François, si menu et souvent qu'il sembloit gresle. Nonobstant cela, le bon Chevalier et ses compaignons commencerent à escarmoucher; et vivement vindrent à la premiere barriere, à laquelle eut fort assault; et y plouvoient les coups de hacquebute : toutesfois elle fut gaignée, et les ennemys repoulsez jusques à la seconde. Si la premiere fut bien combatue, encores ceste le fut mieulx. Et y fut blessé, d'ung coup de hacquebute, au bras, le jeune seigneur de Bucy, et son cheval tué soubz luy; mais nonobstant cela ne fut possible le faire retirer, et croyez que pour ce jour oncques homme ne fist mieulx que luy.

Le cappitaine Meillault arriva à ceste seconde barriere, avecques cent ou six vingtz de ses rustres qu'il avoit esleuz, lesquelz firent raige. Or il fault entendre que ces approches se faisoient environ midy, parquoy faisoit assez cler pour veoir les mieulx combatans. Une bonne demye heure dura l'assault à ceste seconde barriere, qui en fin fut gaignée ; et si vivement furent suyviz ceulx qui la gardoient, qu'ilz n'eurent loisir demourer à la troisiesme, ains leur convint sans combat l'abandonner, et eulx rendre à la quatriesme, où il y avoit mille ou douze cens hommes, et trois ou quatre faulconneaux, qui commencerent à tirer le long de ce grant chemin : mais peu de mal firent, sinon qu'ilz tuerent deux chevaulx. Ceste barriere n'estoit que à ung gect de pierre du boulevart de la ville, qui donnoit grant courage aux gens de la seigneurie de bien combatre ; ce qu'ilz firent, car l'assault y dura une heure, à coups de picque et de hacquebute.

Quant le bon Chevalier veit que cela duroit tant, il dist à ses compaignons : « Messeigneurs, ces gens icy « nous amusent trop ; descendons à pied, et poussons « à ceste barriere. » Si descendirent incontinent jusques à trente ou quarante hommes d'armes, qui la veue levée vont droit à ceste barriere, à poux de lance. Ce gentil prince de Hanno estoit tousjours joignant du bon Chevalier ; et le seigneur de Meillault, avecques deux autres, l'ung nommé Grant Jehan Le Picart, et l'autre, le cappitaine Maulevrier, qui faisoient raige : mais tousjours aux Veniciens venoient gens fraiz. Quoy voyant par le bon Chevalier, dist tout hault : « Messeigneurs, « ilz nous tiendront tousjours d'icy à six ans en ceste « sorte, sans riens faire, car ilz se resfreschissent de « gens à toute heure. Donnons leur ung aspre assault, « et puis que chascun face comme moy ; » ce qui luy fut accordé. Sur cela il dist : *Sonne, trompette :* et puis, comme ung lyon à qui on a osté ses faons, va avecques ses compaignons livrer ung merveilleux assault, tellement qu'il fist aux ennemys habandonner la barriere de la longueur d'une picque. Alors, en cryant, *Avant, compaignons, ilz sont nostres!* va saulter icelle barriere, et trente ou quarante apres luy, qui furent fort bien recueilliz. Toutesfois, quant les François virent le dangier où s'estoient mis leurs compaignons, chascun se mist à passer; et, cryant, *France! France! Empire! Empire!* firent une telle charge sur leurs ennemys, qu'ilz leur firent guerpir la place, tournerent le dos, et tout habandonnerent, eulx retirans, comme quasi rompuz, en la ville.

Ainsi furent gaignées les barrieres de devant Padoue, en plain midy, où les François acquirent gros honneur, tant ceulx de cheval que de pied, mesmement le bon Chevalier, à qui chascun en donnoit la gloire. Si furent faictes les approuches, et l'artillerie amenée sur le bort du fossé, qui y demoura six sepmaines sans partir, et jusques au siege lever, qui fut tel que vous entendrez.

CHAPITRE XXXIV.

*De la grosse et lourde baterie qui fut devant **Padoue**; et de la grande berche qui y fut faicte.*

Les approuches faictes devant Padoue, et l'artillerie assise, chascun se logea en son quartier, en trois camps, selon l'ordonnance cy devant dicte. Et fault entendre qu'il y avoit tant de peuple, que ledit camp tenoit de tous costez plus de quatre mille de pays. Et fut une merveilleuse chose que, durant le siege, qui fut de deux moys ou environ, les fourrageurs n'allerent jamais plus loing que de six mille du camp, pour avoir force foings, bledz, avoynes, chairs, poullailles, vins et autres choses necessaires, tant pour les hommes que pour les chevaulx ; et si grande habondance y en avoit, que quant on leva le siege, fut bruslé pour cent mil ducatz de vivres, dont on avoit fait provision, cuydant que plus longuement durast le siege. C'est ung incident, venons à la matiere.

Le lendemain des approches, commencerent les canonniers à faire leur devoir. Et sans cesser dura huyt jours la baterie, qui fut la plus impetueuse et terrible que cent ans au paravant avoit esté veue : car il y fut tiré des trois camps plus de vingt mille coups d'artillerie. Si l'Empereur ou ses gens servoient bien d'artillerie ceulx de la ville, croyez que de leur part rendoient bien la pareille, et beaucoup mieulx : car pour ung bien qu'on leur faisoit, en rendoient deux. Brief, ladicte ville fut si bien batue que de toutes les trois berches ne s'en fist que une. Durant ce temps, fut pris ung des canonniers de l'Empereur, qu'on trouva en lieu de tirer en la ville, qu'il tiroit contre ses gens; et disoit l'on que le seigneur Constantin le luy faisoit faire, et qui pis estoit chascun jour advertissoit le conte Petilano de ce qu'il avoit à faire. Je ne sçay s'il estoit vray, mais le canonnier fut mis sur ung mortier, et envoyé par pieces en la ville; il en fut dit assez d'injures audit seigneur Constantin, mais on ne povoit prouver le faict sur luy. Le seigneur de La Palisse l'appella lasche et meschant, et qu'il l'en combatroit : mais il ne respondit riens à propos; et en fist sur l'heure l'Empereur, qui en estoit coyffé, l'appoinctement.

Or ces trois berches mises en une estoient seullement de quatre à cinq cens pas; qui estoit assez beau passage pour donner l'assault : car quant aux fossez, ce n'estoit pas grant chose. Mais le conte Petilano avoit si bien acoustré la ville par dedans que s'il y eust eu cinq cens mille hommes devant, ilz n'y feussent pas entrez si ceulx de dedans eussent voulu; et vous declaireray comment. Derriere la berche, pour entrer en la ville, avoit icelluy conte Petilano fait faire une trenchée ou fossé à fons de cuve, de la haulteur de vingt piedz, et quasi autant de largeur; en icelle avoit fait mettre force fagotz, et vieil boys bien enrosez de pouldre à canon; et de cent pas en cent pas y avoit boulevart de terre, garny d'artillerie, qui tiroient le long de ceste trenchée. Apres icelle passée, s'il eust esté possible (comme non sans la grace de Dieu), toute l'armée des Veniciens estant en ladicte ville, se trouvoit en bataille à cheval et à pied; car il y avoit belle esplanade, jusques à mettre vingt mille hommes de pied et de cheval en ordre : et derriere estoient plates formes, où on avoit monté vingt ou trente pieces d'artillerie, qui par dessus leur armée eussent tiré, sans leur mal faire, droit à la berche.

De ce terrible dangier furent les François advertiz par aucuns prisonniers, qui aux escarmouches quelquesfois estoient pris, et par leur rançon payée renduz, ausquelz monstroit le conte toutes ces choses, affin qu'ilz le remonstrassent au seigneur de La Palisse et aux cappitaines françois; et disoit encores ces parolles à leur departie : « J'espere, mes amys, avecques « l'ayde de Dieu, que le roy de France et la seigneurie

« retourneront en amytié quelque jour; et, n'estoit les « François qui sont avecques l'Empereur, croyez « que, devant qu'il fust vingt et quatre heures, je sor- « tiroye hors de ceste ville, et si en ferois lever le « siege honteusement. » Je ne sçay comment il eust fait cela, au nombre de gens qu'il avoit devant luy. Bien furent rapportez ces propos aux seigneurs cappitaines de France; mais ilz n'y pensoient autrement, pource que par leur maistre estoient au service de l'Empereur, pour faire ce qu'il leur ordonneroit. Vous avez ouy cy dessus la belle berche qui estoit à la ville, qui trop grande estoit, et feust ce pour aller mille hommes de fronc deux fois, dont l'Empereur fut deuement acertené. Si se delibera y donner l'assault, comme vous orrez cy apres; mais premier vous parleray d'une course que fist le bon Chevalier avecques ses compaignons.

CHAPITRE XXXV.

Comment le bon Chevalier sans paour et sans reprouche, durant le siege de Padoue, fist une course avecques ses compaignons, où il acquist gros honneur.

DURANT le siege de Padoue, souvent venoient alarmes au camp de l'Empereur, tant des saillies que faisoient ceulx de la ville, que de leurs gens qui estoient en garnison dedans Trevize, bonne et forte ville qui est à vingt ou vingt et cinq mille dudit Padoue. En icelle, entre autres cappitaines, estoit messire Luces Malleveche, homme de guerre et entreprenant s'il en y avoit point au monde. Deux ou trois fois la sepmaine resveilloit sans trompette le camp de l'Empereur; et, s'il voyoit qu'il y fist bon, ne s'espargnoit pas parmy ses ennemys, et par le contraire, s'il n'y faisoit bon, fort sagement se retiroit, et ne perdit jamais ung homme.

Tant continua ce train qu'il fist parler de luy à merveilles. Ceste maniere de faire fascha fort au bon Chevalier; et, sans grant bruit, par des espies à qui il donnoit tant d'argent que pour mourir ne l'eussent trompé, entendit beaucoup des allées et des venues dudit Malleveche, de sorte qu'il delibera l'aller trouver aux champs. Si vint à deux de ses compaignons, et qui estoient logez avecques luy, dont l'ung estoit le cappitaine La Clayete, et l'autre le seigneur de La Crote, tous deux gaillars et triumphans cappitaines, ausquelz il dist : « Messeigneurs, ce cappitaine Malleveche « nous donne bien de la fascherie; il n'est gueres jour « qu'il ne nous viengne resveiller, et ne se parle sinon « de luy : je n'ay pas envye de son bien faire, mais « je suis marry qu'il ne nous congnoist autrement. « J'ay beaucoup entendu de son affaire. Voulez vous « venir à la guerre, et vous verrez quelque chose, « j'espere que nous le trouverrons demain au matin, « car deux jours a qu'il ne nous donna alarme. » Ses compaignons respondirent : « Nous yrons où vous « vouldrez. »

« Or faictes doncques, dist le bon Chevalier, à deux « heures apres mynuyt, armer chascun trente hommes « d'armes, des plus gentilz galans que vous ayez; et « je meneray ma compaignie et les bons compaignons « qui sont avecques moy, comme Bonnet, Mypont,

« Cossey, Brezon et autres, que congnoissez comme « moy; et sans sonner trompette, ne faire bruyt, mon- « terons à cheval; et vous suffise que j'ay fort bonne « guyde. » Comme il fut dit, ainsi mis à execution : et, entre deux et trois, ou moys de septembre, monterent à cheval, leur guyde devant, qui estoit tresbien gardé de quatre archiers; et luy avoit on promis bon payement s'il faisoit bien son debvoir, mais aussi, où il yroit de tromperie il luy alloit de la vie. Et cela avoit ordonné le bon Chevalier, par ce que souvent espies sont doubles, et font tourner la perte où il leur plaist : mais il fist bien son debvoir ; car de nuyt les mena bien dix mille de pays, et tellement que la pointe du jour va apparoistre. Si vont adviser ung grant palais, où il y avoit une longue closture de muraille. Lors l'espie commencea à dire au bon Chevalier : « Mon- « seigneur, si le cappitaine messire Luces Malleveche « sort au jourd'huy de Trevize pour aller visiter vostre « camp, il fault de necessité qu'il passe icy devant; « si bon vous semble de vous cacher en ce logis, ou- « quel n'est demouré personne, au moyen de la guerre, « vous le verrez passer, et il ne vous pourra veoir. » Cela fut trouvé bon par tous les cappitaines; et se misrent dedans, où ilz furent bien deux heures ou environ qu'ilz ouyrent gros bruyt de chevaulx.

Le bon Chevalier avoit fait monter ung vieil archer de sa compaignie, appellé Monart, autant experimenté en guerre que homme vivant, dedans ung colombier, affin de veoir quelz gens passeroient, et quel nombre. Si veit venir d'assez loing messire Luces Malleveche, en nombre, selon son jugement, de cent hommes d'armes, l'armet en teste, et bien deux cens Albanoys, que conduysoit ung cappitaine nommé Scandrebec, tous bien montez, et à leur contenance gens d'effect. Ilz passerent à ung gect de boulle du logis où estoient embuschez les François. Quant ilz furent oultre, Monart descendit tout joyeulx, et fist son rapport. Qui fut bien aise eut nom chascun. Si dist le bon Chevalier qu'on ressenglast les chevaulx. Or n'y avoit il page ne varlet en la bende, car ainsi l'avoit il ordonné. Et dist à ses compaignons : « Messeigneurs, il y a dix ans qui « ne nous vint si belle adventure : si nous sommes « gentilz galans, ilz sont deux fois plus que nous, « mais ce n'est riens : allons apres. — Allons, allons, » dirent les autres.

Ainsi, eulx remontez à cheval, la porte fut ouverte. Si allerent le beau trot apres leurs gens. Ilz n'eurent pas cheminé ung mille qu'ilz les vont appercevoir sur ung beau grant chemin. Alors le bon Chevalier dist à la trompette : *Sonne, sonne, trompette ;* qui le fist incontinent. Les cappitaines veniciens qui n'eussent jamais pensé qu'il y eust eu gens derriere eulx, estimoient que ce feussent encores des leurs qui voulsissent courir. Toutesfois ilz, sans tirer plus avant, s'arresterent, et si longuement, qu'ilz apperceurent au vray que c'estoyent ennemys. Ilz furent ung peu estonnez, pour se trouver enclos entre le camp de l'Empereur et ceulx qu'ilz voyoient ; et falloit passer par là ou par la fenestre. Cela les confortoit qu'ilz ne voyoient pas grant nombre de gens. Si fist, comme asseuré, le cappitaine messire Luces Malleveche, à tous ses gens, commandement de bien faire, leur remonstrant que force estoit d'estre deffaictz, ou deffaire les autres. Aux deux costez du chemin estoient grans fossez :

ung homme d'armes, sans estre trop bien monté, ne se feust osé adventurer de le saillir, de peur d'y demourer. Ainsi, en quelque sorte que ce feust, force estoit de combatre.

Si commencerent trompettes à sonner de tous les deux costez; et environ la portée d'ung gect d'arc, se prindrent à courir les ungs sur les autres, en criant, par les ungs: *Empire! Empire! France! France!* et les autres, *Marco! Marco!* C'estoit ung droit plaisir de les ouyr. En ceste premiere charge y en eut beaucoup de portez par terre; mesmement Bonnet donna ung coup de lance, dont il percea ung homme d'armes tout oultre. Chascun se mist en son debvoir. Les Albanoys s'escarterent du grant chemin, et habandonnerent leur gendarmerie, pour cuyder prendre les François par le derriere; dont bien s'apperceut le bon Chevalier, qui dist au cappitaine La Crote: « Compaignon, gardez le derriere, que ne soyons enclos; « cecy est nostre. » Ainsi fut fait. Et quant lesditz Albanoys cuyderent approucher, furent receuz et bien frotez: tant qu'il en demoura une douzaine par terre, et les autres à gaigner pays à belle fuyte. Gueres ne les suyvit le gentil cappitaine La Crote, ains retourna au gros affaire; mais à son arrivée trouva les Veniciens en rotte, et entendoit desja chascun à prendre son prisonnier. Messire Luces Malleveche, qui estoit monté à l'avantage, saillit hors du grant chemin, et vingt ou trente des mieulx montez, qui se misrent à la fuyte vers Trevize. Ilz furent suyvis quelque peu: mais on eust perdu sa peine, car trop bien alloient leurs chevaulx, avec ce que les fuyans y avoient bon vouloir. Si se retirerent ceulx de la chasse, et se misrent au retour avecques leurs prisonniers, desquelz y avoit plus qu'ilz n'estoient de gens; car sans nulle faulte en fut bien prins huyt ou neuf vingtz, ausquelz ilz osterent leurs espées et masses, et les misrent au meilieu d'eulx.

Et ainsi arriverent en leur camp, où ilz trouverent l'Empereur qui se pourmenoit à l'entour : lequel quant il veit ceste grosse poussiere, envoya sçavoir que c'estoit, par ung gentil homme françois de sa maison, qu'on appelloit Loys du Peschin, qui incontinent retourna et dist : « Sire, c'est le bon chevalier Bayart, « et les cappitaines La Clayete et La Crote, qui ont « faicte la plus belle rencontre qui cent ans a fut « faicte; car ilz avoient plus de prisonniers qui (1) ne « sont de gens, et ont gaigné deux enseignes. » L'Empereur fut aise au possible. Si s'approcha des François, ausquelz il donna le bon soir, et les François le saluerent, ainsi que à si hault prince appartenoit. Si loua chascun cappitaine en son endroit merveilleusement; puis dist au bon Chevalier : « Seigneur de Bayart, « mon frere vostre maistre est bien eureux d'avoir ung « tel serviteur que vous; je vouldroys avoir donné « cent mille florins de rente, et en avoir une douzaine « de vostre sorte. » Le bon Chevalier respondit : « Sire, « vous dictes ce qu'il vous plaist, et du loz que me « donnez treshumblement vous remercie. D'une chose « vous vueil bien adviser, que, tant que mon maistre « sera vostre alyé, ne trouverrez point de meilleur « serviteur que moy. »

L'Empereur le remercia; et sur ce, luy et ses compaignons prindrent congé, et s'en tirerent à leur logis. Jamais tel bruyt ne fut demené en camp, comme il

(1) *Qui* : souvent ce mot est employé pour *qu'il*.

fut de ceste belle entreprinse, dont le bon Chevalier emporta la pluspart de l'honneur, combien qu'entre toutes gens en donnoit le loz entierement à ses deux compaignons; car de plus doulx ne courtois chevalier n'eust on sceu trouver en tout le monde. Je feray fin à ce propos, et vous diray d'une autre course que fist le bon Chevalier tout seul.

CHAPITRE XXXVI.

D'une autre course que fist le bon Chevalier sans paour et sans reprouche, où il fut pris soixante Albanoys, et trente arbalestriers.

Trois ou quatre jours apres ceste course qu'avoient faicte ensemble les cappitaines La Crote, La Clayete et bon Chevalier, il fut adverty, par ung de ses espies, que dedans ung chasteau, appellé Bassan, s'estoit retiré le cappitaine Scandrebec et ses Albanoys, avecques quelques autres gens de cheval arbalestriers, soubz la conduicte du cappitaine Rynaldo Contarin, gentil homme padouan, et que chascun jour ilz faisoient courses sur ceulx qui venoient au camp, et sur les lansquenetz qui retournoient en Almaigne pour saulver le bestail qu'ilz avoient gaigné sur les ennemys, tellement que depuis deux ou trois jours en avoient deffaict plus de deux cens, et recouvert plus de quatre ou cinq cens beufz et vaches, qu'ilz avoient retirez dedans ce chasteau de Bassan; et que, si par ung matin se vouloit rencontrer en ung passage au pied d'une montaigne, au dessoubz dudit chasteau, ne fauldroit point à les trouver.

Le bon Chevalier, qui tousjours avoit trouvé l'espie veritable, aussi l'avoit il enrichy de plus de deux cens ducatz, delibera y aller, sans en parler à personne; car il luy estoit bien advis, veu qu'il avoit entendu qu'ilz n'estoient pas plus de deux cens chevaulx legiers en tout, qu'il les defferoit bien avecques ses trente hommes d'armes, qui estoient tous gens d'eslite. Toutesfois il avoit encores huyt ou dix gentilz hommes avecques luy, et lesquelz estoient venuz en sa compaignie, pour leur plaisir, au camp de l'Empereur, seulement pour l'amour qu'ilz portoient au bon Chevalier; et eulx avecques sa compaignie n'estoient pas gens pour estre deffaictz en peu d'heure. Il leur compta son entreprinse, sçavoir s'ilz en vouloient estre. C'estoit leur vie, et ne demandoient autre chose. Parquoy une heure devant jour, par ung samedy, ou moys de septembre, monterent à cheval, et firent bien quinze mille, tout d'une traicte, jusques à ce qu'ilz viensissent au passage où l'espie les mena; mais ce fut si couvertement, qu'oncques ne furent apperceuz : et si cela estoit aussi pres du chasteau que la portée d'ung canon. Là s'embuscherent, où gueres ne furent qu'ilz ouyrent une trompette au chasteau qui sonnoit à cheval, dont ilz furent bien resjouyz.

Le bon Chevalier demanda à l'espie, à son advis, quel chemin ilz prendroient. Il respondit : « Quelque « part qu'ilz vueillent aller, il fault par force qu'ilz « passent par dessus ung petit pont de boys qui est à « ung mille d'icy, que deux hommes garderoient con- « tre cinq cens; mais qu'ilz ayent passé ce pont, vous

« envoyerez de voz gens quelque peu, pour le garder, « qu'ilz ne retournent au chasteau ; et je vous mene- « ray, par le derriere de ceste montaigne, à ung pas- « sage que je sçay : si ne fauldrez point à les rencon- « trer en la plaine, entre cy et le palais de la royne de « Chippre. — C'est bien advisé, dist le bon Chevalier. « Qui demourera à ce pont? » Le seigneur de Bonnet dist : « Mon compaignon Mypont et moy le garderons, « s'il vous plaist, et nous laisserez quelques gens avec- « ques nous. — Je le veulx bien, dist il : Petit Jehan de « La Vergne, et telz et telz, jusques au nombre de six « hommes d'armes et dix ou douze archiers, vous fe- « ront compaignie. »

En devisant sur ce propos, vont adviser ces Albanoys et arbalestriers descendre du chasteau, qui sembloient aller aux nopces, et faire aussi beau butin comme ilz avoient fait depuis deux jours : mais il leur alla bien autrement, comme vous orrez. Quant ilz furent passez, Bonnet alla droit au pont, avecques ses gens ; et le bon Chevalier, avecques le reste de sa compaignie, s'en alla droit au passage où l'espie le mena, qui si bien le guyda qu'en moins de demyheure l'eut rendu en la plaine, où on eust veu ung homme à cheval de six mille loing. Si vont adviser, environ la portée d'une longue coulevrine, leurs ennemys, qui marchoient le chemin de Vincence, où ilz pensoient trouver leur proye. Le bon Chevalier appella le bastard du Fay son guydon, et luy dist : « Cappitaine, prenez vingt « de voz archiers, et allez à ces gens là escarmoucher. « Quant ilz vous verront si petit nombre, ilz vous char- « geront, n'en faictes doubte : tournez bride, faisant de « l'effrayé, et les amenez jusques icy, où je vous atten-

« dray à la coste de ceste montaigne, et vous verrez « beau jeu. » Il ne luy convint pas dire deux fois, car il sçavoit le mestier de la guerre le possible. Si commencea à marcher, tant qu'il fut apperceu des ennemys.

Le cappitaine Scandrebec, joyeulx de ceste rencontre, commencea à marcher fierement avecques ses gens, tant qu'ilz apperceurent les François aux croix blanches. Si commencerent à les charger, criant *Marco! Marco!* Le bastard du Fay, qui sçavoit sa leçon par cueur, commencea à faire l'effrayé et à se mettre au retour. Il fut vivement poursuivy, et de façon qu'il fut rembarré jusques à l'embusche du bon Chevalier, qui, avecques ses gens, l'armet en teste et l'espée au poing, comme ung lyon, vint donner dedans, en escryant: *France! France! Empire! Empire!* De ceste premiere charge y eut de ses ennemys portez par terre plus de trente. Le premier assault fut dur et aspre; mais en fin les Albanoys et arbalestriers se misrent en fuyte, le grant galop, cuydans gaigner Bassan, dont ilz sçavoient fort bien le chemin. S'ilz faisoient leur devoir de courir, les François faisoient devoir de chasser: toutesfois trop bien alloient les chevaulx legiers; et eust le bon Chevalier perdu sa proye, n'eust esté ce pont que gardoit Bonnet, lequel, avecques son compaignon Mypont et les gens qu'ilz avoient, deffendirent le passage aux ennemys.

De façon que le cappitaine Scandrebec congneut bien qu'il falloit combatre, ou fuyr à l'adventure: ce qu'ilz aymerent mieulx eslire, et se misrent en fuyte à bride abatue; mais si bien furent les esprons chaussez, qu'il fut pris soixante Albanoys et trente arbalestriers, avecques les deux cappitaines. Le demourant s'en alla à travers pays, vers le Trevizan. En la compaignie du bon Chevalier, puis six jours avoit esté fait archier ung jeune gentil homme du Daulphiné, nommé Guigo Guyffray, filz du seigneur de Bontieres; lequel n'avoit point plus de seize à dixsept ans : mais il estoit de bonne rasse, et avoit grant desir d'ensuyvre ses parens. Durant le combat, il veit celluy qui portoit l'enseigne des arbalestriers de Rynaldo Contarin, qui s'estoit gecté au delà d'ung fossé, et se vouloit sauver.

Le jeune garson se voulut essayer, et passa apres luy, et avecques sa demye lance luy donna si grant coup qu'il le porta par terre, et la rompit; puis mist la main à l'espée, et luy escryoit : *Rends toy, enseigne, ou je te tueray.* L'enseigne ne vouloit pas encores mourir; si bailla son espée et son enseigne au jeune enfant, auquel il se rendit, qui n'en eust pas voulu tenir dix mille escus. Si le fist remonter sur son cheval, et le mena droit où estoit le bon Chevalier, qui faisoit sonner la retraicte; et y avoit tant de prisonniers qu'il ne sçavoit qu'en faire. Bonnet veit venir de loing le jeune Bontieres, et dist : « Monseigneur, « je vous prie, voyez venir Guigo; il a pris ung pri- « sonnier et une enseigne; » et en ces parolles arriva. Le bon Chevalier, quant il le congneut, fut si ayse, qu'oncques ne le fut plus; et dist : « Comment, Bontieres, « avez vous gaigné ceste enseigne, et pris ce prison- « nier? — Ouy, monseigneur, puis qu'il a pleu à Dieu : « il a fait que sage de se rendre; autrement je l'eusse « tué. » Dont toute la compaignie se print à rire, mesmement le bon Chevalier, qui tant avoit d'ayse que merveilles, et dist : « Bontieres mon amy, vous

« avez bon commencement; Dieu le vous vueille con-
« tinuer! »

Aussi a il fait; car depuis par ses vertus a esté lieutenant de cent hommes d'armes, que le roy de France donna audit bon Chevalier, apres ce qu'il eut si bien gardé la ville de Maizieres, contre les gens de l'Empereur, comme verrez quant temps sera. Apres ces propos, le bon Chevalier dist à Bonnet, à Mypont, au cappitaine Pierrepont, lors son lieutenant, gentil chevalier, sage et hardy, et aux plus apparens : « Messeigneurs, il nous fault avoir ce chasteau, car il « y a gros butin dedans; ce sera pour noz gens. — « Ce seroit bien fait, dirent les autres, mais il est « fort, et n'avons point d'artillerie. — Taisez-vous, « dist il; je sçay la maniere comment je l'auray devant « ung quart d'heure. » Il fist appeller les cappitaines Scandrebec et Rynaldo Contarin, ausquelz il dist : « Sçavez vous qu'il y a, seigneurs? faictes moy rendre « ceste place incontinent, car je sçay bien qu'en avez « le povoir; ou sinon, je faiz veu à Dieu que je vous « feray trencher la teste devant la porte, tout à ceste « heure. » Ilz respondirent qu'ilz le feroient s'il leur estoit possible. Ce que ouy, car ung nepveu du cappitaine Scandrebec la tenoit, qui la rendit incontinent que son oncle eut parlé à luy.

Le bon Chevalier et tous ceulx de sa compaignie y monterent, et trouverent plus de cinq cens beufz et vaches, et force autre butin, qui fut egallement party, tant que chascun fut content. Le bestail fut mené vendre à Vincence. Ilz firent tresbien repaistre leurs chevaulx, et y repeurent aussi; car ilz trouverent assez dequoy. Le bon Chevalier fist seoir à sa table les deux cappitaines veniciens; et comme ilz achevoient de disner, vecy arriver le petit Bontieres, qui venoit veoir son cappitaine, et amenoit son prisonnier, lequel estoit deux fois aussi hault que luy, et aagé de trente ans. Quant le bon Chevalier le veit, se print à rire, et dist aux deux cappitaines veniciens : « Messeigneurs, « ce jeune garson, qui estoit page n'a pas six jours, et « n'aura barbe de trois ans, a pris vostre enseigne; « c'est ung gros cas; car, je ne sçay comment vous « faictes, mais nous autres François ne baillons pas « voulentiers noz enseignes sinon aux plus suffisans. » L'enseigne venicien eut honte, et se veit à ceste occasion fort abaissé de son honneur : si dist en son langaige : « Par ma foy, cappitaine, je ne me suis pas rendu « à celluy qui m'a pris, par paour de luy, car luy seul « n'est pas pour me prendre prisonnier; j'eschapperoye « bien de ses mains, et de meilleur homme de guerre « que luy; mais, je ne povoye pas combatre vostre « troppe moy seul. »

Le bon Chevalier regarda Bontieres, auquel il dist : « Escoutez que dit vostre prisonnier : que vous n'estes « pas homme pour le prendre. » Le jeune enfant fut bien marry, et, comme courroucé, respondit : « Mon- « seigneur, je vous supplie m'accorder ce que je vous « demanderay. — Ouy vrayement, dist le bon Che- « valier : quesse? — C'est, dist il, que je rebailleray à « mon prisonnier son cheval et ses armes, et je mon- « teray sur le mien; nous yrons là bas : si je le puis « conquerir encores une fois, soit asseuré de mourir, « et j'en fais veu à Dieu; et s'il peult eschapper, je luy « donne sa rançon. » Jamais le bon Chevalier ne fut plus ayse de propos; et dist tout hault : « Vrayement

« je le vous accorde. » Cela ne servit de riens, car le Venicien ne voulut pas accepter l'offre; dont il n'eut gueres d'honneur, et, par le contraire, le petit Bontieres beaucoup.

Apres disner, le bon Chevalier et les François remonterent à cheval, et retournerent au camp, où ilz emmenerent leurs prisonniers. De ceste belle prise fut bruyt plus de huyt jours; et en fut donné grande louenge au bon Chevalier, par l'Empereur et par tous les Almans, Hennuyers et Bourguignons. Mesmement le bon seigneur de La Palisse en fut tant aise que merveilles, auquel fut compté le tour qu'avoit fait le petit Bontieres, et l'offre qu'il avoit faicte à son prisonnier. S'il en fut ris par tout le camp, ne fault pas demander. Bien dist le seigneur de La Palisse qu'il congnoissoit de longue main la rasse de Bontieres, et que de ceste maison estoient tous gaillars gentilz hommes. Ainsi alla de ceste adventure au bon Chevalier sans paour et sans reprouche, pour ceste fois.

CHAPITRE XXXVII.

Comment l'Empereur delibera donner l'assault à Padoue; et l'occasion pourquoy il demoura.

Vous avez entendu cy devant comment l'artillerie de l'Empereur, du duc de Ferrare et marquis de Manthoue, avoient fait trois berches toutes mises en une, qui contenoit demy mille, ou peu s'en failloit; ce que par ung matin l'Empereur, acompaigné de ses princes et seigneurs d'Almaigne, alla veoir. Dont il s'esmerveilla, et se donnoit grant honte, au nombre de gens qu'il avoit, que plustost n'avoit fait donner l'assault; car ja y avoit trois jours que les canonniers ne tiroient que à pierre perdue en la ville, pource que à l'endroit où ilz estoient n'y avoit plus de muraille. Parquoy, luy revenu à son logis, qui estoit distant de celluy du seigneur de La Palisse d'ung gect de boulle seulement, appella ung sien secretaire françois, auquel il fist escripre unes lettres audit seigneur, qui estoient en ceste substance : « Mon cousin, j'ay à ce matin esté veoir la « berche de la ville, que je trouve plus que raisonna- « ble pour qui vouldra faire son devoir : j'ay advisé de- « dans au jourd'huy y faire donner l'assault. Si vous prie « que, incontinent que mon grant tabourin sonnera, « qui sera sur le midy, vous faictes tenir prestz tous « les gentilz hommes françois qui sont soubz vostre « charge, à mon service par le commandement de « mon frere le roy de France, pour aller audit assault, « avecques mes pietons ; et j'espere, avecques l'ayde « de Dieu, que nous l'emporterons. »

Par le mesme secretaire qui avoit escripte la lettre, l'envoya au seigneur de La Palisse ; lequel trouva assez estrange ceste maniere de proceder ; toutesfois, il en dissimula. Bien dist au secretaire : « Je m'esbays « que l'Empereur n'a mandé mes compaignons et moy, « pour plus asseureement deliberer de cest affaire : « toutesfois, vous luy direz que je les vois envoyer « querir, et, eulx venuz, leur monstreray la lettre. Je « croy qu'il n'y aura celluy qui ne soit obeissant à ce « que l'Empereur vouldra commander. » Le secretaire retourna faire son message, et le seigneur de La Palisse manda tous les cappitaines françois, lesquelz vindrent à son logis. Desja estoit bruyt par tout le camp que l'on donneroit l'assault à la ville sur le midy, ou peu apres. Lors eussiez veu une chose merveilleuse : car les prestres estoient retenuz à poix d'or à confesser, pource que chascun se vouloit mettre en bon estat ; et y avoit plusieurs gens d'armes qui leur bailloient leur bourse à garder : et pour cela ne fault faire nulle doubte que messeigneurs les curez n'eussent bien voulu que ceulx dont ilz avoient l'argent en garde feussent demourez à l'assault.

D'une chose veulx bien adviser ceulx qui lysent ceste Hystoire : que cinq cens ans avoit qu'en camp de prince ne fut veu autant d'argent qu'il y en avoit là ; et n'estoit jour qu'il ne se desrobast trois ou quatre cens lansquenetz, qui emmenoient beufz et vaches en Almaigne, lictz, bledz, soyes à filer, et autres ustensilles : de sorte que audit Padouan fut porté dommage de deux millions d'escus, qu'en meubles, qu'en maisons et palais bruslez et destruitz. Or revenons à nostre propos. Les cappitaines françois arrivez au logis du seigneur de La Palisse, leur dist : « Messeigneurs, il fault disner, car « j'ay à vous dire quelque chose, que si je le vous di« soye devant, par adventure ne feriez vous pas bonne « chere. » Il disoit ces parolles par joyeuseté, car assez congnoissoit ses compaignons, qu'il n'y avoit celluy qui ne feust ung autre Hector ou Rolant, et sur tous le bon Chevalier, qui oncques en sa vie ne s'estonna de chose qu'il veist ne ouyst.

Durant le disner ne se firent que gaudir les ungs des autres. Tousjours en vouloit ledit seigneur de La Palisse au seigneur d'Ymbercourt, qui luy rendit bien son change, en toutes parolles d'honneur et de plaisir.

Je croy que vous avez ouy nommer cy devant tous les cappitaines françois qui estoient là ensemble, mais je croy qu'en toute la reste de l'Europe on n'en eust pas encores trouvé autant de la sorte. Apres le disner, on fist sortir tout le monde de la chambre, excepté les cappitaines, à qui le seigneur de La Palisse communicqua la lettre de l'Empereur, qui fut leue deux fois pour mieulx l'entendre. Laquelle ouye, chascun se regarda l'ung l'autre en riant, pour veoir qui commenceroit la parolle. Si dist le seigneur d'Ymbercourt : « Il ne fault point tant songer, monseigneur, dist il au « seigneur de La Palisse; mandez à l'Empereur que « nous sommes tous prestz. Il m'ennuye desja aux « champs; car les nuytz sont froides, et puis les bons « vins commencent à nous faillir; » dont chascun se print à rire.

Il n'y eut celluy de tous les cappitaines qui ne parlast devant le bon Chevalier, et tous s'accordoient au propos du seigneur d'Ymbercourt. Le seigneur de La Palisse le regarda, et veit qu'il faisoit semblant de se curer les dens, comme s'il n'avoit pas entendu ce que ses compaignons avoient proposé. Si, luy dist en riant : « Hé puis, l'Hercules de France, qu'en dictes « vous? Il n'est pas temps de se curer les dens; il fault « respondre à ceste heure promptement à l'Empe- « reur. »

Le bon Chevalier, qui tousjours estoit coustumier de gaudir, joyeusement respondit : « Si nous voulons tres- « tous croyre monseigneur d'Ymbercourt, il ne fault « que aller droit à la berche; mais pource que c'est ung « passetemps assez fascheux à hommes d'armes, que « d'aller à pied, je m'en excuserois voulentiers : toutes-

« fois, puis qu'il fault que j'en dye mon oppinion, je le « feray. L'Empereur mande en sa lettre que vous fa- « ciez mettre tous les gentilz hommes françois à pied « pour donner l'assault avecques ses lansquenetz. De « moy, combien que je n'aye gueres des biens de ce « monde, toutesfois je suis gentil homme ; tous vous « autres, messeigneurs, estes gros seigneurs, et de « grosses maisons; et si sont beaucoup de noz gens- « d'armes. Pense l'Empereur que ce soit chose raison- « nable de mettre tant de noblesse en peril et ha- « zart avecques des pietons, dont l'ung est cordoannier, « l'autre mareschal, l'autre boulengier, et gens me- « canicques, qui n'ont leur honneur en si grosse re- « commandation que gentilz hommes? c'est trop re- « gardé petitement, sauf sa grace à luy; mais mon « advis est que vous, monseigneur, dist il au seigneur « de La Palisse, debvez rendre response à l'Empereur, « qui sera telle : c'est que vous avez fait assembler voz « cappitaines, suyvant son vouloir, qui sont tresdeli- « berez de faire son commandement, selon la charge « qu'ilz ont du Roy leur maistre, et qu'il entend assez « que leurdit maistre n'a point de gens en ses ordon- « nances qui ne soient gentilz hommes. De les mesler « parmy gens de pied, qui sont de petite condition, « seroit peu fait d'estime d'eulx; mais qu'il a force « contes, seigneurs et gentilz hommes d'Almaigne : « qu'il les face mettre à pied avecques les gensd'armes « de France, et voulentiers leur monstreront le che- « min; et puis ses lansquenetz les suyvront, s'ilz con- « gnoissent qu'il y face bon. » Quant le bon Chevalier eut dicte son oppinion, n'y eut autre chose replicqué : mais fut son conseil tenu à vertueux et raisonnable.

Si fut à l'Empereur rendu ceste response, qu'il trouva treshonneste. Si fist incontinent et tout soubdainement sonner ses trompettes et tabourins, pour assembler son rayn, où se trouverent tous les princes, seigneurs et cappitaines, tant d'Almaigne, Bourgongne que Haynault. Lesquelz assemblez, l'Empereur leur declaira comment il estoit deliberé d'aller dedans une heure donner l'assault à la ville, dont il avoit adverty les seigneurs de France, qui tous estoient fort desirans d'y tresbien faire leur debvoir : et qu'ilz le prioient que avecques eulx allassent les gentilz hommes d'Almaigne, ausquelz, voulentiers pour eulx mettre les premiers, monstreroient le chemin : « Parquoy, messeigneurs, je vous « prie tant que je puis, les y vouloir acompaigner, « et vous mettre à pied avecques eulx ; et j'espere, « avecques l'ayde de Dieu, que du premier assault « nous emporterons noz ennemys. »

Quant l'Empereur eut achevé son parler, soubdainement se leva ung bruyt, fort merveilleux et estrange, parmy ses Almans, qui dura une demye heure avant qu'il feust appaisé : puis l'ung d'entre eulx, chargé de respondre pour tous, dist qu'ilz n'estoient point gens pour eulx mettre à pied, ny aller à une berche ; et que leur vray estat estoit de combatre en gentilz hommes à cheval. Et autre response n'en peut avoir l'Empereur ; mais, combien qu'elle ne feust pas selon son desir, et ne luy pleust gueres, il ne sonna mot, sinon qu'il dist : « Bien, Messeigneurs : il faul« dra doncques adviser comment nous ferons pour le « mieulx ; » et puis sur l'heure appella ung sien gentil homme nommé Rocandolf, qui d'heure en autre venoit parmy les François, comme ambassadeur (et à vray dire la pluspart du temps estoit avecques eulx), auquel il dist : « Allez au logis de mon cousin le sei- « gneur de La Palisse ; recommandez moy à luy et à tous « messeigneurs les cappitaines françois que trouverrez « avecques luy, et leur dictes que pour ce jourd'huy « ne se donnera pas l'assault. » Il alla faire son message, et chascun par ce moyen s'en alla desarmer, les ungz joyeulx, et les autres marrys. Je suis bien asseuré que les prestres n'en furent pas trop aises, car il leur fut besoing rendre ce qu'on leur avoit baillé en garde. Je ne sçay comment ce fut, ne qui en donna le conseil, mais la nuyt apres ce propos tenu, l'Empereur s'en alla tout d'une traicte à plus de quarante mille du camp, et, de ce logis là, manda à ses gens qu'on levast le siege : ce qui fut fait, comme vous entendrez.

CHAPITRE XXXVIII.

Comment l'Empereur se retira du camp de devant Padoue, quant il congneut que ses Almans ne vouloient pas donner l'assault.

Il ne fault pas demander si l'Empereur fut bien courroucé, quant il eut entendu le bon vouloir des cappitaines françois, et que ses gens d'Almaigne ne vouloient riens faire pour luy : dont de ceste oppinion n'estoit pas le gentil prince de Hanno, qui ne demandoit autre chose, et s'offrit à l'Empereur, et pareillement se vint excuser et presenter aux cappitaines françois. Entre autres cappitaines qu'il avoit parmy ses bendes, y en avoit ung qu'on nommoit le cappitaine Jacob [1], qui depuis fut au service du roy de France, et mourut à la journée de Ravenne, comme vous entendrez; lequel chascun jour alloit escarmoucher avecques les François, et de hardiesse et de toute honnesteté estoit acomply à merveilles: mais ces deux Almans ne povoient pas satisfaire à tout.

L'Empereur, enflé de courroux et fascherie, lendemain, deux heures devant jour, sans bruyt faire, acompaigné de cinq ou six cens chevaulx de ses plus privez serviteurs, deslogea de son camp et s'en alla tout d'une traicte à trente ou quarante mille de là, tirant en Almaigne; et manda au seigneur Constantin, son lieutenant general, et au seigneur de La Palisse, qu'ilz levassent le camp, le plus honnestement qu'il seroit possible. Chascun s'esbahyt assez de ceste façon de faire, mais on n'en eut autre chose. Les cappitaines, tant François, Almans, que Bourguignons, eurent conseil ensemble, où ilz conclurent lever le siege, qui estoit assez fascheux et malaisé, pour avoir six ou sept vingtz pieces d'artillerie devant la ville; et n'y avoit pas d'esquipage pour en mener la moytié. Les François furent ordonnez à tenir escorte, tant que l'artillerie seroit levée; mais le gentil prince de Hanno, qui assez congnoissoit la turpitude de sa nation, avecques sa bende qui estoit de sept à huyt mille hommes, ne partit oncques d'aupres l'artillerie : qui luy fut tourné à gros honneur, car, depuis le matin au point du jour jusques à deux heures de nuyt, convint tenir bataille; et si on mangea, ce ne fut gueres à son aise, car d'heure en autre y avoit chaulx et aspres alarmes, par ce que ceulx de la ville faisoient force saillies et grosses; aussi

(1) *Le cappitaine Jacob* : Jacob de Emps, gentilhomme de Souabe.

qu'il convenoit mener une partie de l'artillerie ou camp où on alloit loger, puis la laisser là et ramener les chevaulx et beufz querir le demourant. Sans perte nulle des gens de l'Empereur ny des François se leva le siege. Ung grant mal y eut, que les lansquenetz misrent le feu en tous leurs logis et par tout où ilz passoient.

Le bon Chevalier par charité fist demourer sept ou huyt de ses hommes d'armes en ung beau logis, où il s'estoit tenu durant le siege, pour le sauver du feu, jusques à ce que lesditz lansquenetz fussent passez oultre; et vous asseure que telz boutefeux ne luy plaisoient gueres. De camp en camp vint l'armée jusques à Vincence, où là envoya l'Empereur quelque present au seigneur de La Palisse et à tous les cappitaines françois, selon sa puissance; car il estoit assez liberal, et n'estoit possible trouver ung meilleur prince s'il eust eu dequoy donner. Ung mal avoit en luy, qu'il ne se fioit en personne, et tenoit à part luy ses entreprinses si secretes que cela luy a porté beaucoup de dommage en sa vie. De Vincence s'en retournerent la pluspart de tous les Almans; une partie en demoura en la ville, pour la garder, avecques le seigneur du Ru. Si s'en retournerent, le seigneur de La Palisse et tous ses compaignons, environ la Toussainctz, ou duché de Milan, excepté le bon Chevalier sans paour et sans reprouche, qui demoura quelque temps en garnison à Veronne, où il receut beaucoup d'honneur, comme vous orrez. Les Veniciens tenoient encores une ville nommée Lignago, où ilz avoient grosse garnison, et qui souvent faisoient courses contre ceulx du Veronnoys.

CHAPITRE XXXIX.

Comment le bon Chevalier sans paour et sans reprouche, estant à Veronne, fist une course sur les Veniciens, où il fut prins et rescoux deux fois en ung jour; et quelle en fut la fin.

Le bon Chevalier sans paour et sans reprouche fut ordonné en garnison à Veronne, avecques trois ou quatre cens hommes d'armes que le roy de France presta à l'Empereur; où, peu de temps apres, ceulx qui estoient pour ledit Empereur à Vincence, congnoissans que la ville n'estoit pas pour tenir, s'en vindrent retirer audit Veronne, par ce que les Veniciens estoient fors aux champs, et marchoient pour y venir mettre le siege : mais, quant ilz la virent habandonnée, tirerent leur armée jusques à ung village nommé Sainct Boniface, à quinze ou dixhuyt mille dudit Veronne. C'estoit sur le temps de l'yver; et convenoit aux souldars qui estoient dedans la ville, envoyer au fourrage pour leurs chevaulx, aucunesfois bien loing; tellement que bien souvent se perdoient des varletz et des chevaulx, tant qu'il fut besoing leur donner escorte : mais il n'estoit gueres jour qu'ilz ne rencontrassent les ennemys; et se frotoient tresbien l'ung l'autre. De la part des Veniciens y avoit ung cappitaine, fort gentil galant et plein d'entreprinses, qui s'appelloit Jehan Paule Moufron, lequel chascun jour faisoit courses jusques aux portes de Veronne; et tant y continua qu'il en fascha au bon Chevalier; lequel se delibera, au premier jour que les fourrageurs yroient aux champs, luy mesmes leur aller faire escorte, et user de quelque subtilité de guerre; mais si secretement ne le peut faire, que, par ung espie qui se tenoit à son logis, n'en feust adverty le cappitaine Moufron.

Parquoy delibera, quant il yroit aux champs, mener si bonne force que, s'il rencontroit le bon Chevalier, luy feroit recevoir de la honte. Ung jeudy matin furent mis les fourrageurs hors de Veronne, et à leur queue trente ou quarante hommes d'armes et archiers, que conduysoit le cappitaine Pierrepont, lieutenant dudit bon Chevalier, qui estoit sage et advisé : si se gecterent à l'escart du grant chemin, pour aller chercher les cassines, et faire leurs charges. Le bon Chevalier, acompaigné de cent hommes d'armes, qui ne pensoit point estre descouvert, s'estoit allé gecter en ung village sur le grant chemin, appellé Sainct Martin, à six mille dudit Veronne, et envoya quelques coureurs pour descouvrir; qui gueres ne furent loing sans veoir leurs ennemys en nombre de cinq cens chevaulx, ou environ, lesquelz marchoient droit vers ceulx qui alloient en fourrage. Ilz en vindrent faire leur rapport audit bon Chevalier, qui en fut fort joyeulx, et incontinent monta à cheval avecques la compaignie qu'il avoit, pour les aller trouver.

Le cappitaine Jehan Paule Moufron, qui par l'espie avoit esté adverty de l'entreprise, avoit fait embuscher en ung palais pres de là cinq ou six cens hommes de pied, picquiers et hacquebutiers, ausquelz il avoit tresbien chanté leur leçon, et entre autres choses, qu'ilz n'eussent à sortir jusques à ce qu'ilz le verroient retirer, et que les François le chasseroient; car il feroit semblant de fuyr, et par ce moyen ne fauldroit point à les enclorre et deffaire. Le bon Chevalier, qui s'estoit mis aux champs, ne fist pas deux mille qu'il ne veist à cler les ennemys. Si commencea à marcher droit à eulx, et en criant *Empire!* et *France!* les voulut aller charger. Ilz firent quelque contenance de tenir bon : mais, quant ilz les virent approucher, commencerent à eulx retirer le long d'ung chemin et droit à leur embusche, laquelle ilz trespasserent d'ung peu; et alors s'arresterent tout court, et, en criant *Marco! Marco!* se misrent en deffense vaillamment. Les gens de pied sortirent de leur embusche, qui firent ung merveilleux cry, et vindrent ruer sur les Françoys, en tirant force hacquebutes, dont d'ung coup fut tué le cheval du bon Chevalier, entre ses jambes, qui tumba si mal à point que ung de ses piedz tenoit dessoubz. Ses hommes d'armes, qui pour mourir ne l'eussent jamais laissé là, firent une grosse envahie; et en descendit l'ung à pied, qu'on appelloit Grantmont, lequel gecta son cappitaine de ce peril; mais, quelques armes qu'ilz feissent, ne leur peurent de tant servir, que tous deux ne demourassent prisonniers parmy les gens de pied, qui les vouloient desarmer. Le cappitaine Pierrepont, qui estoit avecques les fourrageurs, ouyt le bruyt; si y courut le grant galop incontinent, et vint en si bonne heure, qu'il rencontra son cappitaine et Grantmont en dur party; car desja les tiroit on hors de la presse pour les emmener à sauveté. Il ne fault pas demander s'il fut joyeulx; car comme ung lyon frappa sur ceulx qui les tenoient, lesquelz soubdain habandonnerent leur prise et se retirerent à leur troppe, qui combatoit contre le reste des François furieusement. Le bon

Chevalier et Grantmont furent incontinent remontez, et s'en retournerent droit au secours de leurs gens, qui avoient beaucoup à souffrir; car ilz estoient assailliz devant et derriere : mais, à la revenue dudit bon Chevalier et du cappitaine Pierrepont, furent beaucoup soulagez. Toutesfois le jeu estoit mal party, car les Veniciens estoient quatre contre ung; et puis les hacquebutiers faisoient beaucoup de mal aux François.

Si commença le bon Chevalier à dire au cappitaine Pierrepont : « Cappitaine, si nous ne gaignons le grant « chemin, nous sommes affollez ; et si nous sommes « une fois là, nous nous retirerons en despit d'eulx : « et si n'aurons point de perte, aydant Dieu. — Je suis « bien de cest advis, dist le cappitaine Pierrepont. » Si commencerent, tousjours combatans, à eulx retirer sur ce grant chemin, où ilz parvindrent; mais ce ne fut pas sans beaucoup souffrir. Neantmoins encores n'avoient point perdu de gens, mais si avoient bien les ennemys, comme quarante ou cinquante hommes de pied, et sept ou huyt de cheval. Quant le bon Chevalier et les François furent sur ce grant chemin qui tiroit à Veronne, se serrerent et misrent à la retraicte tout doulcement, et de deux cens pas en deux cens pas, retournoient sur leurs ennemys, tant gaillardement que merveilles. Mais ilz avoient ces gens de pied à leurs aesles, qui tiroient coups de hacquebute, menu et souvent : de façon que à la derniere charge fut encores tué le cheval du bon Chevalier, qui, le sentant chanceler, se gecta à pied, l'espée au poing, où il fist merveilles d'armes; mais bien tost fut encloz, et eust eu mauvais party, quant le bastard du Fay son guydon, avecques ses archiers, vint faire une charge si furieusement que, au meillieu de la troppe des Veniciens, recouvra son cappitaine, et le remonta à cheval, en despit d'eulx; puis se serroient avecques les autres. Ja approchoit la nuyt, parquoy commanda le bon Chevalier qu'on ne chargeast plus, et qu'il suffisoit bien se retirer à leur grant honneur; ce qu'ilz firent jusques à Sainct Martin, dont le matin estoient partiz. Il y avoit ung pont garny de barrieres, au bout duquel ilz s'arresterent.

Le cappitaine Jehan Paule Moufron congneut bien que plus ne leur sçauroit porter dommage, et puis qu'ilz pourroient estre secouruz de Veronne. Si fist sonner la retraicte, et se mist au retour vers Sainct Boniface, ses gens de pied devant luy, qui estoient fort lassez de ceste journée, où ilz avoient combatu quatre ou cinq heures; et voulurent sejourner en ung village, à quatre ou cinq mille dudit Sainct Boniface, dont le cappitaine Jehan Paule Moufron n'estoit pas d'oppinion; et s'en retourna avecques ses gens de cheval bien despit, dont il avoit esté si bien gallopé, et par si peu de nombre de gens. Le bon Chevalier et ses gens pour ce soir se logerent en ce village de Sainct Martin, où ilz firent grant chere de ce qu'ilz avoient, en parlant de leur fort belle retraicte; car ilz n'avoient perdu que ung archier, et quatre chevaulx tuez; et leurs ennemys avoient porté lourde perte au pris. En ces entrefaictes, ung de leurs espies va arriver, lequel venoit dudit Sainct Boniface. Il fut mené devant le bon Chevalier, qui luy demanda que faisoient les ennemys. Il respondit : « Riens autre chose : ilz sont « en grosse troppe dedans Sainct Boniface, et entre « eulx font courir bruit que bien tost auront Veronne;

« et tiennent qu'ilz ont grosse intelligence dedans. « Comme j'en vouloye partir, est arrivé le cappitaine « Moufron, bien eschauffé et bien courroucé ; car j'ay « ouy qu'il disoit qu'il venoit de la guerre, et que les « dyables d'enfer avoit trouvez, et non pas hommes : en « m'en venant à quatre ou cinq mille d'icy, suis passé « en ung village, où j'ay laissé tout plain de leurs « gens de pied qui y sont logez ; et semble advis à les « veoir qu'ilz soient bien las. » Alors, dist le bon Chevalier : « Je vous donne ma vie, se ce ne sont leurs « gens de pied que nous avons au jourd'huy com« batuz, qui n'ont pas voulu aller jusques à Sainct « Boniface. Si vous voulez ilz sont nostres. La lune « est clere ; faisons repaistre noz chevaulx, et sur les « trois ou quatre heures allons les resveiller. »

Son oppinion fut trouvée bonne. On fist penser les chevaulx le mieulx qu'on peut ; et, apres avoir assis le guet, chascun se mist au repos. Mais le bon Chevalier, qui taschoit d'achever son entreprise, ne reposa gueres : ains, environ les trois heures apres minuyt, sans faire bruit, monta à cheval, avecques ses gens, et s'en vint droit à ce village où estoient demourez les gens de pied veniciens ; lesquelz ilz trouverent endormys comme beaulx pourceaulx, sans aucun guect ; aumoins, s'il y en avoit, il fut tresmauvais. Eulx arrivez, commencerent à crier : *Empire ! Empire ! France ! France ! à mort ! à mort !* A ce joyeulx chant, s'esveillerent les rustres, qui sortoient des maisons les ungs apres les autres : mais on les assommoit comme bestes. Leur cappitaine, acompaigné de deux ou trois cens hommes, se gecta sur la place du village, où là se cuydoit assembler et fortiffier : mais on ne luy en donna pas le loysir; car il fut chargé par tant d'endroitz que luy et tous ses gens furent rompuz et deffaictz; et n'en demoura que trois en vie, dont l'ung fut le cappitaine, et deux autres gentilz hommes qui estoient freres; pour lesquelz, en les relaschant, on retira deux autres gentilz hommes françois prisonniers es prisons de la seigneurie de Venise.

Quant le bon Chevalier eut, du tout et à son grant honneur, achevé son entreprise, ne voulut plus sejourner, doubtant nouvel inconvenient. Si se retira avecques tous ses gens dedans Veronne, où il fut receu à grant joye. Et au contraire les Veniciens, quant ilz sceurent la perte de leurs gens, furent bien marris; et en voulut messire André Grit, providadour de la seigneurie, blasmer le cappitaine Jehan Paule Moufron, de ce qu'il les avoit laissez derriere; mais il s'excusa tresbien, disant qu'il n'avoit esté à luy possible les tirer du village où ilz avoient esté deffaictz; et de l'inconvenient les avoit tresbien advisez, mais jamais ne les avoit sceu renger à congnoistre la raison. Toutesfois en luy mesmes se pensa bien venger en peu de jours : mais il acreut sa honte, ainsi que vous entendrez.

CHAPITRE XL.

Comment le bon Chevalier cuyda estre trahy par ung espie, qui avoit promis au cappitaine Jehan Paule Moufron le mettre entre ses mains; et ce qu'il en advint.

Sept ou huyt jours apres ceste belle course, le cappitaine Jehan Paule Moufron, bien desplaisant de ce que si lourdement avoit esté batu et repoussé, ses gens mors et perduz, sans aucunement ou moins que riens avoir dommagé ses ennemys, delibera de se venger en quelque sorte que ce feust. Il avoit ung espie, lequel alloit et venoit souvent de Veronne à Sainct Boniface, et servoit à luy et au bon Chevalier, donnant à entendre à chascun des deux qu'il ne taschoit que à leur faire service. Mais tousjours ont ces espies le cueur à l'ung plus que à l'autre beaucoup, comme cestuy mesmes avoit au cappitaine Moufron, qui, par ung jour qu'il eut ung peu pensé à son affaire, luy dist : « Il fault que tu ailles à Veronne, et donnes à « entendre au cappitaine Bayart que la seigneurie « de Venise a escript au providadour, qu'il m'envoye « dedans Lignago, pour la garde de la place, pource « qu'on envoye querir le cappitaine qui y est, pour « l'envoyer en Levant, avecques ung nombre de gal- « leres; que tu scez certainement que je partiray de- « main au point du jour, avecques trois cens che- « vaulx legiers, et que de gens de pied je n'en mene « point. Je suis asseuré qu'il a le cueur si hault qu'il « ne me laissera jamais passer, sans me venir escar- « moucher ; et, s'il y vient, j'espere qu'il ne s'en re- « tournera point qu'il ne soit mort ou pris, par ce « que je meneray deux cens hommes d'armes, et deux « mille hommes de pied, que je feray embuscher à « Yzolle de l'Escalle, vers lequel lieu, s'il me vient « veoir, veulx estre rencontré. T'advisant que, si tu « scez bien faire ta charge, te prometz ma foy donner « cent ducatz d'or. » Les espies, comme chascun scet, ne sont creez que par dame avarice, et aussi ont ilz pour ce bien ung autre prison; car, de six qu'on en prent, s'il en eschappe ung, doit bien louer Dieu : car la vraye medecine qu'ilz portent pour le mal qui les tient, c'est ung cordeau.

Or, ce galant promist au cappitaine Jehan Paule Moufron qu'il sçauroit bien faire le cas. Si s'en vint incontinent à Veronne, droit au logis du bon Chevalier; car leans estoit assez congneu de tous les serviteurs, pour qu'ilz cuydoient certainement qu'il feust totallement au service de leur maistre. Ilz le luy amenerent, ainsi qu'il achevoit de soupper; lequel, incontinent qu'il le veit, luy fist ung fort bon recueil, et luy dist : « Vizentin, tu soyes le bien venu; tu ne « viens pas sans cause; quelles nouvelles? » Lequel respondit; « Tresbonnes, monseigneur, Dieu mercy. » Si se leva incontinent le bon Chevalier de table, et tira l'espie à part, pour sçavoir que c'estoit. Il luy compta de point en point le faict, et le luy fist trouver si bon, qu'oncques homme ne fut plus joyeulx. Si commanda qu'on menast soupper Vizentin, et qu'on luy fist grosse chere. Puis apres tire à part le cappitaine Pierrepont, le cappitaine La Varenne, qui portoit son enseigne, le bastard du Fay, et ung cappitaine de Bourgongne, qui ce soir souppoit avecques luy, qui s'appelloit monseigneur de Sucre, ausquelz il compta ce que l'espie luy avoit dit, et comment le cappitaine Jehan Paule Moufron se retiroit dedans Lignago, lendemain, et ne menoit que trois cens chevaulx. Parquoy s'ilz se vouloient monstrer gentilz compaignons, son voyage ne s'acheveroit point sans coups ruer, et que la matiere requeroit briefve yssue. A son dire chascun trouva goust; et sur l'heure fut conclusion prise qu'ilz partiroient au point du jour, et meneroient deux cens hommes d'armes; dont de l'entreprise esleurent le seigneur de Conty, et l'en advertirent, à ce qu'il se tiensist prest comme les autres: lequel ne s'en fist gueres prier, car c'estoit ung tresgentil chevalier. Cela deliberé, tout le monde se retira à son logis, pour faire acoustrer son cas pour le matin; mesmement le cappitaine Sucre, qui assez loing estoit du sien: qui fut bonne adventure, car, ainsi qu'il s'en retournoit, va adviser l'espie qui estoit venu parler au bon Chevalier, lequel sortoit de la maison d'ung gentil homme de Veronne qu'on estimoit estre fort mauvais imperial, et par le contraire avoit *Marco* escript dedans le cueur, qui le fist doubter de trahyson. Si vint prendre l'espie au colet, et luy demanda dont il venoit: il ne sceut promptement respondre, et changea de couleur, qui le fist doubter de plus en plus; et tourna tout court, saisy de l'espie, droit de là où il venoit de soupper. Luy arrivé, trouva que le bon Chevalier se vouloit mettre dedans le lict. Toutesfois il prist une robbe de nuyt, et s'assirent aupres du feu, eulx deux ensemble, et seulletz, car ce pendant fut baillé l'espie en bonne garde.

Le cappitaine sur ce declaira au bon Chevalier l'occasion de son soubdain retour, qui estoit pour avoir trouvé l'espie sortant de la maison de messire Baptiste Voltege, qui estoit le plusgrant marquesque qui feust ou monde; et par ce, doubtoit qu'il y eust de la meschanceté : « Car, dist il, quant je l'ay surpris, est de« venu estonné à merveilles. » Quant icelluy bon Chevalier eut entendu ce propos, ne fut pas sans doubte non plus que le cappitaine Sucre. Il fist venir l'espie, auquel il demanda qu'il estoit allé faire au logis de

Baptiste Voltege. Il dist premierement qu'il y estoit allé veoir ung parent qu'il y avoit; apres il tint ung autre propos; et en fin fut trouvé en cinq ou six parolles. On apporta des gresillons, esquelz on luy mist les deux poulces, pour le veoir parler d'une autre sorte. Le bon Chevalier luy dist : « Vizentin, dictes la « verité, sans riens celer, et je vous prometz, en foy de « vray gentil homme, que, quelque chose qu'il y ait, « je ne vous feray faire nul mal, quant bien ma mort « y seroit conspirée : mais, par le contraire, si je vous « trouve en mensonge, vous feray pendre et estrangler « demain au point du jour. »

L'espie congneut bien qu'il estoit pris; si se gecta à deux genoulx, demandant misericorde, qui luy fut asseureement promise. Si commencea à compter de point en point la trahyson, et comment le cappitaine Jehan Paule Moufron avoit fait embuscher à Yzolle de l'Escalle deux cens hommes d'armes et deux mille hommes de pied, pour deffaire le bon Chevalier; et qu'il venoit du logis de messire Baptiste pour l'advertir de l'entreprinse, et aussi l'adviser comment il pourroit trouver moyen, par quelque nuyt, livrer une des portes de la ville au providadour messire André Grit. Et plusieurs autres choses dist ce vaillant espion. Bien declaira que messire Baptiste Voltege luy avoit dit qu'il ne se mesleroit jamais de telle meschanceté, et que, puis qu'il estoit soubz l'Empereur, qu'il y vouloit vivre et mourir.

Quant il eut fait son beau sermon, le bon Chevalier luy dist : « Vizentin, j'ay mal employé les escuz que « je vous ay donnez, et dedans vostre corps repose le « cueur d'ung lasche et meschant homme, combien que

« jamais ne vous ay gueres estimé autre. Vous avez bien « desservy la mort : mais puis que je vous ay promis ma « foy, vous n'aurez nul mal, et vous feray mettre hors « de la ville seurement. Mais gardez que tant que je « y seray n'y soyez veu, car tout le monde ne vous « sauveroit pas que ne vous feisse pendre et estran- « gler. » Il fut emmené de devant eulx, et enfermé en une chambre, jusques à ce qu'on en eust à besongner. Le bon Chevalier dist au cappitaine Sucre : « Mon « amy, que ferons nous à ce cappitaine Jehan Paule « Moufron, qui nous cuyde avoir par finesses? Il luy « fault donner une venue, et, si vous povez faire ce « que je vous diray, nous ferons une des gorgiases (1) « choses qui fut faicte cent ans a. » Sucre respondit : « Monseigneur, commandez, et vous serez obey. — « Allez doncques, dist il, tout à ceste heure au logis « du prince de Hanno, et me recommandez humble- « ment à sa bonne grace ; declairez luy cest affaire « bien amplement, et faictes tant, qu'il soit d'accord « de nous bailler demain au matin deux mille de ses « lansquenetz ; et nous les menerons avecques nous le « beau pas, et les laisserons quelque part en embusche, « où, avant que tout soit desmeslé, si ne voyez mer- « veilles, prenez vous en à moy. »

Le cappitaine Sucre part incontinent, et s'en alla droit au logis du prince, qui ja dormoit. Il le fist es- veiller, puis alla parler à luy, et luy compta tout ce que vous avez ouy cy dessus. Le gentil prince, qui n'aymoit riens tant que la guerre, et, entre tous gentilz hommes, avoit prins une telle amour au bon Chevalier, pour sa prouesse, que la chose eust esté bien estrange

(1) *Gorgiases* : glorieuses, belles.

quant il l'en eust reffusé. Si dist qu'il estoit bien desplaisant que plus tost n'avoit sceu ceste entreprinse, car luy mesmes y feust allé; mais que de ses gens le bon Chevalier en povoit mieulx disposer que luy mesmes. Et sur l'heure envoya son scribe en advertir quatre ou cinq cappitaines, qui furent, pour faire le compte court, aussi prestz au point du jour que les gensd'armes qui l'avoient sceu dés le soir, et se trouverent à la porte quant et les gensd'armes; qui donna tiltre d'esbahyssement au seigneur de Conty, car riens ne luy en avoit esté mandé le soir. Si s'enquist au bon Chevalier que ce povoit estre. Lequel luy declaira bien au long tout le demené. « Sur ma foy, dist le seigneur de Conty, « se Dieu veult, nous ferons au jourd'huy une belle « chose. » La porte ouverte, se misrent en chemin vers Yzolle de l'Escalle. Le bon Chevalier dist à Sucre: « Il « fault que vous et les lansquenetz demourez embus- « chez à Servode (c'estoit ung petit village à deux « mille d'Yzolle), et ne vous souciez point, car je vous « attireray noz ennemys jusques à vostre nez; parquoy « aurez au jourd'huy assez honneur si vous estes gentil « compaignon. » Comme il fut dist ainsi fut fait; car, arrivez audit village, les lansquenetz demourerent en embusche; et le bon Chevalier, le seigneur de Conty et leur troppe, s'en vont vers Yzolle, faignant ne sçavoir riens de ce qui estoit dedans.

Cela regardoit en une belle plaine, où de tous costez on veoit assez loing. Si vont choisir le cappitaine Moufron, avecques quelques chevaulx legiers. Le bon Chevalier y envoya son guydon le bastard du Fay, avecques quelques archiers, pour les ung petit escarmoucher; et luy marchoit apres le beau pas, avecques les gensd'armes. Mais il ne fut gueres loing, quant il veit saillir de la ville de Yzolle de l'Escalle les gens de pied de la seigneurie et une troppe d'hommes d'armes. Il fist ung peu de l'estonné, et dist à la trompette qu'il sonnast à l'estandart. Quoy oyant par le bastard du Fay, selon la leçon qu'il avoit, se retira avecques la grosse troppe, qui se serrerent tresbien; et faignans d'eulx retirer droit à Veronne, s'en vont le petit pas vers ce village où estoient leurs lansquenetz : et desja estoit allé ung archier dire au cappitaine Sucre qu'il sortist en bataille.

La gendarmerie de la seigneurie, qui à leur esle avoient ceste troppe de gens de pied, chargeoient menu et souvent les François, et faisoient tel bruyt qu'on n'eust pas ouy Dieu tonner, pensant entre eulx que ce qu'ilz voyoient ne leur povoit eschapper. Les François ne se desrotoient point, et escarmouchoient sagement : de façon qu'ilz furent pres de Servode, à ung gect d'arc, où ilz apperceurent les lansquenetz, qui venoient le beau pas et tous serrez, lesquelz se vont descouvrir aux Veniciens, qui furent bien estonnez. Le bon Chevalier dist alors : « Messeigneurs, il est temps « de charger ; » ce que chascun fist; et donnerent dedans les Veniciens, qui se monstrerent gens de bien. Toutesfois il en fut beaucoup porté par terre : leurs gens de pied ne povoient fuyr, car ilz estoient trop loing de saulveté. Ilz furent pareillement chargez des lansquenetz, dont ilz ne peurent porter le fes, et furent ouvers, renversez et tous mis en pieces, sans en prendre ung prisonnier : ce que veit devant ses yeulx le cappitaine Jehan Paule Moufron, qui tresbien faisoit son debvoir. Toutesfois il congnoissoit assez que s'il ne jouoit de la retraicte, il seroit mort ou prins. Si commencea se retirer le grant galop vers Sainct Boniface, où il y avoit bonne traicte. Il fut assez bien suyvy. Mais le bon Chevalier fist sonner la retraicte : parquoy tout homme s'en revint; mais ce fut avecques gros gaing de prisonniers et de chevaulx; le butin y fut fort beau. Les Veniciens y firent grosse perte : car tous leurs deux mille hommes de pied, et bien vingtcinq hommes d'armes y moururent; et y en eut environ soixante de prisonniers; qui furent menez à Veronne, où les François, Bourguignons et lansquenetz furent receuz joyeusement de leurs compaignons, lesquelz estoient bien marriz qu'ilz n'avoient esté avecques eulx.

Ainsi alla de ceste belle entreprinse pour ceste fois, qui fut grosse fortune au bon Chevalier; et eut de tous en general grande louenge. Luy revenu à son logis, envoya querir l'espie, auquel il dist : « Vizentin, suy-« vant ma promesse, tu t'en yras au camp des Veni-« ciens, et demanderas au cappitaine Jehan Paule « Moufron si le cappitaine Bayart est aussi subtil que « luy en guerre; et que quant il vouldra pour le pris, « le trouverra aux champs. » Il commanda à deux de ses archiers le conduyre hors de la ville : ce qu'ilz firent. Il s'en alla droit à Saint Boniface, où le seigneur Jehan Paule Moufron l'apperceut, qui le fist prendre, pendre et estrangler, disant qu'il l'avoit trahy, ne excuse qu'il sceust faire ne luy servit en riens.

Les Veniciens tenoient encores ceste ville nommée Lignago, où ilz avoient grosse garnison. Et souvent faisoient courses ceulx du Veronnoys et eulx, les ungs contre les autres; et tout l'yver demourerent en ceste sorte.

Sur le commencement de l'année 1510, et bien tost apres Pasques, print congé du roy de France Loys douziesme, son nepveu le gentil duc de Nemours, dont, de si peu de vie qu'il eut, ceste histoire fera ample mention : car il merite bien estre cronicqué en toutes sortes. Lequel passa en Ytalie, et en sa compaignie mena le cappitaine Loys d'Ars, vertueux et hardy chevalier : où, eulx arrivez, furent receuz, chascun selon sa qualité, du seigneur de Chaumont, grant maistre de France, et gouverneur de Milan, et de tous les cappitaines estans en Ytalie, tant honnestement que possible ne seroit de mieulx; et sur tout du bon Chevalier sans paour et sans reprouche, qui tant aymé estoit du duc de Nemours, et de son premier cappitaine Loys d'Ars. Par le commandement du roy de France, estoit encores passé le seigneur de Molart, avecques deux mille adventuriers, et plusieurs autres cappitaines. Si alla ledit grant maistre seigneur de Chaumont mettre le siege devant ceste ville de Lignago, que tenoient les Veniciens; et, affin qu'elle ne fust aucunement secourue de gens, ny de vivres, fut envoyé le seigneur d'Alegre, avecques cinq cens hommes d'armes, et quatre ou cinq mille lansquenetz, qui estoient soubz la charge de ce gentil prince de Hanno, à Vincence, qui avoit encores soubz luy ce cappitaine Jacob, qui depuis fut au roy de France. Ceste place de Lignago se fist fort batre : aussi y avoit il bonne artillerie, mesmement celle du duc de Ferrare, qui, entre autres, avoit une longue coulevrine de vingt piedz de long, que les aventuriers nommoient le grant dyable. En fin furent la ville et chasteau pris, et mis à mort tout ce qui estoit dedans, ou la pluspart. En ceste prise, le seigneur de

Molart et ses aventuriers se porterent fort bien, et y eurent gros honneur; car ilz n'eurent jamais le loisir d'attendre que la berche fust raisonnable, pour y donner l'assault. Le seigneur de Chaumont y commist pour la garder, le cappitaine La Crote, avec cent hommes d'armes, dont il avoit la charge soubz le marquis de Montferrat, et mil hommes de pied, soubz deux cappitaines, l'ung nommé l'Herisson, et l'autre Jacomo Corse, neapolitain.

Durant ce siege de Lignago eut nouvelles le seigneur de Chaumont de la mort de son oncle le legat d'Amboise, où il fit une grosse et lourde perte; car il avoit esté moyen de l'eslever es honneurs où il estoit; et pareillement avoit fait avoir de grans biens à tous ceulx de sa maison, tant en l'Eglise que autrement, car c'estoit tout le gouvernement du roy de France Loys douziesme, et du royaulme. Il avoit esté ung tressage prelat, et homme de bien en son temps; et ne voulut jamais avoir que ung benefice, et à son trespas estoit seulement archevesque de Rouen. Il en eust eu assez d'autres, s'il eust voulu. Ceste piteuse mort porta le seigneur de Chaumont dedans son cueur aigrement, car il ne vesquit gueres apres, combien que devant les gens n'en monstroit pas grant semblant, et n'en laissoit à bien et sagement conduire les affaires de son maistre.

Quant il eut donné ordre à Lignago, s'en vint assembler avec les gens de l'Empereur, pour marcher sur le pays des Veniciens, et essayer de les mettre à la raison. Le roy d'Espaigne avoit puis peu de jours envoyé au secours de l'Empereur, soubz la charge du duc de Termes, quatre cens hommes d'armes espaignolz et neapolitains, qu'il faisoit merveilleusement bon veoir: mais, pource qu'ilz estoient travaillez, on les envoya sejourner dedans Veronne. Le camp, tant de l'Empereur que du roy de France, marcha jusques à ung lieu nommé Saincte Croix, où il sejourna quelque temps, car on pensoit que l'Empereur voulsist descendre : mais non fist. Durant ce camp, la chaleur fut par trop vehemente, et pource fut, de la pluspart de ceulx qui y estoient, appellé le camp chault.

Au desloger de là, et pres d'ung gros village appellé Longare, y eut une merveilleuse pitié; car comme chascun s'en estoit fuy pour la guerre, en une cave qui estoit dedans une montaigne, laquelle duroit ung mille, ou plus, s'estoient retirez plus de deux mille personnes, tant hommes que femmes, et des plus apparens du plat pays, qui y avoient force vivres. Et y avoient porté quelques harnois de guerre, et des hacquebutes, pour deffendre l'entrée, qui les vouldroit forcer, laquelle estoit quasi imprenable, car il n'y povoit venir que ung homme de fronc. Les adventuriers, qui sont voulentiers coustumiers d'aller piller, mesmement ceulx qui ne vallent riens pour la guerre, vindrent jusques à l'entrée de ceste cave, qui, en langaige ytalien, s'appelloit la crote de Longare. Je croy bien qu'ilz vouloient entrer dedans : mais doulcement on les pria qu'ilz se deportassent, et que leans ne pourroient riens gaigner, par ce que ceulx qui y estoient avoient laissé leurs biens à leurs maisons. Ces coquins ne prindrent point ces prieres en payement, et s'efforcerent d'entrer: ce qu'on ne voulut permettre; et tira l'on quelques coups de hacquebute, qui en firent demourer deux sur le lieu. Les autres allerent querir leurs compaignons, qui, plus pres de mal faire que autrement, tirerent ceste part. Quant ilz furent arrivez, congneurent bien que par force jamais n'y entreroient : si s'adviserent d'une grande lascheté et meschanceté ; car, au droit du pertuys, misrent force boys, paille et foing, avecques du feu, qui en peu de temps rendit si horrible fumée dedans ceste cave, où il n'y avoit air que par là, que tous furent estouffez et mors à martyre, sans aucunement estre touchez du feu. Il y avoit plusieurs gentilz hommes et gentilles femmes, qui, apres que le feu fut failly, et qu'on entra dedans, furent trouvez estainctz, et eust on dit qu'ilz dormoient. Ce fut une horrible pitié ; mesmement eust on veu à plusieurs belles dames sortir les enfans de leur ventre tous mors. Lesditz adventuriers y firent gros butin. Mais le seigneur grant maistre et tous les cappitaines en furent à merveilles desplaisans, et sur tous le bon Chevalier sans paour et sans reprouche, qui, tout au long du jour, mist peine de trouver ceulx qui en avoient esté cause ; desquelz il en prist deux, dont l'ung n'avoit point d'oreilles, et l'autre n'en avoit que une. Il fist si bonne inquisition de leur vie, que par le prevost du camp furent menez devant ceste crote, et par son bourreau penduz et estranglez ; et y voulut estre present le bon Chevalier. Ainsi, comme ilz faisoient cest exploict, quasi par miracle va sortir de ceste cave ung jeune garson de l'aage de quinze à seize ans, qui mieulx sembloit mort que vif, et estoit tout jaulne de la fumée. Il fut amené devant le bon Chevalier, qui l'enquist comme il s'estoit sauvé. Il respondit que, quant il veit la fumée si grande, il s'en alla tout au fin bout de la cave, où il disoit avoir une fente du dessus de la montaigne, bien petite, par où il avoit pris l'air. Et dist encores une piteuse chose, c'est que plusieurs gentilz hommes et leurs femmes, quant ilz apperceurent qu'on vouloit mettre le feu, vouloient sortir, en congnoissant aussi bien qu'ilz estoient mors; mais les villains qui estoient avecques eulx, et beaucoup les plus fors, ne le voulurent jamais consentir, et leur venoient au devant, avecques la pointe des ronçons (1), en disant qu'ilz mourroient aussi bien que eulx : et ainsi les povres gens furent assailliz du feu, et des leurs mesmes.

De ce lieu de Longare marcha le camp droit à Montselles, que les Veniciens avoient repris et remparé, et dedans logé mille ou douze cens hommes. En chemin furent rencontrez, par les seigneurs d'Alegre et bon Chevalier, avecques le seigneur Mercure et ses Albanoys, qui estoit pour lors à l'Empereur, quelques chevaulx legiers de ceulx de la seigneurie qu'on appelloit Corvaz, et sont plus turcs que chrestiens, lesquelz venoient veoir s'ilz gaigneroient quelque chose sur le camp; mais ilz firent mauvais butin, car tous ou la pluspart y demourerent, et furent bien ung quart d'heure prisonniers. Entre lesquelz le seigneur Mercure va congnoistre le cappitaine, qui estoit, ainsi qu'il dist depuis, son cousin germain, et l'avoit gecté de son heritage en Corvacie, lequel il tenoit et occupoit par force, et estoit le plus grant ennemy qu'il eust en ce monde. Si luy vint à ramentevoir toutes les meschancetez qu'il luy avoit faictes, et que à present estoit bien en luy d'en prendre vengeance. L'autre dist qu'il estoit vray, mais qu'il avoit

(1) *Ronçons* : le ronçon étoit un dard qui avoit, à chacun des côtés de son fer, une courbure en forme d'hameçon.

esté pris en bonne guerre, et que par raison devoit sortir en payant rançon selon sa puissance, dont il offroit six mille ducatz et six beaulx et excellens chevaulx turcs. « Nous parlerons de cela plus à loysir, dist « le seigneur Mercure, mais, par ta foy, si tu me te« noys ainsi comme je te tiens, que feroys tu de moy? » Lequel respondit : « Puis que si fort me presses que de « ma foy, je t'advise que, si tu estoys en ma mercy, « comme je suis en la tienne, tout l'or du monde ne « te sauveroit pas que je ne te feisse mettre en pieces. « — Vrayement, dist le seigneur Mercure, je ne te « feray pas pis. »

Si commanda à ses Albanoys, en son langaige, à jouer des cousteaulx ; lesquelz soubdainement misrent leurs cymeterres en besongne, et n'y eut cappitaine ne autre, qui n'eust dix coups apres sa mort; puis leur coupperent les testes, qu'ilz picquoient au bout de leurs estradiotes, et disoient qu'ilz n'estoient pas chrestiens. Ilz avoient estrange habillement de teste ; car il estoit comme ung chapperon de damoyselle ; et, où ilz mettoient la teste, cela estoit garny de cinq ou six gros papiers colez ensemble, de façon que une espée n'y faisoit nemplus de mal que sur une secrette (1).

Le siege fut mis devant Montselles, qui se fist canonner l'espace de quatre ou cinq jours ; et n'eust jamais esté pris, veu la fortiffication qu'on y avoit faicte, n'eust esté que ceulx qui estoient dedans sortoient pour venir à l'escarmouche, et bien souvent jusques à ung bon gect de pierre de leur fort, contre les adventuriers françois, qui vouluntiers eussent esté veoir quel il faisoit en la place.

(1) *Secrette* : arme défensive.

Par une apres disnée, que l'on n'y pensoit point, les gens du cappitaine Molart, avecques ung gentil homme qui se nommoit le baron de Montfaucon, allerent escarmoucher ceulx du chasteau, qui gaillardement y vindrent, et faisoient merveilles : tellement que deux ou trois fois repoulserent assez lourdement les adventuriers; et une fois entre autres les chasserent trop loing, tellement que quant ilz se cuyderent retirer, se trouverent lassez : dont lesditz adventuriers s'apperceurent, qui les chasserent vivement, et de façon qu'ilz entrerent, pesle mesle parmy les ennemys, dedans la place. Quant ceulx qui la gardoient virent qu'ilz estoient perduz, se retirerent en une grosse tour, où incontinent ilz furent assiegez; et bouta on le feu au pied. La pluspart s'y laissa brusler, plustost que se rendre; les autres sortoient par les creneaulx, qui estoient receuz sur la pointe des picques par les adventuriers. Brief, il en eschappa bien peu en vie. Il y fut tué, du costé des François, ung gentil homme nommé Camican, et le baron de Montfaucon blessé à la mort : toutesfois il en eschappa; mais ce fut à bien grant peine.

On fist remparer la place, et y mist on grosse garnison, cuydant aller mettre le siege à Padoue; mais nouvelles vindrent que le pape Julles estoit revolté, et qu'il alloit faire la guerre au duc de Ferrare, lequel estoit allyé du roy de France, auquel ledit duc en avoit amplement escript, pour estre secouru. A quoy le Roy voulut bien obtemperer, et escripvit au grant maistre, son lieutenant general, luy bailler secours. Ce qu'il fist, car il envoya les seigneurs de Montoison (1),

(1) *Le seigneur de Montoison :* Philibert de Clermont Montoison. Il

de Fontrailles, du Lude, et le bon Chevalier, avecques trois ou quatre mille hommes de pied françois, et huyt cens Suysses, qu'avoit tirés du pays, comme adventuriers, ung cappitaine nommé Jacob Zemberc. Eulx arrivez à Ferrare, furent fort bien receuz du duc, de la duchesse, et de tous les habitans.

Le grant maistre, avecques son armée qui luy resta, se retira ou duché de Milan, par ce qu'il fut adverty que les Suysses, qui ung peu au paravant avoient laissé l'aliance du Roy son maistre, y faisoient une descente, et estoient desja au pont de La Treille. Quant il arriva, il ne sejourna point à Milan, ains avecques sa gendarmerie, les deux cens gentilz hommes et quelque petit nombre des gens de pied, les alla attendre en la plaine de Galezas, et leur fist oster tous ferremens de moulins et tous vivres de leur chemin; et qui pis est, à ce qu'on disoit, avoit fait empoisonner tous les vins (1) estans audit lieu de Galezas jusques où vindrent les Suysses, et en beurent tout leur saoul : mais au dyable celluy qui en eut mal. Gueres ne furent aux champs, que vivres ne leur faillissent; parquoy leur en convint retourner en leur pays, où ilz furent tousjours conduitz de pres, affin qu'ilz ne meissent le feu en nulz villages. Il alla des adventuriers françois audit lieu de Galezas, qui voulurent boire du vin qu'on avoit empoisonné pour les Suysses : mais il en mourut plus de deux cens. Il fault dire que Dieu s'en mesla, ou

s'étoit distingué à la bataille de Fornoue; il descendoit d'une branche cadette de la maison des Clermont Tonnerre.

(1) *Avoit fait empoisonner tous les vins* : cette action, contraire au caractère de Chaumont, n'est rapportée par aucun historien contemporain.

que l'espice estoit demourée au fons du tonneau.

Or je laisseray ung peu ceste matiere, et retourneray à la guerre du Pape et du duc de Ferrare. Mais premier je declaireray une merveilleuse et perilleuse adventure qui advint à ceulx de Lignago, en la mesme année.

CHAPITRE XLI.

Comment ceulx de la garnison de Lignago firent une course sur les Veniciens, par l'advertissement de quelques espies qui les trahirent, parquoy ilz furent deffaictz.

Quant le gentil chevalier de La Crote se fut mis en ordre dedans Lignago, peu demoura de jours qu'il ne tumbast malade, et fut en grant dangier de mort. Il avoit tout plain de jeunes gens et voulentaires, dont entre autres estoit ung gentil homme appellé Guyon de Cantiers, fort hardy, et courageux plus que de conduicte. Les Veniciens venoient aucunesfois courir jusques devant ceste place de Lignago : mais ceulx de dedans icelle, mis en garnison, n'osoient sortir ; car il leur estoit seullement enchargé de la garder seurement. Ce Guyon de Cantiers avoit des espies deçà et delà, et fist tant qu'il print congnoissance à quelcun de la ville de Montaignane, distant de Lignago douze ou quinze mille, lequel venoit bien souvent veoir icelluy de Cantiers, en sa place, et luy tenoit tousjours propos que si quelque fois vouloit sortir avecques nombre de gens de cheval et de pied, non pas trop grant, il ne fauldroit point de prendre prisonnier le providadour de la seigneurie de Venize, messire André Grit; car souvent venoit audit Montaignane, avecques deux ou trois cens chevaulx legiers; et que estant icelluy de Cantiers et ses compaignons embuschez aupres de la ville, par ung matin avant jour, ne fauldroient point, ainsi que le providadour sortiroit, de le prendre, et quant et quant la ville, et icelle piller; et se faisoit fort le galant d'advertir seurement le jour qu'il y feroit bon.

Cantiers, qui grant desir avoit de faire courses, et aussi d'attraper ce beau butin, l'asseura qu'il n'y auroit point de faulte; mais qu'il feust adverty au vray : ce que l'autre luy promist assez, et puis s'en retourna à Montaignane, où, luy arrivé, donna à entendre à celluy qui l'avoit en garde pour la seigneurie, la menée qu'il avoit faicte à ceulx de Lignago; et que, s'ilz vouloient bien jouer leur personnage, ne fauldroient point d'avoir à leur mercy la pluspart de ceulx de la garnison; et par ainsi ayseement reprendre la place, qui leur estoit de merveilleuse importance. Le cappitaine de Montaignane trouva cest advis tresbon, et incontinent le fist entendre par homme expres au providadour, messire André Grit, qui amena trois cens hommes d'armes, huyt cens chevaulx legiers, et deux mille hommes de pied. De ceste bende, à deux ou trois mille dudit Montaignane, luy arrivé, envoya deux cens hommes d'armes et mille hommes de pied en embusche, lesquelz furent instruitz laisser passer ceulx qui sortiroient de Lignago, et puis apres leur clorre le passage.

Ilz ne misrent pas en oubly ce qu'on leur avoit chargé, aussi jouerent ilz fort bien leur roolle. L'espie de Montaignane retourna pour parler à Guyon de Cantiers, qui luy fist grosse chere, luy demandant qui le menoit. Lequel en homme asseuré respondit : « Bonnes nouvelles pour vous, si vous voulez ; car à « ce soir arrive en nostre ville messire André Grit, « avec deux cens chevaulx seullement : si vous voulez « partir une heure ou deux devant jour, je vous con- « duiray, et ne fauldrez point de l'empoigner. » Qui fut bien aise ? ce fut Cantiers, lequel s'en vint incontinent à ses compaignons, mesmement à ung gentil homme qu'on appelloit le jeune Malerbe, qui portoit leur enseigne, et leur compta l'affaire de point en point. Jamais chose ne fut trouvée meilleure. Et quant à leur vouloir, n'estoit question que de partir : mais il convenoit avoir congé. Le cappitaine La Crote gardoit encores sur jour quelque peu le lict, pour n'estre pas trop bien revenu de sa maladie.

Si allerent vers luy lesditz seigneurs de Cantiers et Malerbe, luy supplier leur donner congé de faire une course, où ilz auroient gros honneur et grant prouffit. Si luy compterent l'entreprinse d'ung bout en autre. Quant il eut ouy leurs raisons, respondit en sage et advisé chevalier, et dist : « Messeigneurs, vous « sçavez que j'ay ceste place sur ma vie et sur mon « honneur, pour la garder seulement. S'il advenoit « que eussiez rencontre autre que bonne, je seroys « destruit et perdu à jamais ; et davantage le reste « de mes jours ne vivroys qu'en melencolie : par- « quoy ne suis pas deliberé de vous donner congé. » Ilz commencerent à luy faire des plus belles remonstrances du monde, en disant qu'il n'y avoit nul dangier ; que leur espie estoit asseuré. Et tant luy en dirent d'unes et d'autres, que, moytié de gré, moytié par importunité, leur donna congé; mais au vray dire c'estoit quasi à force. Cela ne leur donnoit riens, car le cerveau boulloit encores dedans leur teste, et, à quelque peril que blé se vendist, voulurent essayer leur mauvaise fortune.

Ilz en advertirent tous leurs compaignons, qu'ilz tirerent à leur cordelle; et, quant ilz congneurent que l'heure approchoit, en firent monter jusques à cinquante à cheval, tous hommes d'armes, que Malerbe menoit, et environ trois cens hommes de pied, que conduysoit Guyon de Cantiers. Sur les deux heures apres minuyt partirent de Lignago, leur double espie avecques eulx, qui les conduysoit à l'escorchouer. Il n'est riens si certain que c'estoit toute fleur de chevalerie ce qui sortit de Lignago, quant à hardiesse; mais jeunesse estoit avecques eulx de compaignie. Ilz se misrent ensemble le long du grant chemin qui alloit dudit Lignago à Montaignane, les gens de pied devant, et ceulx de cheval à leur esle. Tant allerent, qu'ilz approcherent la premiere embusche des gens de la seigneurie, qui estoient en ung petit village; mais, ne se doubtans de rien, passerent oultre, et pousserent jusques à ung petit mille de Montaignane.

Alors leur dist l'espie : « Messeigneurs, laissez moy « aller, et vous tenez icy tous serrez, je voys sçavoir « dedans la ville quel il y fait, pour vous en advertir. » Ilz le laisserent aller; mais trop mieulx leur eust valu luy avoir couppé la teste; car il ne fut pas si tost arrivé, qu'il n'allast au seigneur messire André Grit, auquel il dist : « Seigneur, je vous ay amené, la « corde au col, la plus part de ceulx de Lignago;

« et n'est possible qu'il s'en peust saulver ung seul, « si vous voulez ; car desja ont ilz passé vostre em- « busche, et sont à ung mille d'icy. » Messire André Grit fut incontinent à cheval, et tous ses gens pareil-lement, tant de cheval que de pied ; et, se gectant hors de la ville, envoya environ cent hommes de cheval pour escarmoucher, qui bien tost trouverent les François, lesquelz furent joyeulx à merveilles, pensant qu'il n'y eust autre chose, et que le providadour feust en ceste troppe. Les François à cheval commencerent à charger, et les autres tournerent le dos, jusques à ce qu'ilz feussent sur la grosse troppe ; laquelle quant ilz l'apperceurent, s'estonnerent beaucoup, et retournerent aux gens de pied, ausquelz ilz dirent : « Nous sommes trahiz, car ilz « sont trois mille hommes, ou plus ; il fault essayer à « nous sauver. » Ceulx de la seigneurie les suyvoient à grosse furye, criant : *Marco ! Marco! Acarne! Acarne!* et chargerent rudement les François, lesquelz misrent leurs gens de pied devant, et leurs gens de cheval sur leur queue, pour les soustenir. Et de fait reculerent sans perte, jusques au village où estoit la premiere embusche des Veniciens, qui, au son de la trompette, suyvant la charge qu'ilz avoient, commencerent à sortir, et se gecterent entre Lignago et les François. Par ainsi furent enclos et assailliz par deux costez. Et fault entendre que depuis que Dieu crea ciel et terre, pour le nombre de gens, ne fut mieulx combatu, pour ung jour ; car le combat dura plus de quatre heures, sans ce que les François, qui tousjours se retiroient, peussent estre deffaitz.

D'une chose s'advisa messire André Grit : c'est qu'il

fist gecter sur les esles quelques arbalestriers de cheval, qui vindrent donner dedans les gens de pied, de sorte qu'ilz leur firent rompre une partie de leur ordre. Toutesfois tousjours se retirerent vers leur place, laquelle ilz approcherent à quatre mille : mais là les convint demourer; car ilz furent chargez par tant d'endroitz et de telle sorte que la pluspart des hommes d'armes furent mis à pied, car leurs chevaulx furent tuez. Quant Guyon de Cantiers veit que tout estoit perdu, comme ung lyon eschauffé va entrer dedans les gens de pied de la seigneurie, où il fist merveilles d'armes, car il en tua de sa main cinq ou six : mais il avoit trop petit nombre au pris des autres. Si luy fut force là demourer abatu et tué, avecques tous ses trois cens hommes, sans que nul en eschappast vif. Le cappitaine Malerbe s'estoit, avecques si peu de gens à cheval qu'il avoit, encores tiré aux champs, où il combatit l'espace d'une grosse heure ; mais en fin il fut prins prisonnier, et vingt et cinq de ses compaignons; le demourant y mourut. Et pour conclusion, il n'eschappa homme vivant pour en aller dire les nouvelles à Lignago.

Quant messire André Grit veit du tout la victoire sienne, se va adviser d'une subtilité : c'est qu'il fist tous les gens de pied françois qui estoient mors despouiller et desarmer, et en feit vestir des siens autant, prent les habillemens des gens d'armes, leurs chevaulx et plumailz, et les baille à de ses gens. Et davantage leur bailla cent ou six vingtz de ses hommes, qu'ilz emmenoient comme prisonniers, et leur faisoit conduyre trois faulcons, que ceulx de Lignago avoient menez; puis leur dist : « Allez en ceste sorte jusques à

« Lignago ; et quant serez aupres, cryez : *France!*
« *France! victoire! victoire!* Ceulx de dedans pense-
« ront que ce soyent leurs gens qui ayent gaigné. Et
« pour encores mieulx leur donner à congnoistre, oul-
« tre leurs enseignes, emporterez encores deux ou trois
« des nostres ; je ne fais nulle doubte qu'ilz ne vous
« ouvrent la porte : saisissez vous en ; et je seray à
« ung gect d'arc de vous, et, au son de la trompette, je
« me rendray là incontinent. Ainsi au jourd'huy, si sça-
« vez bien conduyre l'affaire, reprendrons Lignago, qui
« est de telle importance à la seigneurie, que sçavez. »

Ce qui leur fut commandé fut tresbien executé ; et, menant feste et joye, approcherent d'ung gect d'arc Lignago, sonnant trompettes et clerons. Le seigneur de La Crote avoit ung lieutenant en la place qui s'appelloit Bernard de Villars, ancien sage chevalier, et qui avoit beaucoup veu. Il monta sur la tour du portail, pour veoir venir ses gens, qui demenoient si grant joye, affin de leur faire ouvrir la porte. Il regarda de loing leur contenance, dont il s'esbahyt, et dist à ung qui estoit aupres de luy : « Velà les chevaulx et les
« acoustremens de noz gens, mais il m'est advis que
« ceulx qui sont dessus ne chevauchent point à nostre
« mode, et ne sont point des nostres, ou je suis de-
« ceu. Il y pourroit bien avoir du malheur en nostre
« endroit, et le cueur le me juge. Je vous prie, des-
« cendez, et faictes abaisser la planchette du pont, et
« puis dictes qu'on la retire. Si ce sont noz gens, vous
« en congnoistrez assez ; si ce sont ennemys, pensez
« de vous saulver à la barriere. J'ay icy deux pieces
« chargées ; s'il est besoing en serez secouru. » Au dire du cappitaine Bernard, descendit le compaignon, qui

sortit hors de la place, cuydant venir au devant de ses gens, en demandant : *Qui vive! Où est le cappitaine Malerbe?* Ilz ne respondirent riens : mais, cuydans que le pont feust abaissé, commencerent, à course de cheval, marcher. Le dit compaignon se saulva tellement quellement en la barriere. Alors furent tirées les deux pieces d'artillerie, qui les arresta sur le cul. Ainsi fut saulvée la place de Lignago pour ceste fois : mais les François y eurent grosse honte et perte, dont plusieurs s'apperceurent. Quant le povre seigneur de La Crote eut entendu le piteux affaire, il cuyda mourir de dueil. Le roy de France en fut desplaisant à merveilles, et luy en cuyda faire faire ung mauvais tour; mais cela s'appaisa, par le moyen du seigneur Jehan Jacques, qui estoit pour lors venu en France pour tenir sur fonds madame Renée, fille du roy Loys douziesme et de Anne sa femme, duchesse de Bretaigne, lequel luy fist plusieurs remonstrances à la descharge dudit seigneur de La Crote.

Or laissons ce propos, et retournons au pape Julles second, qui marchoit vers Ferrare.

CHAPITRE XLII.

Comment le pape Julles vint en personne en la duché de Ferrare; et comment il mist le siege devant La Myrandolle.

Le pape Julles, qui desiroit à merveilles recouvrer la duché de Ferrare qu'il pretendoit estre de l'Eglise, dressa une grosse armée, qu'il fist en Boulenoys, pour l'amener en ladicte duché; et s'en vint, de journée en journée, loger en ung gros village qu'on appelle Sainct Felix, entre La Concorde et La Myrandolle. Le duc de Ferrare et tous les François qui estoient avecques luy, s'estoient venuz loger à douze mille de Ferrare, entre deux bras du Pau, en ung lieu dit L'Ospitalet, où il fist dresser ung pont de bateaulx, qu'il faisoit tresbien garder, car par là souvent ses ennemys estoient escarmouchez. Le Pape, arrivé à Sainct Felix, manda à la contesse de La Myrandolle, qui fille naturelle estoit du seigneur Jehan Jacques de Trevolz, alors veufve, qu'elle voulsist mettre sa ville de La Myrandolle entre ses mains, par ce qu'elle luy estoit necessaire pour son entreprinse de Ferrare. La contesse, qui, suyvant le cueur de son pere, estoit toute françoise, et sçavoit tresbien que le roy de France favorisoit et secouroit le duc de Ferrare, ne l'eust fait pour mourir. Elle avoit ung sien cousin germain, appellé le conte Alexandre de Trevolz, avecques elle, qui ensemble firent response à celluy qui estoit venu de par le sainct Pere. Et luy fut dit que quant il luy plairoit s'en pourroit bien retourner, et dire à son maistre que pour riens la contesse de La Myrandolle ne bailleroit sa ville; qu'elle estoit sienne, et que, Dieu aydant, la sçauroit bien garder contre tous ceulx qui la luy vouldroient oster. De ceste response fut courroucé merveilleusement le Pape, et jura sainct Pierre et sainct Paul, qu'il l'auroit par amour ou par force. Si commanda à son nepveu le duc d'Urbin, cappitaine general de son armée, que le lendemain il y allast mettre le siege.

Le conte Alexandre de Trevolz, qui n'en pensoit

pas moins, envoya devers le duc de Ferrare et les cappitaines françois, à L'Ospitalet, qui n'estoit que à douze mille, leur supplier, pource qu'il ne se sentoit pas bien garny de gens pour l'heure, et qui de jour en autre esperoit le siege, qu'on luy envoyast jusques à cent bons compaignons et deux canonniers. La chose luy fut aiseement accordée, car la perte de La Myrandolle estoit de grosse importance au duc de Ferrare, qui estoit ung gentil prince, saige, et vigillant à la guerre, et qui scet quasi tous les sept ars liberaulx, et plusieurs autres choses mecanicques, comme fondre artillerie, dont il est aussi bien garny que prince son pareil de tout le monde, et si en scet tresbien tirer, faire les affustz et les boulletz. Or laissons ses vertus là, car assez en avoit et a encores. Par l'advis des cappitaines françois, il envoya à La Myrandolle les deux canonniers et les cent compaignons qu'on demandoit; et avecques eulx allerent deux jeunes gentilz hommes, l'ung du Daulphiné, appellé Monchenu, nepveu du seigneur de Montoison, et l'autre nepveu du seigneur du Lude, qu'on appelloit Chantemerle, du pays de la Beausse; ausquelz, au partir, le bon Chevalier sans paour et sans reprouche dist : « Mes enfans, vous « allez au service des dames; monstrez vous gentilz « compaignons pour acquerir leur grace, et faictes « parler de vous. La place où vous allez est tresbonne « et forte; si le siege y vient, vous aurez honneur à la « garder; » et plusieurs autres joyeulx propos leur disoit le bon Chevalier, pour leur mettre le cueur ou ventre. Si monta luy mesmes à cheval, avecques sa compaignie, pour leur faire escorte; et si bien les conduysit, qu'ilz entrerent dedans la ville, où ilz furent receuz de la contesse et du conte Alexandre, treshonnestement. Ilz n'y furent jamais trois jours que le siege ne feust devant, et l'artillerie plantée sur le bort du fossé, qui commença à tirer fort et royde. Et ceulx de la ville, qui ne monstroient pas tiltre d'esbahissement, leur rendoient la pareille au mieulx qu'ilz povoient.

Le bon Chevalier, qui ne plaignit jamais argent pour sçavoir que faisoient ses ennemys, avoit ses espies, qui souvent luy rapportoient nouvelles du camp et du Pape, qui estoit encores à Sainct Felix, et comment il se deliberoit de partir dedans ung jour ou deux, pour aller au siege qu'il avoit fait mettre devant La Myrandolle. Il renvoya encores ung desditz espies à Sainct Felix, dont ilz n'estoient que à dix mille, pour entendre au vray quant le Pape partiroit. Il fist si bonne inquisition qu'il sceut pour vray que le lendemain yroit en son camp. Si en vint advertir le bon Chevalier, qui en fut bien ayse, car il avoit telle chose pensée, qu'il esperoit prendre le Pape et tous ses cardinaulx : ce qu'il eust fait, n'eust esté ung inconvenient qui advint, comme vous orrez.

CHAPITRE XLIII.

Comment le bon Chevalier sans paour et sans reprouche cuyda prendre le Pape entre Sainct Felix et La Myrandolle ; et à quoy il tint.

Le bon Chevalier s'en vint au duc de Ferrare et au seigneur de Montoison, ausquelz il dist : « Messei-

« gneurs, je suis adverty que, demain matin, le Pape « veult desloger de Sainct Felix pour aller à La My- « randolle. Il y a six grans mille de l'ung à l'autre. « J'ay advisé une chose, si la trouvez bonne, dont il « sera memoire d'icy à cent ans. A deux mille de « Sainct Felix y a deux ou trois beaulx palais qui sont « habandonnez pour l'occasion de la guerre; je suis « deliberé toute ceste nuyt m'en aller loger avec cent « hommes d'armes, sans paige ne varlet, dedans « l'ung de ces palais; et demain au matin, quant le « Pape deslogera de Sainct Felix (je suis informé qu'il « n'a que ses cardinaulx, evesques et prothonotaires, « et bien cent chevaulx de sa garde); je sortiray de mon « embusche, et n'y aura nulle faulte que je ne l'em- « poigne; car l'alarme ne sçauroit estre si tost au « camp, que je ne me sauve, veu qu'il n'y a que dix « mille d'icy là; et prenez le cas que je feusse pour- « suivy, vous monseigneur, dist il au duc de Ferrare, « et monseigneur de Montoison, passerez le matin le « pont, avecques tout le reste de la gendarmerie, et « me viendrez attendre à quatre ou cinq mille d'icy, « pour me recueillir, si par cas fortuit m'advenoit in- « convenient. »

Oncques chose ne fut trouvée meilleure que la parolle du bon Chevalier; ne restoit que à l'executer : ce que gueres ne tarda; car, toute la nuyt apres avoir bien fait repaistre les chevaulx, print cent hommes d'armes, tous esleuz; et puis, apres que chascun fut en ordre, comme pour attendre le choc, s'en va avecques son espie, le beau pas, droit à ce petit village. Si bien luy advint qu'il ne trouva homme ne femme pour estre descouvert, et se logea environ une heure devant jour. Le Pape, qui estoit assez matineux, estoit desja levé, et, quant il veit le jour, monta en sa lictiere pour tirer droit en son camp. Et devant estoient prothonotaires, clercs et officiers de toutes sortes, qui alloient pour prendre le logis, et sans penser aucune chose s'estoient mis à chemin.

Quant le bon Chevalier les entendit, ne fist autre demeure, ains sortit de son embusche, et vint charger sur les rustres, qui, comme fort effrayez de l'alarme, retournerent, picquans à bride abatuë, dont ilz estoient partiz, crians : *Alarme! alarme!* mais tout cela n'eust de riens servy. Le Pape, ses cardinaulx et evesques eussent esté prins, sans ung inconvenient qui fut tresbon pour le sainct Pere, et fort malheureux pour le bon Chevalier : c'est qu'ainsi que le Pape fut monté en sa lictiere, et sorty hors du chemin de Sainct Felix, ne fut pas à ung gect de boulle, qu'il ne tumbast du ciel la plus aspre et vehemente neige qu'on eust veu cent ans devant : mais c'estoit par telle impetuosité que l'on ne voyoit pas l'ung l'autre. Le cardinal de Pavye, qui estoit alors tout le gouvernement du Pape, luy dist : « *Pater sancte,* il n'est pas possible « d'aller par ce pays pendant que cecy durera; il « est plus que necessaire, et me semble que devez, sans « tirer oultre, retourner; » ce que le Pape accorda, qui ne sçavoit riens de l'embusche; et de malheur, ainsi que les fuyans retournoient, et le bon Chevalier à pointe d'espron les chassoit, sans se vouloir arrester à prendre personne, car là ne s'estendoit point son courage, sur le point qu'il arrivoit à Sainct Felix, le Pape ne faisoit qu'entrer dedans le chasteau; lequel, au cry qu'il ouyt, eut telle frayeur, que subitement et sans ayde sortit de sa lictiere, et luy mesmes ayda à lever le pont : qui fut fait d'homme de bon esperit, car s'il eust autant demouré qu'on mectroit à dire ung *Pater noster*, il estoit croqué.

Qui fut bien marry ? ce fut le bon Chevalier ; car, encores qu'il sceust le chasteau n'estre gueres fort, et qu'en ung quart d'heure se pourroit prendre, si n'avoit il nulle piece d'artillerie ; et puis d'ung autre costé pensoit bien qu'il seroit descouvert incontinent à ceulx du camp de La Myrandolle, qui luy pourroient faire recevoir une honte. Si se mist au retour, apres qu'il eut pris tant de prisonniers qu'il voulut ; où, entre autres, y avoit deux evesques portatifz, et force muletz de cariage que ses gensd'armes emmenerent. Mais oncques homme ne retourna si melancolié qu'il estoit, d'avoir failly si belle prinse, combien que ce ne fut pas par sa faulte, car jamais entreprinse ne fut mieulx ne plus subtillement conduicte. Quant il fut arrivé vers le duc de Ferrare, le seigneur de Montoison et ses autres compaignons, qu'il trouva à six mille de leur pont pour le recevoir et secourir si besoing en eust eu, et qu'il leur eut compté sa deffortune, furent bien marris ; toutesfois ilz le reconforterent le mieulx qu'ilz peurent, luy remonstrant que la faulte n'estoit pas venue de luy, et que jamais homme ne fist mieulx. Ainsi l'emmenerent, tousjours devisans de joyeuses parolles, et preschans avecques leurs prisonniers, dont dessus le chemin en renvoyerent à pied la pluspart. Les deux evesques payerent quelque legiere rançon, et puis s'en retournerent.

Le Pape demoura dedans le chasteau de Sainct Felix, lequel, de la belle paour qu'il avoit eue, trembla la fiebvre tout au long du jour, et la nuyt manda son nepveu le duc d'Urbin, qui le vint querir avecques quatre cens hommes d'armes, et le mena en son siege, où il fut tant que La Myrandolle fut prise. Bien y demoura trois sepmaines devant, et ne l'eust jamais eue, sans ung inconvenient qui advint : c'est qu'il neigea bien six jours et six nuytz sans cesser, et tellement que la neige estoit dedans le camp, de la haulteur d'ung homme. Apres la neige il gela si fort que les fossez de La Myrandolle le furent de plus de deux grans piedz ; en sorte que de dessus le bort tumba ung canon avecques son affust, qui ne rompit point la glace. L'artillerie du Pape avoit fait deux bonnes et grandes berches. Ceulx qui estoient dedans n'esperoient aucunement que de part du monde on leur allast lever le siege ; car le seigneur de Chaumont, grant maistre de France, et gouverneur de Milan, avecques le reste de l'armée du Roy son maistre, se tenoit à Rege, laquelle il faisoit remparer chascun jour, doubtant que le Pape, apres la prise de La Myrandolle, n'allast là ; lequel avoit grosse puissance, car la pluspart de l'armée du roy d'Espaigne estoit avecques luy, et celle des Veniciens, qui ja avoient prins son aliance. Si eut conseil le conte Alexandre, et la contesse, de rendre la ville, les vies franches : mais le Pape vouloit tout avoir à sa mercy. Toutesfois cela se traicta par le moyen du duc d'Urbin, qui avoit tousjours le cueur françois, car le roy de France Loys douziesme l'avoit nourry en jeunesse, et sans luy le sainct Pere n'eust pas esté si gracieux.

Quant les nouvelles de la prise de La Myrandolle furent sceues ou camp du duc de Ferrare, toute la compaignie en fut desplaisante à merveilles. Le duc se doubta que bien tost seroit assiegé à Ferrare. Si deffist son pont, et se retira avecques toute son armée en sa ville, deliberé jusques au derrenier jour de sa vie la garder. Le Pape ne daigna entrer dedans la ville de La Myrandolle par la porte : il fist faire ung pont par dessus le fossé, sur lequel y passa, et entra dedans par une des berches. Il s'y tint quelques jours, où par tous les moyens du monde advisoit comment il pourroit dommager le duc de Ferrare.

CHAPITRE XLIV.

Comment le Pape envoya une bende de sept à huyt mille hommes devant une place du duc de Ferrare, nommée La Bastide; et comment ilz furent deffaictz par l'advis du bon Chevalier sans paour et sans reprouche.

Quant le Pape fut dedans La Myrandolle, fist ung jour assembler son nepveu et tous les cappitaines, tant de cheval que de pied, ausquelz il dist comment il vouloit, sans plus autre chose entreprendre, aller mettre le siege devant Ferrare. Si vouloit sur ce avoir leur advis, et comment la chose se pourroit le plus seurement conduire; car il sçavoit ladicte ville forte à merveilles, bien garnye de bonnes gens de guerre, et d'artillerie; et que à grant peine sans faulte de vivres, l'auroit il qu'elle ne luy coustast beaucoup : mais par ce point les feroit il venir à la raison, consideré qu'il avoit le moyen de leur coupper le passage du Pau; que au dessus de Ferrare ne leur viendroit riens; et du dessoubz que les Veniciens aussi garderoient bien qu'ilz n'en auroient point. Il n'y eut celluy qui n'en dist son oppinion, tant que ce fut à parler à ung cappitaine de la seigneurie de Venise, qu'on appelloit Jehan Fort, qui, en son langaige, et en s'adressant au Pape, dist : « Tressainct Pere, j'ay ouy les oppinions « de tous messeigneurs qui sont icy en presence; et, à « les ouyr, concluent, suyvant ce qu'avez proposé, que « en gardant que par le Pau n'entrent vivres dedans « Ferrare, et que par l'isle soit assiegée, en peu de « jours sera affamée. Je congnois le pays, et en a beau- « coup et de bon le duc de Ferrare : par Argente luy « pourront vivres venir, et en habondance, mais à « cela pourvoyroit on bien. D'autre part, il a ung « pays qu'on appelle le Polesme de Sainct George, « qui tant est garny de biens, que, quant d'ailleurs « n'en viendroit à Ferrare, il est suffisant la nourrir « ung an; et est bien difficille de garder qu'il n'en eust « de là, sans prendre une place à vingt et cinq mille « dudit Ferrare, qu'on appelle La Bastide : mais, si « elle estoit prise, je tiendrois la ville affamée en deux « moys, au grant peuple qui est dedans. »

A grant peine eut le cappitaine Jehan Fort acheve son propos, que le Pape ne dist : « Or acoup il fault « avoir ceste place; je ne seray jamais à mon aise « qu'elle ne soit prise. » Si furent ordonnez deux cappitaines espaignolz, avecques deux cens hommes d'armes, ce cappitaine Jehan Fort, avecques cinq cens chevaulx legiers et cinq ou six mille hommes de pied, pour aller executer ceste entreprise, acompaignez de six pieces de grosse artillerie. Eulx assemblez, se misrent à chemin, et allerent sans rencontre trouver jusques devant la place. Quant le cappitaine qui en avoit la garde veit si grosse puissance, eut frayeur, et non sans cause, car il n'estoit pas à l'heure fort bien garny de gens de guerre : toutesfois il delibera de faire son debvoir, et d'advertir le duc son maistre de son inconvenient. Les gens du Pape ne firent autre sejour, sinon, apres eulx estre logez, asseoir leur artillerie; et commencea à batre la place à force. Le cappitaine avoit fait secretement partir ung homme, par lequel il mandoit au duc son affaire; et que, s'il n'estoit secouru en vingt et quatre heures, il se voyoit en dur party, par ce qu'il n'avoit pas gens dedans pour deffendre à la puissance qu'il avoit devant luy. Le messager fist extreme diligence, et fut environ midy à Ferrare; ainsi ne mist point six heures.

Le bon Chevalier estoit allé à l'esbat à une porte par où entra le messager, qui fut enquis à qui il estoit et amené devant luy; qui luy demanda dont il venoit; lequel respondit asseureement : « Monseigneur, je « viens de La Bastide, laquelle est assiegée de sept ou « huyt mille hommes; et m'envoye le cappitaine dire « au duc que, s'il n'est secouru, il ne sçauroit tenir « demain tout au long du jour, aumoins s'ilz luy livrent « assault. — Comment, mon amy, est si mauvaise la « place? — Non, dist le messagier, ains une des bonnes « d'Italye : mais il n'a que vingtcinq hommes de guerre « dedans, qui n'est pas pour la deffendre contre la « force des ennemys. — Or, venez doncques, mon amy, « je vous meneray devers le duc. » Ilz estoient luy et le seigneur de Montoison, ensemble sur leurs mules, en la place de la ville, devisans des affaires. Ilz veirent venir le bon Chevalier, qui amenoit cest homme, et eurent ymagination que c'estoit une espie. Si dist le seigneur de Montoison, s'adressant au bon Chevalier : « Mon compaignon, vous aymeriez mieulx « estre mort, que ne feissiez tous les jours quelque « prinse sur noz ennemys; combien vous payera ce « prisonnier pour sa rançon? — Sur ma foy, respondit « le bon Chevalier, il est des nostres, et nous apporte « d'estranges nouvelles, comme il dira à monsei- « gneur. » Lors le duc l'enquist, et puis regarda les lettres que le cappitaine de La Bastide luy escripvoit. En les lisant chascun le voyoit blesmir et changer de couleur; et, quant il eut achevé de lire, haulsa les espaules, et dist : « Si je pers La Bastide, je puis bien « habandonner Ferrare, et je ne voy pas bien le « moyen qu'elle soit secourue dedans le terme que « celluy qui est dedans me rescript, car il demande « secours dedans demain pour tout le jour, et il est « impossible. — Pourquoy? respondit le seigneur de « Montoison. — Dist le duc, par ce qu'il y a vingt et « cinq mille d'icy là; et davantage, au temps qu'il « fait, il fault passer par ung chemin où, l'espace de « demy mille, fault aller l'ung apres l'autre. Et encores « y a il une autre chose, c'est que, si noz ennemys es- « toient advertis d'ung passage qu'il y a, vingt hommes « garderoient dix mille de passer : mais je croy qu'ilz « ne le sçavent pas. »

Quant le bon Chevalier sans paour et sans reprouche veit le duc ainsi esbahy, et non sans cause, luy dist : « Monseigneur, quant il est question de peu de chose, « la fortune est aisée à passer; mais quant il y va de « sa destruction, on y doit pourveoir par tous les

« moyens qu'il est possible. Les ennemys sont devant « La Bastide, et cuydent estre bien asseurez, par ce que, « au moyen de ce que la grosse armée du Pape est pres « d'icy, leur est advis que n'oserions partir ceste ville « pour leur aller lever le siege. J'ay pensé une chose qui « sera fort aisée à executer; et, si le malheur n'est trop « contre nous, en viendrons à honneur. Vous avez en « ceste ville quatre ou cinq mille hommes de pied, gen- « tilz compaignons et gens aguerriz le possible. Prenons « en deux mille, avecques les huyt cens Suysses du cap- « pitaine Jacob, et les faisons, sur la nuyt, en bateaulx « mettre sur l'eaue. Vous estes encores seigneur du « Pau jusques à Argente. Ilz nous yront attendre à ce « passage que vous dictes. S'ilz y sont les premiers, « ilz le prendront, et la gendarmerie qui est en ceste « ville yra par terre toute ceste nuyt. Nous aurons « bonnes guydes, et ferons de façon que y serons « au point du jour; et ainsi nous joindrons les ungs « avecques les autres. Noz ennemys ne se doubte- « ront jamais de ceste entreprinse. Il n'y a du pas- « sage que vous dictes sinon trois mille, ou moins « encores, jusques à La Bastide. Devant qu'ilz se soient « mis en ordre de combatre, leur yrons livrer la ba- « taille aigrement; et le cueur me dit que nous les « defferons. »

S'on eust donné cent mille escuz au duc, n'eust pas esté plus joyeulx. Si respondit, en soubzriant : « Par « ma foy, monseigneur de Bayart, il ne vous est riens « impossible; mais je vous prometz, sur mon honneur, « que si messeigneurs qui sont icy trouvent vostre oppi- « nion bonne, je ne fais doubte que ne facions de noz « ennemys ce que vous dictes; et de ma part les en

« supplie tant que je puis. » Lors mist le bonnet hors de la teste.

Le seigneur de Montoison, hardy et vertueux cappitaine, respondit : « Monseigneur, nous n'avons mes-« tier de prieres en vostre endroit, et ferons ce que « commanderez, car ainsi l'avons en charge du Roy « nostre maistre. » Autant en dirent le seigneur du Ludde et le cappitaine Fontrailles, bien deliberez de faire leur debvoir. Ilz envoyerent querir les cappitaines de gens de pied, ausquelz ilz declairerent l'affaire, qui leur fut advis estre en paradis. Le duc fist secretement apprester force barques, sans bruyt quelconque ; car il y avoit des gens en la ville qui estoient fort bons papalistes. Les barques prestes sur le soir, se misrent les gens de pied dedans, qui eurent bons et seurs mariniers.

Les gens de cheval, où le duc estoit en personne, partirent sur le commencement de la nuyt. Ilz avoient bonnes guydes, et, quelque mauvais temps qu'il fist, furent seurement conduytz ; et si bien leur advint que demye heure devant jour arriverent lesditz gens de cheval au passage, où ilz ne trouverent nul empeschement; dont ilz furent tresjoyeulx. Et ne demoura pas demye heure que les barques, lesquelles amenoient les gens de pied, n'arrivassent. Si descendirent, et puis apres, le petit pas allerent droit à ce mauvais passage, qui estoit ung petit pont où ne povoit passer que ung homme d'armes de fronc ; et estoit sur ung canal assez parfond, entre le Pau et La Bastide. Ilz misrent bien une grosse heure à passer, tellement qu'il estoit jour tout cler, dont le duc eut mauvaise oppinion : et, par ce qu'il n'oyoit point tirer l'artillerie, doubtoit que sa place feust perdue. Mais ainsi qu'il en parloit aux cappitaines françois, va ouyr trois coups de canon, tout d'une bende, dont luy et toute la belle et bonne compaignie furent fort joyeulx. Il n'y avoit pas plus d'ung mille jusques aux ennemys.

Si commencea à dire le bon Chevalier : « Messei« gneurs, j'ay ouy tousjours dire que celluy est fol « qui n'estime son ennemy. Nous sommes pres des « nostres; ilz sont trois contre ung. S'ilz sçavoient « nostre entreprinse, sans nulle faulte, nous aurions « de l'affaire, et beaucoup; car ilz ont artillerie, et « nous n'en avons point. Davantage j'ay entendu « que ce qui est devant La Bastide est toute la fleur « de l'armée du Pape; il les fault prendre en de« sarroy qui pourra. Je suis d'oppinion que le bas« tard du Fay, mon guydon, qui est homme sçavant « en telles matieres, par le costé où sont venuz les « ennemys, leur aille dresser l'alarme, avecques quinze « ou vingt chevaulx; et le cappitaine Pierrepont sera « à ung gect d'arc, avecques cent hommes d'armes, « pour luy tenir escorte s'il est repoussé; et luy bail« lerons le cappitaine Jacob Zemberc avecques ses « Suysses. Vous, monseigneur, dist il au duc, monsei« gneur de Montoison, messeigneurs mes compaignons « et moy, yrons droit au siege, où je yray devant leur « faire ung alarme. Si celluy du bastard du Fay est « premier dressé, et ilz voisent tous là, nous les enclor« rons entre luy et nous; et si le nostre est le premier « levé, le cappitaine Pierrepont et sa bende de Suysses « en feront autant de leur costé. Cela les estonnera « tant qu'ilz ne sçauront que faire; car ilz estimeront « que nous soyons trois fois plus de gens que ne

« sommes. Et sur tout que toutes noz trompettes sonnent à l'aborder. »

Oncques chose ne fut trouvée meilleure; car il fault que tous lisans ceste histoire sachent que ce bon Chevalier estoit ung vray registre des batailles; parquoy tout homme, pour sa grande experience, se tenoit à ce qu'il disoit. Or venons au point. Les deux bendes deslogerent: l'une alla par le chemin qu'estoient venuz les ennemys, ainsi que ordonné avoit esté, et les autres droit à la place, laquelle ilz approcherent, sans estre aucunement apperceuz, de la portée d'ung canon en bute. Si dressa le bastard du Fay ung aspre et chault alarme, qui estonna merveilleusement ceulx du camp; toutesfois ilz commencerent à eulx armer, monter à cheval, et aller droit où estoit ledit alarme. Leurs gens de pied se mettoient ce pendant en bataille; et, s'ilz se feussent une fois rengez tous ensemble, il y eust eu combat mortel et dangereux pour les Ferraroys, pour le gros nombre qu'ilz estoient. Mais deux inconveniens leur advindrent tout à ung coup: c'est que, quant ceulx qui repoussoient le bastard du Fay furent à deux cens pas loing, rencontrerent le cappitaine Pierrepont, qui les rembarra à merveilles, et donna dedans eulx fierement.

Les Suysses commencerent à marcher, qui desjà vindrent trouver leurs gens de pied en bataille, et en gros nombre, comme de cinq à six mille. Si furent lourdement repoussez lesditz Suysses, et eussent esté rompuz n'eust esté la gendarmerie qui les secourut, laquelle donna aux ennemys par les flancs. Ce pendant vont arriver le duc, les seigneurs de Montoison, du Lude, de Fontrailles et le bon Chevalier, avecques leurs gens de cheval et deux mille hommes de pied, qui, par le derriere, vont envahir lesditz ennemys, de sorte que tout fut poussé par terre. Le cappitaine Fontrailles et le bon Chevalier apperceurent une troppe de gens de cheval, en nombre de trois à quatre cens, qui se vouloient ralyer ensemble. Si appellerent leurs enseignes, et tournerent ceste part; et, en criant: *France! France! duc! duc!* les chargerent en façon que la plus part alla par terre.

Lesditz ennemys combatirent une bonne heure : mais en fin perdirent le camp, et qui se peut saulver se saulva ; mais il n'y en eut pas beaucoup. Le duc et les François y firent une merveilleuse boucherie; car il mourut plus de quatre ou cinq mille hommes de pied, plus de soixante hommes d'armes, et plus de trois cens chevaulx prins, ensemble tout leur bagage et artillerie : tellement qu'il n'y avoit celluy qui ne feust bien empesché d'emmener son butin. Je ne sçay comment les cronicqueurs et historiens n'ont autrement parlé de ceste belle bataille de La Bastide, mais cent ans devant n'en avoit point esté de mieulx combatue, ne à plus grant hazart. Toutesfois ainsi le convenoit faire, ou le duc et les François estoient perduz ; lesquelz s'en retournerent glorieux et triumphans dedans la ville, où ung chascun leur donnoit louenge inestimable. Sur toutes personnes, la bonne duchesse (1), qui estoit une

(1) *La bonne duchesse :* Anne Sforce, épouse d'Alphonse, duc de Ferrare. « Elle feit, dit Champier, plusieurs présens au noble Bayard; « et tous les jours les dames de Ferrare visitoient le preux Chevalier, « lequel tousjours se gaudissoit plaisamment d'elles ; et estoit Bayard « si fort aymé d'ung chacun, que on ne pouvoit saouler le peuple à « bien dire de luy. » Le duc de Ferrare épousa en secondes noces Lucrèce Borgia, fille d'Alexandre VI.

perle en ce monde, leur fist singulier recueil ; et tous les jours leur faisoit bancquetz et festins, à la mode d'Ytalie, tant beaulx que merveilles. Bien ose dire que de son temps, ne beaucoup devant, ne s'est point trouvé de plus triumphante princesse; car elle estoit belle, bonne, doulce et courtoise à toutes gens. Elle parloit espaignol, grec, ytalien et françois, quelque peu tresbon latin, et composoit en toutes ces langues; et n'est riens si certain que, combien que son mary feust sage et hardy prince, ladicte dame, par sa bonne grace, a esté cause de luy avoir fait faire de bons et grans services.

CHAPITRE XLV.

De la mort du seigneur de Montoison; et de plusieurs menées que firent le pape Julles et le duc de Ferrare, l'ung contre l'autre, où le bon Chevalier se monstra vertueux.

Apres ceste gaillarde bataille de La Bastide, le gentil seigneur de Montoison ne vesquit gueres, car une fievre continue l'empoigna, qui ne le laissa jusques à la mort: ce fut ung gros dommage, et y fist France lourde perte. Il avoit esté en sa vie ung des acomplis gentilz hommes qu'on eust sceu trouver, et avoit fait de belles choses, tant en Picardie, Bretaigne, Naples que Lombardie. C'estoit ung droit esmerillon, vigillant sans cesse; et, quant il estoit en guerre, tousjours le cul sur la selle : au moyen dequoy estoit à l'heure de son trespas fort usé et cassé; mais tant proprement et mignonnement se contenoit, qu'il sembloit ung homme de trente ans. De sa piteuse desconvenue furent le duc, la duchesse de Ferrare, le bon Chevalier et tous les autres cappitaines françois si tresdolens que merveilles. Mais c'est une chose où on ne peult remedier.

Le Pape estoit encores à La Myrandolle, que, quant il sceut les nouvelles de La Bastide et la deffaicte de ses gens, cuyda desesperer, et jura Dieu qu'il s'en vengeroit; et que pour cela ne demoureroit point qu'il n'allast assieger Ferrare, à quoy soubdainement vouloit entendre; mais les cappitaines et gens de guerre qu'il avoit avecques luy, mesmement le duc d'Urbin son nepveu, qui eust bien voulu que le roy de France et luy eussent esté amys, l'en destournoient tant qu'ilz povoient, luy remonstrant que Ferrare, garnye comme elle estoit et de telz cappitaines, mesmement du bon Chevalier, à qui nul ne se comparoit, ne se prendroit pas aiseement; et que si son armée entroit en l'isle pour l'assieger, vivres y viendroient à grant peine. Ce conseil ne trouvoit pas bon le Pape, car cent fois le jour disoit : *Ferrare! Ferrare! t'avro al corpo de Dio.* Si s'advisa d'ung autre moyen, et mist en son entendement qu'il praticqueroit quelques gentilz hommes de la ville par le moyen desquelz il la pourroit avoir, car d'une nuyt luy pourroient livrer une porte par où ses gens entreroient. Il y envoya plusieurs espies; et avoient charge de parler à aucuns gentilz hommes : mais le duc et le bon Chevalier faisoient faire si bon guet, qu'il n'en entroit pas ung qui ne feust empoigné; et en fut pendu six ou sept. Toutesfois le duc fut en souspeçon d'aucuns gentilz hommes de sa ville, lesquelz il fist mettre prisonniers, par adventure à tort, entre lesquelz fut le conte Boors Calcagnyn, qui avoit logé chez luy le bon Chevalier, qui fut desplaisant de sa detencion : mais, par ce que les choses estoient fort doubteuses, ne s'en voulut mesler que bien à point.

Quant le Pape veit qu'il ne viendroit point à ses attainctes par ce moyen, s'advisa d'une terrible chose ; car il mist en son entendement, pour se venger des François, qu'il praticqueroit le duc de Ferrare. Il avoit ung gentil homme lodezan, du duché de Milan, à son service, qu'on appelloit messire Augustin Guerlo, mais il changeoit son nom. C'estoit ung grant faiseur de menées et de trahysons; dont mal luy en print à la fin, car le seigneur d'Aubigny luy fist coupper la teste dedans Bresse, où il le voulut trahir. Ung jour fut appellé ce messire Augustin par le Pape, lequel luy dist : « Viença ; il fault que tu me faces ung ser-« vice. Tu t'en yras à Ferrare, devers le duc, auquel « tu diras que s'il se veult despescher des François, « et demourer mon alyé, je luy bailleray une de mes « niepces pour son filz aisné, le quicteray de toutes « querelles, et davantage le feray confanonnyer et « cappitaine general de l'Eglise. Il ne fault sinon qu'il « dye aux François qu'il n'a plus que faire d'eulx, « et qu'ilz se retirent. Je suis asseuré qu'ilz ne sçau-« roient passer en lieu du monde, que je ne les aye à « ma mercy, et n'en eschappera pas ung. »

Ce messager, qui ne demandoit que telles commissions, dist qu'il feroit fort bien l'affaire; et s'en alla à Ferrare droit s'adresser au duc, qui estoit ung sage et subtil prince; et lequel escouta tresbien le galant, faisant myne qu'il entendroit voulentiers à ce que le Pape luy mandoit : mais il eust mieulx aymé estre mort de cent mille mors, car trop avoit le cueur noble et gentil. Bien le monstra, par ce que, apres avoir fait faire bonne chiere à messire Augustin, et icelluy enfermé en une chambre dedans son palais, dont il print la clef, s'en vint avecques ung gentil homme seulement au logis du bon Chevalier, auquel de point en point compta tout l'affaire; qui se seigna plusieurs fois, et ne povoit penser que le Pape eust si meschant vouloir d'achever ce qu'il mandoit. Mais le duc luy dist qu'il n'estoit riens si vray, et que, s'il vouloit, le mectroit bien en ung cabinet dedans son palais, où il entendroit toutes les parolles que le galant luy avoit dictes. Toutesfois il sçavoit que ce n'estoit point mensonge, aux enseignes mesmes qu'il luy avoit baillées, mais que plustost aymeroit estre tout vif desmembré à quatre chevaulx, que d'avoir seullement pensé consentir à une si grande lascheté, remonstrant de combien il estoit tenu à la maison de France, et que à son grant besoing le Roy l'avoit si bien secouru.

Le bon Chevalier disoit: « Monseigneur, il n'est ja « besoing vous excuser de cela, je vous congnois assez. « Sur mon ame je tiens mes compaignons et moy « aussi asseurez en ceste vostre ville, que si nous es- « tions dedans Paris, et n'ay pas paour, aydant Dieu, « que aucun inconvenient nous adviengne, au moins « que ce soit de vostre consentement. — Monseigneur « de Bayart, dist le duc, si nous faisions une chose? « Le Pape veult icy user d'une meschanceté; il luy « fault donner la pareille. Je m'en vois encores parler « à son homme, et verray si je le pourray gaigner et « tirer à ma cordelle, de façon qu'il nous puisse faire « quelque bon tour. — C'est bien dit, » respondit le bon

Chevalier : et sur ces parolles s'en retourna le duc en son palais, tout droit en la chambre où il avoit laissé messire Augustin Guerlo; auquel de bien loing entama plusieurs propos, et de plusieurs sortes, pour venir à son poinct, qu'il sceut tresbien faire venir en jeu, quant temps fut, comme vous orrez, disant : « Messire Augustin, j'ay pensé toute ceste matinée au « propos que me mande le Pape, où je ne puis trouver « fondement ne grant moyen, pour deux raisons : « l'une, que je ne me doy jamais fier de luy, car il a « dit tant de fois que s'il me tenoit qu'il me feroit « mourir, et que j'estoye l'homme vivant qu'il hayoit « le plus; et sçay bien qu'il n'y a chose en ce monde « qu'il desire autant, que d'avoir ceste ville et mes « autres terres, parquoy je ne voy point d'ordre que « je deusse avoir seureté en luy ; l'autre que, si je dis « au seigneur de Bayart, à present, que je n'ay plus « que faire de luy, ny de ses compaignons, que « pourra il penser? Une fois il est plusfort en la ville « que je ne suis : peult estre qu'il me respondra que « voulentiers en advertira le roy de France son mais- « tre, ou monseigneur le grant maistre, son lieute- « nant general deça les montz, qui cy l'a envoyé ; et, « selon leur response, il verra qu'il aura à faire. En « ces entrefaictes seroit grandement difficile qu'ilz ne « congneussent mon fait, et par ainsi, comme la rai- « son seroit, comme ung meschant m'abandonne- « roient, et je demourerois entre deux selles le cul à « terre, dont je n'ay pas besoing. Mais, messire Au- « gustin, le Pape est d'une terrible nature, comme « assez sçavez, colere et vindicatif au possible ; et, « quelque chose qu'il vous declaire de ses secretz

« affaires, ung de ces matins vous fera faire quelque « mauvais tour, et m'en croyez. Oultre plus, s'il vient « à mourir, qu'esse que de ses serviteurs? Ung autre « pape viendra qui n'en retirera pas ung; et est ung « tresmauvais service, qui ne veult estre d'Eglise. « Vous sçavez que j'ay des biens, et beaucoup, graces « à nostre Seigneur : si vous me voulez faire quelque « bon service, et m'ayder à me deffaire de mon en- « nemy, je vous donneray si bon present, et assigne- « ray si bonne intrade, que toute vostre vie serez à « vostre aise; et en soyez hardyement asseuré. »

Le lasche et meschant paillart avaricieux, quant il eut entendu le duc parler, son cueur mua soubdainement; et respondit, quasi gaigné : « Sur mon ame, « monseigneur, vous dictes verité; aussi y a il plus de « six ans que j'avoye vouloir d'estre à vostre service. Je « vous veulx bien asseurer qu'il n'y a homme, à l'entour « de la personne du Pape, qui puisse mieulx faire ce « que demandez, que moy; car la nuyt et le jour je « suis aupres de luy; et bien souvent prent sa cola- « cion de ma main, qu'il n'y a que nous deux quant « il me devise de ses trafiques. Si vous me voulez bien « traicter, devant qu'il soit huyt jours, il ne sera pas « en vie; et ne veulx riens que je n'aye fait ce que « je vous prometz. Aussi, monseigneur, je vouldrois « bien n'estre point mocqué apres. — Non, non, dist « le duc, sur mon honneur. »

Si convindrent de marché devant que partir de là : ce fut que le duc luy bailleroit deux mille ducatz content, et cinq cens ducatz d'intrade. Ce fait, fut messire Augustin tousjours bien traicté, que le duc laissa en sa chambre, et retourna devers le bon Chevalier, qui s'estoit allé esbatre sur les rempars de la ville, et s'amusoit à faire nectoyer une canonniere. Il veit venir le duc, au devant duquel il alla, et se prindrent par la main; et, eulx se promenans sur les rempars, loing de gens, commença le duc à dire : « Mon-« seigneur de Bayart, il ne fut jamais autrement que « les trompeurs en fin ne feussent trompez. Vous avez « bien entendu la meschanceté que le Pape m'a voulu « faire faire vers vous et les François qui sont icy; et, « à ceste occasion, m'a envoyé ung homme, comme « sçavez. Je l'ay si bien gaigné, et renversé son propos, « qu'il fera du Pape ce qu'il vouloit faire de vous; « car, dedans huyt jours pour le plustard, m'a asseuré « qu'il ne sera pas en vie. »

Le bon Chevalier, qui n'eust jamais pensé au faict, respondit : « Comment cela, monseigneur; il a doncques « parlé à Dieu? — Ne vous souciez, dist le duc, mais il « sera ainsi. » Et tant vindrent de parolle en parolle, qu'il luy dist que messire Augustin luy avoit promis d'empoisonner le Pape : [desquelles parolles le bon Chevalier se seigna plus de dix fois (1);] et, en regardant le duc, luy dist : « Hé, monseigneur, je ne croy-« roye jamais que ung si gentil prince comme vous « estes consentist à une si grande trahyson; et quant « je le sçauroye, de vray je vous jure mon ame que, « devant qu'il feust nuyt, en advertiroye le Pape; [car « je croy que Dieu ne pardonneroit jamais ung si hor-« rible cas (2).] — Comment, dist le duc, il en a bien au-« tant voulu faire de vous et de moy; et ja sçavez vous « que nous avons fait pendre sept ou huyt espies? — Il « ne m'en chault, dist le bon Chevalier; [(3) il est lieu-

(1) (2) (3) Ce qui est entre deux crochets manque dans les autres éditions.

« tenant de Dieu en terre, et] le faire mourir d'une telle « sorte, jamais ne m'y consentiroye. » Le duc haulsa les espaulles, et, en crachant contre terre, dist ces parolles : « Par le corps Dieu! monseigneur de Bayart, je « vouldrois avoir tué tous mes ennemys en faisant ainsi; « mais, puis que ne le trouvez pas bon, la chose de« mourera, dont, si Dieu n'y mect remede, vous et « moy nous repentirons. — Nous ferons, si Dieu plaist, « dist le bon Chevalier. Mais je vous prie, monsei« gneur, baillez moy le galant qui veult faire ce beau « chef d'œuvre, et si je ne le fais pendre dedans une « heure, que je le soye en son lieu. — Non, monsei« gneur, de Bayart, dist le duc, je l'ay asseuré de sa per« sonne mais je le vois renvoyer : » ce qu'il fist incontinent qu'il fut retourné à son Palais. Je ne sçay, quant il fut devers le Pape, qu'il fist, ne qu'il dist : mais il n'executa nulles de ses entreprinses. Si demoura il tousjours à l'entour de la personne du sainct Pere, qui estoit bien marry de ne povoir trouver moyen de venir au dessus de ses affaires. Il fut encores quelque temps à La Myrandolle, et là à l'entour, puis se retira à Boulongne, et fist loger son armée es garnisons vers Modene.

Environ ceste saison, le duc d'Urbin, son nepveu, qui tousjours avoit esté bon François, et à qui il desplaisoit à merveilles de la guerre que le Pape avoit levée contre le Roy de France, tua le cardinal de Pavye(1), legat à Boulongne, qui gouvernoit le Pape entierement, et lequel en fut tresgrandement courroucé;

(1) *Tua le cardinal de Pavye :* ce meurtre n'eut lieu qu'après que Trivulce, successeur de Chaumont, dans le commandement de l'armée française, se fut emparé de Bologne, et y eut rétabli les Bentivoglio.

mais il convint qu'il s'appaisast. L'occasion pourquoy, ce fut, l'on rapporta audit duc d'Urbin que le cardinal de Pavye avoit dit au Pape qu'il estoit plus serviteur des François que de luy, et qu'il les advertissoit chascun jour de son gouvernement. Cela y peut bien ayder, mais la principalle racine estoit que celluy cardinal de Pavye avoit esté le premier qui avoit conseillé au Pape de commencer la guerre. Il en fut payé en mauvaise monnoye.

Je laisseray ce propos, et parleray de ce qui advint durant deux ans en Ytalie.

CHAPITRE XLVI.

De plusieurs choses qui advindrent en Ytalie, en deux ans.

Pource que ceste histoire est principallement fondée sur les vertus et prouesses du bon Chevalier sans paour et sans reprouche, laisseray beaucoup de choses à desmesler, s'ilz ne sont requises y estre mises. Toutesfois je veulx en gros declairer ce qui advint durant deux ans en Ytalie, et jusques à la mort du bon seigneur de Chaumont, gouverneur de Milan, auquel gouvernement succeda le gentil prince duc de Nemours, Gaston de Foix.

L'Empereur demanda encores secours au roy de France, pour la conqueste du Fryol, que les Veniciens tenoient. C'est ung tresbel et bon pays ; et par là entre l'on en la Germanie, en deux ou trois endroitz, et par l'ung bout en l'Esclavonnie. Sa demande luy fut accordée ; et escripvit ledit seigneur, à son lieutenant general ledit seigneur de Chaumont, qu'il envoyast le seigneur de La Palisse oudit pays de Fryol, acompaigné de douze cens hommes d'armes et de huyt mille hommes de pied : ce qui fut fait. Et y alla avecques tout plain de gentilz cappitaines, tant de cheval que de pied. Vous povez penser qu'il ne laissa pas le bon Chevalier, son parfait amy, derriere. Ilz trouverent l'armée de l'Empereur à Veronne; si marcherent ensemble. Pour lors, et en ceste mesme armée, estoit lieutenant pour l'Empereur ung gentil homme almant, qu'on nommoit messire Georges Destin. Ilz entrerent bien avant, et allerent pour assieger Trevize : mais ilz n'y firent riens; et aux approches fut tué ung gaillart gentil homme, le seigneur de Lorges, qui estoit alors lieutenant du cappitaine Bonnet, qui avoit mille hommes de pied. Et en son lieu le fut ung sien jeune frere, qui depuis a fait de belles choses. De là ilz tirerent jusques sur le bort d'une riviere qu'on appelle la Pyave, qui separe le Fryol et le Trevizan, et y fut dessus fait ung pont sur bateaulx. Le bon Chevalier et le cappitaine Fontrailles passerent oultre avecques leurs bendes.

Or depuis ung peu avoit le bon Chevalier soubz sa charge cent hommes d'armes, dont le roy de France avoit fait don au gentil duc de Lorraine (1), par condition que le bon Chevalier les conduyroit, comme son lieutenant : mais pas mieulx ne demandoit le bon prince; car en tout le monde n'en eust sceu avoir de meilleur. Si allerent ces deux vaillans cappitaines,

(1) *Au gentil duc de Lorraine :* Antoine, duc de Lorraine. Ce prince s'étoit distingué à la bataille d'Agnadel. Il étoit fils de René, duc de Lorraine, et frère de Claude, duc de Guise.

avecques quelques Almans, devant Gradisque et devant Gorisse, qui sont sur les confins de l'Esclavonnie: toutesfois les Veniciens les tenoient. Elles furent prinses et mises entre les mains de l'Empereur. Et puis s'en retournerent au camp, où ilz trouverent le seigneur de La Palisse, qui avoit longuement demouré sans grans choses faire, par la mauvaise conduicte des gens de l'Empereur. Et si jamais povres gens de guerre n'eurent autant de mal, car ilz furent six jours durant sans manger pain ne boire vin; et assez d'autres necessitez ilz eurent en ce malheureux voyage: de sorte que le roy de France y perdit plus de quatre mille hommes de pied de maladie et meschanceté, et plus de cent hommes d'armes. Et, entre autres gens, il y avoit environ deux mille cinq cens Grisons, qui, quant le pain leur faillit, mangerent force raisins, car c'estoit ou moys de septembre: ung flux de ventre les print, de façon qu'ilz mouroient cent pour jour; et fut une chose bien estrange, que des deux mil cinq cens, quant ilz retournerent en leur pays, n'estoient que deux. L'ung fist le cappitaine, et l'autre portoit l'enseigne de sergens de bende pour faire tenir l'ordre: ilz demourerent ou Fryol. Bref, de tous les gens que le seigneur de La Palisse avoit menez avecques luy, n'en eust sceu mettre de sains trois cens hommes d'armes à cheval, ne trois mille hommes à pied.

Quant il veit ceste malheureté, il s'en voulut retourner: que les gens de l'Empereur ne trouvoient pas bon; et y eut entre eulx de grosses parolles: toutesfois il s'en vint jusques à ung lieu nommé Sainct Boniface (c'est le village où les Veniciens, en l'année precedente, avoient si longuement tenu leur camp), et là firent sejour quelque peu, durant lequel, ainsi que le seigneur du Ru, bourguignon, alloit visiter ung chasteau que luy avoit donné l'Empereur, il fut prins des Albanoys de la seigneurie de Venize. On disoit que le seigneur Mercure, qui pareillement estoit audit Empereur, luy avoit donné ceste trousse, pource qu'il querelloit la place comme luy. Je m'en rapporte à ce qu'il en fut.

Le seigneur Jehan Jaques en ces deux ans reconquesta, avecques l'armée du roy de France, La Myrandolle, et repoussa l'armée du Pape jusques devant Boulongne, où elle fut deffaicte sans mettre espée en la main; et cuyda estre prins le Pape dedans. Jamais ne fut veu si grosse pitié de camp; car tout leur bagaige y demoura, artillerie, tentes et pavillons; et y avoit tel François qui luy seul amenoit cinq ou six hommes d'armes du Pape, ses prisonniers; et en fut ung qui avoit une jambe de boys, appellé La Baulme, qui en avoit trois lyez ensemble. Ce fut une grosse deffaicte, et gentement executée. Le bon Chevalier sans paour et sans reprouche y eut honneur merveilleux, car il menoit les premiers coureurs; et luy fist cest honneur, le soir de la deffaicte, le seigneur Jehan Jaques en souppant, de dire que apres Dieu le seigneur de Bayart debvoit avoir l'honneur de la victoire. Il y avoit beaucoup de vaillans cappitaines quant il profera les parolles; et estoit si sage et vertueux qu'il ne les eust point dictes s'il n'y eust eu grande raison.

Au retour, le gentil duc de Nemours alla veoir le duc et la duchesse de Ferrare, où il fut receu à grant joye, et luy fut fait force festins à l'usage du pays;

car la gentille duchesse en sçavoit trop bien la maniere.

Luy estant là, se fist ung combat de deux Espaignolz, que je vueil bien reciter.

CHAPITRE XLVII.

Comment deux Espaignolz combatirent à oultrance en la ville de Ferrare.

Le jour mesmes que ce gentil duc de Nemours arriva à Ferrare, le baron de Bearn luy dist que, s'il vouloit, auroit le passetemps de veoir ung combat à oultrance de deux Espaignolz, dont l'ung s'appelloit le cappitaine Saincte Croix, et avoit esté coulonnel des gens de pied du Pape; l'autre se nommoit le seigneur Azevedo, qui avoit aussi eu quelque charge desdictz gens de pied. L'occasion de leur combat estoit que ledit Azevedo disoit que le cappitaine Saincte Croix l'avoit voulu faire tuer meschamment et en trahison, et qu'il l'en combatroit : l'autre respondoit qu'il avoit menty, et qu'il s'en deffendroit. Parquoy estoit venu ledit Azevedo à Ferrare pour soy presenter au duc de Nemours, affin de luy faire donner le camp; ce qu'il fist, apres que ledit baron de Bearn le luy eut donné à congnoistre. Ainsi Azevedo, bien aise d'estre asseuré du camp, le manda incontinent à son ennemy Saincte Croix, qui ne fist pas longue demoure. En attendant sa venue, fut dressé le camp devant le palais; et deux jours apres que fut arrivé Saincte Croix, lequel vint bien acompaigné, car il avoit bien cent chevaulx de compaignie, dont le principal, et qu'il avoit prins pour son parrain, estoit Domp Pedro de Coignes, chevalier de Roddes et prieur de Messine, Domp Françoys de Beaumont, qui peu au paravant avoit laissé le service du roy de France, et autres, delibera parfaire ses armes. Et entrerent en camp une journée de mardy, environ une heure apres midy. Premier entra l'assaillant qui estoit Azevedo, avecques le seigneur Federic de Bazolo, de la maison de Gonzago, qu'il avoit prins pour son parrain. Et si ne sçavoit pas encores comment son ennemy, ny en quelles armes il vouloit combatre; toutesfois, comme bien conseillé, s'estoit garny de tout ce qu'il luy estoit necessaire en hommes d'armes, à la genete, et à pied, en toutes les sortes qu'il povoit ymaginer qu'on sceust combatre. Peu apres qu'il fut entré, va devers luy le prieur de Messine, qui fait porter deux secrettes, deux rapieres bien trenchantes et deux poignars, lesquelz il presenta au seigneur Azevedo pour choisir. Il print ce qui luy estoit besoing.

Et, ce fait, se mist Saincte Croix dedans le camp. Tous deux se gecterent à genoulx, pour faire leurs oraisons à Dieu. Apres furent tastez par les parrains, sçavoir s'ilz avoient nulles armes soubz leurs vestemens. Ce fait, chascun vuyda le camp, qu'il n'y demoura fors les deux combatans, leurs deux parrains, et le bon Chevalier sans paour et sans reprouche, qui, par le duc de Ferrare, et pour plus l'honnorer, aussi qu'il n'y avoit homme ou monde qui mieulx s'entendist en telles choses, fut ordonné maistre et garde du camp. Le herault commencea à faire son cry, tel qu'on a acoustumé faire en telz cas, que nul ne fist signe, crachast, ne toussast, ne autres choses, dont nul desditz combatans peust estre advisé. Ce fait, marcherent l'ung contre l'autre. Azevedo en la main droicte mist sa rappiere, et en l'autre son poignart; mais Saincte Croix mist son poignart au fourreau, et tint seulement sa rappiere. Or vous povez penser que le combat estoit bien mortel, car ilz n'avoient nulles armes sur eulx pour les couvrir. Sagement se gecterent plusieurs coups, et avoient chascun bon pied et bon œil; et bon besoing leur estoit. Or, apres plusieurs coups, Saincte Croix en rua ung dangereux, droit au visage, que Azevedo deffendit subtilement de sa rappiere; et, en descendant, son coup luy couppa tout le hault de la cuysse jusques à l'os, dont incontinent saillit le sang à grosse habondance : toutesfois que Saincte Croix cuyda marcher en avant pour se venger; mais il tumba. Quoy voyant par icelluy Azevedo, bien joyeulx s'approcha de son ennemy, en luy disant en son langage : « Rendz toy, Saincte Croix, « ou je te tueray : » mais il ne respondoit riens, ains se mist sur le cul, tenant son espée au poing, et faisant ses exclamations, deliberé plustost mourir que de se rendre. Alors Azevedo luy dist : « Leive toy « doncques, Saincte Croix; je ne te frapperoys jamais « ainsi. » Aussi il y faisoit dangereux, comme à ung homme desesperé; et de grant cueur qu'il avoit se releva et marcha deux pas en avant, cuydant enferrer son homme, qui recula ung pas, rabatant son coup.

Si tumba pour la seconde fois Saincte Croix, quasi le visage contre terre; et eut Azevedo l'espée levée pour luy coupper la teste; ce qu'il eust bien fait, s'il eust voulu; mais il retira son coup. Et pour tout cela ne se vouloit point rendre Saincte Croix. La duchesse de Ferrare, avecques laquelle estoit le gentil duc de Nemours, le prioit à jointes mains qu'il les fist departir. Il respondoit : « Madame, je le vouldrois bien, « pour l'amour de vous, mais honnestement je ne puis « ne doibz prier le vaincqueur contre la raison. » Saincte Croix perdoit tout son sang, et, si plus gueres y feust demouré, mort estoit sans nul remede. Parquoy le prieur de Messine, qui estoit son parrain, s'en vint à Azevedo, auquel il dist : « Seigneur Aze-« vedo, je congnois bien au cueur du cappitaine Saincte « Croix, qu'il mourroit plus tost que se rendre : mais, « voyant qu'il n'y a point de moyen en son fait, je me « rendz pour luy. » Ainsi demoura victorieux. Si se mist à deux genoulx, et fort humblement remercia nostre Seigneur. Incontinent vint ung cyrurgien qui estancha la playe de Saincte Croix; et ses gens le prindrent entre leurs bras, et l'emporterent hors du camp, avecques ses armes, lesquelles Azevedo envoya demander : mais on ne les vouloit rendre. Si s'en vint plaindre au duc de Ferrare, qui le dist au bon Chevalier, lequel eut la commission d'aller dire à Saincte Croix que s'il ne vouloit rendre les armes comme vaincu, que le duc le feroit rapporter dedans le camp, où luy seroit sa playe descousue, et le mettroit on en la sorte que son ennemy l'avoit laissé quant son parrain s'estoit rendu pour luy. Quant il veit que force luy estoit, rendit ses armes au bon Chevalier, qui, comme le droit le donnoit, les bailla au seigneur Azevedo, lequel, avecques trompettes et clerons, fut mené au logis du seigneur duc de Nemours. On luy fist beaucoup d'honneur; mais depuis il en recompensa mal les François, qui luy fut grosse lascheté.

Peu de temps avant s'estoit fait ung autre combat, à Parme, entre deux autres Espaignolz : l'ung, nommé le seigneur Peralte, qui autresfois avoit esté au service du roy de France, et fut tué d'ung coup de faulcon, au camp de la fosse, ainsi que le seigneur Jehan Jacques chassoit l'armée du Pape; et l'autre le cappitaine Aldano. Leur combat fut à cheval, à la genete, la rapiere, le poignart, et chascun trois dartz en la main, avecques une targuete. Le parrain de Peralte fut ung Espaignol, et celluy de Aldano fut le gentil cappitaine Molart. Il avoit tant neigé que leur combat se fist en la place de Parme, où on l'avoit relevée, et n'y avoit autres barrieres que de neige. Chascun des deux combatans fist tresbien son devoir; et en fin le seigneur de Chaumont, qui avoit donné le camp, les fist sortir en pareil honneur.

Les Veniciens en ce temps vindrent assieger Veronne, où estoit le seigneur du Plessys pour le roy de France, qui la tenoit en gaige pour aucuns deniers qu'il avoit prestez à l'Empereur. Toutesfois ilz n'y firent riens; et alla lever le siege le seigneur de Chaumont, gouverneur de Milan.

L'armée du Pape et des Espaignolz vindrent aussi assieger Boulongne : mais le siege en fut levé pareillement, et se retirerent les ennemys en la Rommaigne.

Quelque temps apres, en ung lieu dit Conrege, alla de vie à trespas (1) le bon seigneur de Chaumont, ce gentil chevalier qui, par l'espace de dix ou douze

(1) *Alla de vie à trespas :* Chaumont étoit mort au mois de janvier 1511. Trivulce lui avoit d'abord succédé dans le commandement.

ans, avoit si bien gardé la Lombardie à son maistre le roy de France. Ce fut en son vivant ung sage, vertueux et advisé seigneur, de grande vigilance, et bien entendant ses affaires. Mort le prist ung peu bien tost, car lors de son trespas n'avoit que trente et huyt ans ; et si n'en avoit pas vingt et cinq, quant on luy bailla le gouvernement de la duché de Milan. Dieu par sa grace luy face pardon, car il fut homme de bien toute sa vie.

Peu apres envoya le roy de France, en Ytalie, le seigneur de Longueville, son lieutenant general ; lequel fist faire nouvel serment à tous ceulx qui tenoient les villes et places du duché de Milan, au roy son maistre, et à sa fille aisnée, madame Claude de France. Il y demoura quelques jours, puis s'en retourna ; et ne tarda gueres apres que ce gentil duc de Nemours ne feust lieutenant general, en la sorte que l'estoit ledit feu seigneur de Chaumont. Il ne demoura gueres en cest estat, car mort le surprint ; qui fut gros dommage à toute gentillesse.

Sur la fin de l'année 1511, et vers Noel, descendit une grosse troppe de Suysses, au devant desquelz fut ledit duc de Nemours et quelque nombre de gens : mais il n'estoit pas puissant pour les combatre à la campaigne, par ce que la pluspart de ses gens estoient es garnisons forcées, comme Veronne, Boulongne et autres. Chascun jour se faisoit des escarmouches ; toutesfois les François furent rembarrez jusques dedans Milan, où le jour mesmes le seigneur de Conty, cappitaine de cent hommes d'armes, alla faire une course, en laquelle il n'eut pas du meilleur, car il perdit huyt ou dix hommes d'armes, et si fut fort blessé, de façon que en la ville de Milan mourut. Le lendemain le bon Chevalier sans paour et sans reprouche, son grant compaignon et amy, le vengea bien, car il fut aux champs, et deffist cinq cens Suysses, au lieu mesmes où receut les coups de la mort icelluy seigneur de Conty. Quelques jours furent les Suysses devant Milan, mais vivres leur faillirent; parquoy furent contrainctz venir à quelque appoinctement, et eulx en retourner. Ledit appoinctement se fist par leur cappitaine general, et qui les avoit amenez, que l'on nommoit le baron de Sacz, avecques le duc de Nemours, en ung lieu pres Milan, dit Sainct Ange. Lesditz Suysses s'en retournerent; mais ceste descente fist gros dommage en la duché, car ilz bruslerent quinze ou vingt gros villages.

Peu apres s'en alla ledit duc de Nemours, par ce qu'il entendit que l'armée d'Espaigne approchoit Boulongne, pour l'assieger, en ung village pres de Ferrare, nommé le Fynal, où il assembla toute l'armée, et la logea là à l'entour.

Ainsi que ladicte armée marchoit droit à ce Fynal, passa le noble duc de Nemours par une petite ville appellée Carpy, avecques la pluspart des cappitaines, mesmement ceulx en qui plus se fioit et qu'il aymoit le mieulx. Il y sejourna deux jours, et y fut fort bien receu, avecques sa compaignie, du seigneur de la ville, qu'on estimoit homme de grant sçavoir, tant es lettres grecques que latines. Il estoit cousin germain de Piccus Myrandula, et luy s'appelloit Albertus Myrandula, conte de Carpy. Il souppa, le soir de l'arrivée dudit duc de Nemours, avecques luy et les cappitaines françois, où il y eut plusieurs devis; et entre autres d'ung astrologue, que aucuns autres appelloient devyn, lequel estoit en ceste ville de Carpy; et que c'estoit merveilles de ce qu'il disoit des choses passées, sans en avoir jamais eu congnoissance; et encores, qui plusfort estoit, parloit des choses à venir. Il n'est riens si certain que tous vrais chrestiens doivent tenir qu'il n'y a que Dieu qui sache les choses futures. Mais cest astrologue de Carpy a dit tant de choses, et à tant de sortes de gens, qui depuis sont advenues, qu'il a mis beaucoup de monde en resverie.

Quant le gentil duc de Nemours en eut ouy parler, ainsi que jeunes gens appetent de veoir choses nouvelles, pria au conte qu'il l'envoyast querir : ce qu'il fist, et vint incontinent. Il povoit estre de l'aage de soixante ans ou environ, homme sec et de moyenne taille. Le duc de Nemours luy tendit la main, et en ytalien luy demanda comment il se portoit; il luy respondit treshonnestement. Plusieurs propos furent tenuz; et entre autres luy fut demandé, par le seigneur de Nemours, si le visroy de Naples et les Espaignolz attendroient la bataille. Il dist que ouy, et que, sur sa vie, elle seroit le vendredy sainct, ou le jour de Pasques, et si seroit fort cruelle. Il luy fut demandé qui la gaigneroit. Il respondit ces propres motz : « Le camp « demourera aux François, et y feront les Espaignolz « la plus grosse et lourde perte qu'ilz firent cent ans « a; mais les François n'y gaigneront gueres, car ilz « perdront beaucoup de gens de bien et d'honneur, « dont ce sera dommage. » Il dist merveilles. Le seigneur de La Palisse luy demanda s'il demoureroit point à ceste bataille. Il dist que nenny; qu'il vivroit encores douze ans pour le moins, mais qu'il mourroit en une autre bataille. Autant en dist il au seigneur d'Imbercourt, et au cappitaine Richebourg, qu'il seroit en grant dangier d'estre tué de fouldre. Brief, il n'y eut gueres de gens en la compaignie qu'ilz ne s'enquissent de leur affaire.

Le bon Chevalier sans paour et sans reprouche estoit present, qui s'en ryoit; et le gentil duc de Nemours luy dist : « Monseigneur de Bayart mon amy, « je vous prie, demandez ung peu à nostre maistre « que ce sera de vous. — Il ne fault point, respondit « il, que je le demande, car je suis asseuré que ce ne « sera jamais grant chose; mais, puis qu'il vous plaist, « je le vueil bien. » Et commença à dire à l'astrologue : « Monsieur nostre maistre, je vous prie, dictes moy « si je seray une fois grant riche homme. » Il respondit : « Tu seras riche d'honneur et de vertu, autant que « cappitaine fut jamais en France; mais des biens de « fortune tu n'en auras gueres : aussi ne les cherches « tu pas; et si te veulx bien adviser que tu serviras « ung autre roy de France, apres cestuy cy qui regne « et que tu sers, lequel t'aymera et estimera beau- « coup : mais les envieux t'empescheront qu'il ne te « fera jamais de grans biens, ne te mettra pas aux « honneurs que tu auras meritez : toutesfois, croy que « la faulte ne procedera pas de luy. — Et de ceste ba- « taille que dictes estre si cruelle, en eschapperay je? « — Ouy, dist il, mais tu mourras en guerre, dedans « douze ans pour le plustard, et seras tué d'artil- « lerie; car autrement n'y finerois tu pas tes jours, « par ce que tu es trop aymé de ceulx qui sont soubz « ta charge, qui, pour mourir, ne te laisseroient en « peril. »

Brief, ce fut une droicte farce des propos que chascun luy demanda. Il voyoit qu'entre tous les cappitaines, le duc de Nemours faisoit grande privaulté au seigneur de La Palisse et au bon Chevalier. Il les tira tous deux à part, et leur dist en son langaige : « Messeigneurs, je voy bien que vous aymez fort ce gentil « prince icy, lequel est vostre chief : aussi le merite il « bien, car sa face à merveilles demonstre sa bonne « nature. Donnez vous garde de luy, le jour de la « bataille, car il est pour y demourer. S'il en es-« chappe, ce sera ung des grans et eslevez personna-« ges qui jamais sortist de France ; mais je trouve grosse « difficulté qu'il en puisse eschapper. Et pour ce pen-« sez y bien, car je veulx que vous me trenchez la teste « si jamais homme fut en si grant hazart de mort qu'il « sera. » Helas! mauldit soit l'heure dequoy il dist si bien verité. Le bon prince de Nemours leur demanda en soubzriant : « Qu'esse qu'il vous dit, messeigneurs? » Le bon Chevalier respondit, qui changea de propos : « Monseigneur, c'est monseigneur de La Palisse qui « luy fait une question, sçavoir mon, s'il est autant « aymé de Reffuge que Viverolz : il luy dit que non, « dont il n'est pas fort content. »

De ce joyeulx propos se print à rire monseigneur de Nemours, qui n'y pensa autrement. Sur ces entrefaictes arriva ung adventurier en la compaignie, qu'on disoit estre gentil compaignon, mais assez vicieux, qu'on appelloit Jacquyn Caumont, et portoit quelque enseigne es bendes du cappitaine Molart. Il se voulut faire de feste comme les autres, et vint à l'astrologue, qu'il tira à part, et commença à luy dire : « Viença, « bougre, dy moy ma bonne adventure. » L'autre se sentit injurié, et respondit en homme courroucé : « Va, va, je ne te diray riens, et si as menty de ce « que tu me dis. » Il y avoit beaucoup de gentilz hommes en presence, lesquelz dirent à Jacquyn : « cap-« pitaine, vous avez tort, vous voulez tirer du passe-« temps de luy, et luy dictes injure. » Alors il revint peu à peu, et parla beaucoup plus doulcement, en luy disant : « Maistre mon amy, si j'ay dit quelque folle « parolle, je te prie, pardonne moy ; » et fist tant qu'il le rapaisa. Et puis luy monstra sa main, car ledit astrologue regardoit le visaige et les mains. Quant il eut veue celle de Jacquyn, il luy dist en son langaige : « Je te prie, ne me demandes riens, car je ne te di-« roye chose qui vaille. » Toute la compaignie qui estoit là se print à rire, et Jacquyn, bien marry de ce que les autres ryoient, dist encores à l'astrologue : « C'est tout ung, dis moy que c'est ; je sçay bien que « je ne suis pas cocu, car je n'ay point de femme. » Quant il se veit ainsi pressé, il luy dist : « Veulx tu sça-« voir de ton affaire ? — Ouy, dist Jacquyn. — Or pense « doncques à ton ame de bonne heure, dist l'astrolo-« gue ; car, devant qu'il soit trois moys, tu seras pendu « et estranglé. » Et de rire par les escoutans de plus belle : lesquelz n'eussent jamais pensé que le cas ad-viensist, car il n'y avoit nulle apparence, pource qu'il estoit en credit parmy les gens de pied, et aussi qu'ilz pensoient que le maistre l'eust dit pource que Jac-quyn l'avoit du commencement injurié : mais il ne fut riens si vray ; et, comme on dit en ung commun pro-verbe : *Qui a à pendre ne peult noyer*, je vous diray ce qui advint de luy.

Deux ou trois jours apres que le duc de Nemours

fut arrivé au Fynal, qui est ung gros village, au meillieu duquel passe ung canal qui va cheoir au Pau, assez parfond, et y avoit ung pont de boys pour aller d'ung costé à l'autre, de jour en jour en ce canal arrivoient plus de cent barques, qui venoient de Ferrare, et apportoient toutes manieres de victuailles aux François. Ung jour, par adventure, que Jacquyn eut bien souppé, vint environ neuf heures de nuyt, à force torches et tabourins de Suysse, au logis de monseigneur de Molart, son cappitaine, armé de toutes pieces, et monté sur ung fort beau coursier, en ordre comme ung Sainct George; car de sa soulde ou de pillage il estoit fort bien vestu, et avoit trois ou quatre grans chevaulx, esperant que apres la guerre faillie se mettroit des ordonnances.

Quant monseigneur de Molart le veit en ceste sorte, et, veu l'heure que c'estoit, se print à rire, congnoissant bien que la malvesye luy avoit quelque peu troublé le cerveau. Si luy dist : « Comment, cappitaine Jac« quyn, voulez vous laisser la picque? — Nenny non, « dist il, monseigneur; mais, je vous supplie, menez « moy au logis de monseigneur de Nemours, et que « devant luy il me voye rompre ceste lance que je « tiens, affin qu'il ait congnoissance si ung saulte« buysson ne courra pas ung boys aussi bien que ung « baridelle. » Le cappitaine Molart congneut bien que la matiere valloit bien venir jusques à la fin, et que le seigneur duc de Nemours et toute la compaignie s'en pourroit resjouyr. Si mena Jacquyn, qui passa tout à cheval par dessus ce pont de boys qui traversoit le canal, car les gens de pied estoient logez d'ung costé, et les gens de cheval de l'autre. Or, venu qu'il feust devant le logis du prince duc de Nemours, qui desja en estoit adverty et descendu de sondit logis, ensemble la compaignie qui estoit avecques luy, pour en avoir leur passetemps, quant ilz furent sur la rue, Jacquyn, mieulx garny de vin que d'autres choses, avecques force torches, en sorte qu'on y voyoit comme en plein midy, se mist sur les rencs.

Lors le duc de Nemours luy escrie : « Cappitaine « Jacquyn, esse pour l'amour de vostre dame, ou « pour l'amour de moy, que voulez rompre ceste « lance? » Il respondit en parlant de Dieu, à la mode des aventuriers, que c'estoit pour l'amour de luy, et qu'il estoit homme pour servir le Roy, à pied et à cheval. Si baissa la veue, et fist sa course tellement quellement, mais il ne sceut rompre sa lance; il recourut encores ung coup, mais il en fist autant; et puis la tierce et quarte fois. Quant on veit qu'il ne faisoit autre chose, il fascha la compaignie, et le laissa on là. Bien ou mal fait par luy, se mist au retour à son logis, le beau pas. Il avoit fort eschauffé son cheval, et de sorte qu'il alloit tousjours saultelant; joinct aussi qu'il ne le menoit gueres bien, luy donnant de l'espron sans propos, de façon que quant il fut sur ce pont de boys, le chatoilloit tousjours. Il avoit ung peu pluvyné; de sorte que, en faisant par le cheval ung petit sault, les quatre piedz luy vont fouyr, et tumberent homme et cheval dedans le canal, où pour le moins y avoit demy lance d'eaue. Ceulx qui estoient de sa compaignie, s'escrierent : *A l'ayde, à l'ayde.* D'enhault ne luy povoit on donner secours, car ce canal estoit fait comme ung fossé à fons de cuve; et, sans le grant nombre des barques qui estoient là, on n'en eust veu jamais pied ne main. Le cheval se deffist de son homme, et nagea plus de demy quart d'heure, avant qu'il sceust trouver moyen d'eschapper : en fin il se trouva à ung lieu qu'on avoit baissé pour abreuver les chevaulx, et se saulva.

Le cappitaine Jacquyn, le vaillant homme d'armes, grenoilla en l'eaue longuement; mais en fin, comme par miracle, fut saulvé, et pesché par ceulx qui estoient es barques, mais plus mort que vif. Incontinent fut desarmé et pendu par les piedz, où en peu de temps gecta par la bouche deux ou trois seaulx d'eaue, et fut plus de six heures sans parler. Toutesfois les medicins de monseigneur de Nemours le vindrent veoir, et fut si bien secouru que dedans deux jours fut aussi sain et gaillart que jamais. Il ne fault pas demander si de ses compaignons aventuriers fut mocqué à double carillon; car l'ung luy disoit : « Hé! cappitaine Jacquyn, vous souviendra il une autresfois de courir la « lance à neuf heures de nuyt, en yver? » L'autre luy disoit : « Il vault encores trop mieulx estre saultebuysson que haridelle, on ne tumbe pas de si « hault. » Bref, il fut mené comme il luy appartenoit; mais cela ne me fait point tant esmerveiller comme de ce qu'il se saulva de dedans ce canal, et armé de toutes pieces; et c'est ce qui m'a fait mettre cest incident en ceste histoire, à propos de l'astrologue de Carpy, qui luy avoit dit qu'il seroit pendu et estranglé; comme il fut, le mardy d'apres Pasques ensuyvant, qu'avoit esté la furieuse journée de Ravenne, comme vous orrez.

Estant ce gentil duc de Nemours au Fynal, attendant tousjours quelques nouvelles des ennemys, se partit une journée entre les autres, et alla visiter le duc et la duchesse de Ferrare en leur ville, lesquelz, s'ilz luy avoient fait bonne chiere par le passé, encores la luy firent ilz meilleure. Il y demoura cinq ou six jours, en joyeulx et honnestes passetemps, et en rapporta les couleurs de la duchesse, qui estoient de gris et noir; et puis s'en retourna en son camp, où il eut certaines nouvelles que, sans secourir la ville de Boulongne, elle et ceulx qui estoient dedans s'en alloient perduz: parquoy assembla tous les cappitaines pour y adviser : si fut conclud qu'on yroit lever le siege. Il faisoit assez mauvais chevaucher, comme en la fin du moys de janvier; toutesfois il partit du Fynal, et print son chemin droit à Boulongne, où, durant son voyage, advint ung gros inconvenient, car la ville de Bresse fut reprinse par les Veniciens, comme vous entendrez.

CHAPITRE XLVIII.

Comment messire André Grit, providadour de la seigneurie de Venise, par le moyen du conte Loys Advogadre, reprint la ville de Bresse.

Les Veniciens taschoient tous les jours, entre autres choses, de trouver le moyen à remettre la ville de Bresse entre les mains de la seigneurie; qui est une des belles citez de l'Europe, des plus fortes, et garnye de tous vivres que l'on sçauroit souhaiter pour nature substanter. Dedans icelle sourdent tant de belles fontaines, que c'est ung droit paradis terrestre. Il y a trois vallées qui viennent entre les montaignes eulx joindre à ladicte ville, dont l'une vient des Almaignes, et les deux autres d'entre le Fryol et Venise, et s'appellent la Val Camonegue, la Val Tropye, et la Val Zobye; et par l'une de ces trois se peult tousjours donner secours à la ville, laquelle estoit garnye des gens du roy de France; et en estoit pour lors gouverneur le seigneur du Ludde, et cappitaine du chasteau ung gentil homme du pays de Bascoz, nommé Hergoye.

La grande voulenté qu'avoient les Veniciens de reprendre Bresse n'estoit pas fondée sans raison ; car par là affamoient ceulx qui estoient dedans Veronne, et faisoient barbe à ceulx qui vouldroient partir de Milan pour leur en faire porter; mais ilz ne povoient trouver moyen de la ravoir, ny aussi surprendre ceulx qui la gardoient, sans avoir intelligence dedans à quelque gros personnage : et, combien que les habitans feussent bons à Sainct Marc, personne ne s'osoit aventurer, par ce que le feu seigneur de Conty et le bon Chevalier, pour une surprise qui leur cuyda estre faicte peu de temps devant, avoient fait coupper la teste à ung des plus apparens de la ville et de la plus grosse maison, nommé le conte Jehan Marie de Martinango, qui en estoit le chef; et plusieurs autres furent confinez en France. Toutesfois le dyable, ennemy de tout repos humain, voulut user de sa science, et va semer une discention en ladicte ville, entre deux grosses maisons, l'une de Gambre, et l'autre Advogadre : mais celle de Gambre estoit beaucoup plus favorisée des François.

Ung jour s'esmeut ung debat entre deux des enfans du conte de Gambre et du conte Loys Advogadre ; de sorte que celluy de Gambre, qui estoit bien acompaigné, blessa oultrageusement l'autre. Ledit conte Loys Advogadre ne s'en feust sceu venger, car la force n'estoit pas sienne en la ville, si s'en estoit venu à Milan. Aucun temps avoit esté devers le duc de Nemours, pour en avoir la justice et reparation. Le bon prince le vouloit, et en commanda commissions pour en faire l'information, affin de rendre à chascun son droit. Je ne sçay comment il alla, mais en fin n'en eut autre chose ; parquoy, comme homme injurié à tort, sans en povoir avoir raison, se desespera, et delibera de retourner à son naturel ; et, faisant semblant d'aller huyt ou dix jours à une sienne possession, s'en va jusques à Venize, devers le duc et la seigneurie, les induyre à regaigner et remettre entre leurs mains la bonne ville de Bresse ; et de ce leur bailla les moyens qu'il falloit tenir, qui pour l'heure sortirent à bon effect. S'il fut le bien venu, ne fault pas demander, car ladicte ville de Bresse estoit la fillole de Sanct Marco. Il fut festoyé trois ou quatre jours comme ung roy, durant lequel temps prindrent conclusion en leur affaire ; et luy fut promis, au jour par eulx prins et assigné, qu'il n'y auroit nulle faulte que messire André Grit ne se trouvast devant la ville avecques sept ou huyt mille hommes de guerre, sans les villains des montaignes qui descendroient : et que, ce pendant, il allast gaigner gens en la ville, et faire ses preparatifz. Il s'en vint, et secretement gaigna et tira à sa cordelle la pluspart des habitans.

Le seigneur du Ludde (1) ne se fioit pas trop en eulx, et faisoit chascun jour bon guet ; mais il estoit

(1) *Le seigneur du Ludde* : Jacques de Daillon. Il fut sénéchal d'Anjou et capitaine de cinquante hommes d'armes.

bien mal acompaigné pour se deffendre contre la commune, s'ilz eussent eu mauvais vouloir, comme tous eurent, ou la plus part; car, cinq ou six jours apres, à ung matin au point du jour, vindrent les Veniciens à une des portes, qu'ilz trouverent garnye de gens pour la deffendre. Si firent sonner l'alarme. Le seigneur du Ludde se mist incontinent en ordre, pour là y cuyder donner; mais, en amusant les François à la porte, partie des ennemys rompirent certaines grisles de fer par où sortoient les immundices de la ville, et commencerent à entrer dedans, criant : *Marco! Marco!* Quant et quant le conte Loys Advogadre se mist sus, et tous ceulx de sa faction, de sorte qu'on eust veu toute la ville en armes. Quant le povre seigneur du Ludde veit qu'il estoit trahy, feist sonner la retraicte à ses gens; et, au mieulx qu'il luy fut possible, avecques eulx se retira au chasteau, mais tous les chevaulx, harnois et habillemens y demourerent. La contesse de Gambre, qui estoit françoise, et tous ceulx qui tenoient le party du roy de France, s'y saulverent. Sur ces entrefaictes, furent les portes ouvertes, et mis le seigneur messire André Grit dedans. Une grosse pitié fut car tous les François qui furent trouvez dedans, sans en prendre ung à mercy, furent mis en pieces : mais ilz le comparurent apres, comme vous verrez.

La premiere chose que fist faire le conte Loys Advogadre, quant il veit sa force, ce fut d'aller aux maisons de ceulx de Gambre, lesquelles il fist toutes ruyner et desmolir. Le providadour, messire André Grit, congneut bien que ce n'estoit pas le plus fort d'avoir eu la ville, s'il n'avoit le chasteau : car par là pourroit estre aiseement reprinse. Si l'envoya par une trompette sommer incontinent; mais il perdit sa peine, car trop estoit garny de gaillarde chevalerie. Toutesfois au peuple qui y estoit entré les vivres n'eussent gueres duré; et davantage le providadour fist canonner la place à merveilles, et y eut grosse berche faicte. Davantage fist soubdainement dresser deux engins, en maniere de grues, pour approcher de la place, lesquelz portoient bien chascun cent hommes de front; bref, ilz firent tout ce que possible estoit de faire pour prendre le chasteau. Le seigneur du Ludde et le cappitaine Herigoye, bien estonnez de ceste trahison, despescherent ung homme devers le duc de Nemours, qui estoit allé, avecques toute sa puissance, à Boulongne, en l'advertissant de leur inconvenient; et davantage que, s'ilz n'estoient secouruz dedans huyt jours, ilz estoient perduz.

Le messagier, combien que tous les passages feussent gardez, eschappa, et fist si bonne diligence qu'il arriva devant Boulongne, le jour mesmes que le gentil duc avoit levé le siege et refreschy la ville de gens et de vivres. Les lettres luy furent presentées, que le bon prince ouvrit et leut. Il fut bien esbahy quant il entendit l'inconvenient de Bresse; car c'estoit, apres le chasteau de Milan, la place que les François eussent en Ytalie de plus grosse importance. Les cappitaines furent assemblez; et conclurent tous ensemble que, à toute diligence, falloit retourner, et la reprendre s'il estoit possible; ce qu'ilz pensoient aisé à executer, pourveu que le chasteau ne se perdist point. Apres ceste conclusion, n'y eut plus de proces; mais chascun fist trousser son cas, et se misrent à chemin.

CHAPITRE XLIX.

De la grande diligence que fist le gentil duc de Nemours pour reprendre Bresse; et comment il deffist le cappitaine general des Veniciens, en chemin, et cinq ou six mille hommes.

Quant messire André Grit fut maistre et seigneur de la ville de Bresse, et qu'il eut assiegé le chasteau, comme avez entendu, ne se tint pas à tant; mais, bien congnoissant que dés ce que le duc de Nemours, qui estoit allé lever le siege de Boulongne, en seroit adverty, soubdain retourneroit, parquoy, s'il ne se trouvoit fort dedans la ville, et aussi puissant que pour combatre aux champs, seroit en dangier d'estre perdu, il escripvit une lettre à la seigneurie, qu'il envoya en extreme diligence, et en icelle leur faisoit entendre qu'il estoit plus que necessaire, pour conserver la ville de Bresse par luy prise, ilz envoyassent secours si puissant que ce feust pour se deffendre, et à ung besoing donner la bataille au camp des François; et, par le moyen de Bresse, recouvroient toutes leurs terres. Sa demande fut trouvée raisonnable et de grosse importance. Si fut incontinent mandé à messire Jehan Paule Baillon, lors cappitaine general de ceste seigneurie de Venise, qu'il eust jour et nuyt à marcher, acompaigné de quatre cens hommes d'armes, et quatre mille hommes de pied, et qu'il s'en allast gecter dedans Bresse.

Quant il eut le vouloir de la seigneurie entendu, il se mist en son debvoir et à chemin, au plustost qu'il peut. De l'autre costé marchoit le duc de Nemours si diligemment, que ung chevaucheur sur ung courtault de cent escus n'eust sceu faire plus de pays qu'il en faisoit en ung jour avecques toute son armée; et tant fist qu'il arriva aupres d'ung chasteau, appellé Valege, qui tenoit pour le roy de France, et lequel cuydoit prendre le cappitaine Jehan Paule Baillon, en passant. Et ce qu'il s'y amusa luy porta grant dommage; car le duc de Nemours en fut adverty, lequel fist faire ce jour là à son armée, en fin cueur d'yver, comme à la my fevrier, trente mille de pays, et de façon qu'il se trouva plus pres de Bresse que ledit cappitaine Baillon, qui en ung passage fut rencontré des François. Il avoit cinq ou six pieces d'artillerie, lesquelles il fist deslacher, dont de l'une fut tué le porte enseigne du seigneur de Theligny, cappitaine moult à louer, lequel menoit avecques le bon Chevalier les premiers coureurs.

Toute la nuyt le bon Chevalier avoit eu la fiebvre, et n'estoit point armé, ains estoit en une robbe de veloux noir à chevaucher; mais, quant il veit qu'il falloit combatre, emprunta ung halecret (1) d'ung adventurier, qu'il mist sur sadicte robbe, et monta sur ung gaillart coursier; puis, avecques son compaignon le seigneur de Theligny, marcha droit aux ennemys. La grosse troppe de l'avantgarde des François estoit encores bien loing : toutesfois ilz ne laisserent point de charger; et y eut dure et aspre rencontre, qui dura, tousjours combatant, ung quart d'heure. Ce pendant en vindrent nouvelles au camp : si furent les François refreschis de gens; mais, quant le cappitaine de la seigneurie les veit approcher, tourna le doz, se retirant de là où il estoit venu. Il fut chassé longuement, mais jamais ne peut estre pris : ses gens de pied y demourerent, son artillerie et la pluspart de ses gens de che-

(1) *Halecret* : armure de corps plus légère que la cuirasse.

val. Ce fut une gorgiase deffaicte, et prouffitable aux François; car, s'ilz feussent entrez dedans Bresse, jamais n'eust esté reprise. De ceste tant bonne rencontre fut marry et joyeulx le duc de Nemours: joyeulx, de ce qu'il estoit victorieux, et marry, de ce qu'il ne s'y estoit trouvé.

Ces nouvelles furent incontinent sceues au chasteau de Bresse, où ilz firent feu de joye, en cinq ou six lieux; car, par là, se trouvoient asseurez d'estre secourus dedans deux jours. Mais s'ilz en avoient joye au chasteau, ilz en eurent bien autant de melencolie en la ville, congnoissans que c'estoit leur destruction; et se feussent voulentiers retournez les habitans, lesquelz vindrent supplier à messire André Grit qu'il se retirast, mais il n'en voulut riens faire; dont mal luy en print. Le noble prince duc de Nemours s'en vint, apres la deffaicte de Jehan Paule Baillon, loger à vingt mille de Bresse; et lendemain, au pied du chasteau, en marchant, il se trouva quelque nombre de vilains assemblez en ung petit village, lesquelz voulurent tenir fort; mais en fin furent tous mis en pieces. Quant l'armée des François fut arrivée, incontinent monterent au chasteau quelques cappitaines, pour reconforter les seigneur du Ludde et cappitaine Herigoye, ensemble ceulx qui estoient dedans; et y fut porté force vivres; dont de joye tirerent dixhuyt ou vingt coups d'artillerie en la ville, qui de telle feste se feussent bien passez les habitans. Le lendemain, monta le seigneur de Nemours au chasteau; aussi firent les cappitaines et toute l'armée, où il fut conclud de donner l'assault à la ville, qui fut aspre, dur et cruel.

TABLE DES MATIÈRES

CONTENUES

DANS LE QUINZIÈME VOLUME.

FIN DU QUINZIÈME VOLUME.

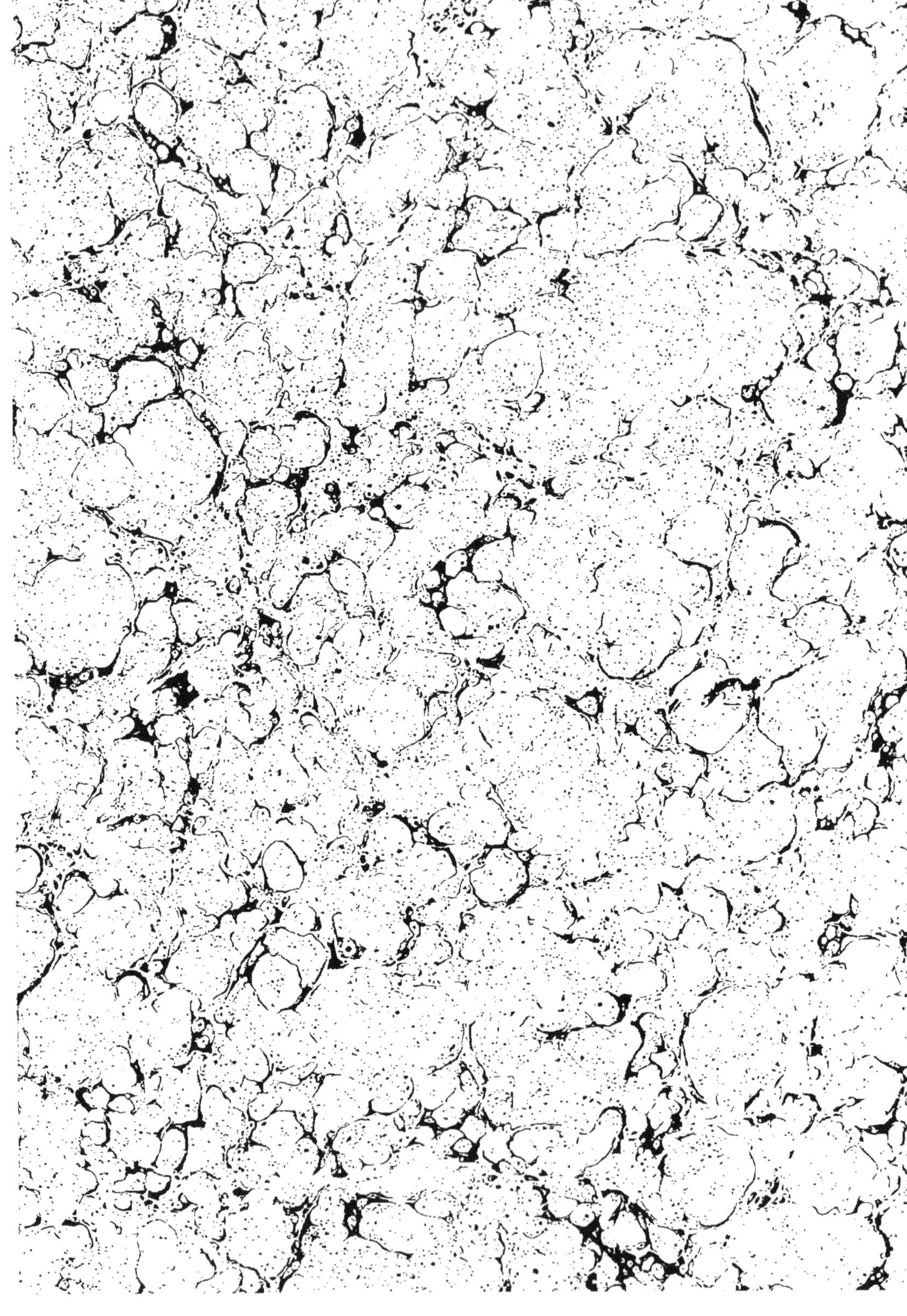

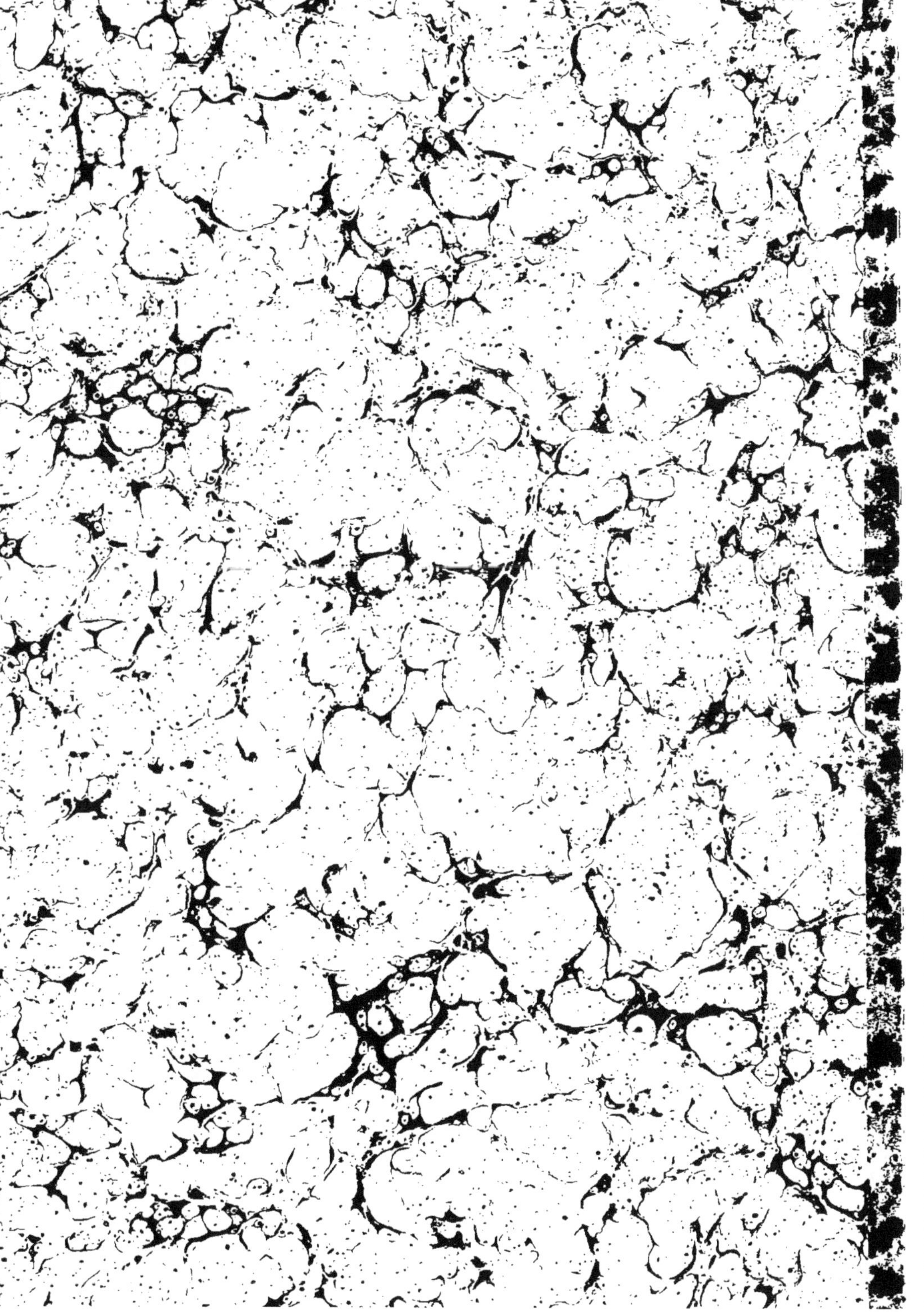

www.ingramcontent.com/pod-product-compliance
Ingram Content Group UK Ltd.
Pitfield, Milton Keynes, MK11 3LW, UK
UKHW012149240726
13966UKWH00001B/215